图解法律丛书　法律原来如此好看

U0865319

GRAPHIC

图解公司法

图解法律团队　编

法律出版社
LAW PRESS·CHINA

北京

图书在版编目(CIP)数据

图解公司法 / 图解法律团队编. -- 北京:法律出版社,2024(2024.7 重印)
(图解法律丛书)
ISBN 978-7-5197-8683-0

Ⅰ.①图… Ⅱ.①图… Ⅲ.①公司法-中国-图解
Ⅳ.①D922.291.915-64

中国国家版本馆 CIP 数据核字(2023)第 253880 号

图解法律丛书	图解公司法 TUJIE GONGSIFA	图解法律团队 编	策划编辑 林 蕊 责任编辑 周 洁 林 蕊 装帧设计 李 瞻

出版发行 法律出版社
编辑统筹 司法实务出版分社
责任校对 晁明慧 张翼羽
责任印制 胡晓雅
经 销 新华书店
开本 880 毫米×1240 毫米 1/32
印张 9.625 **字数** 332 千
版本 2024 年 1 月第 1 版
印次 2024 年 7 月第 3 次印刷
印刷 三河市龙大印装有限公司

地址:北京市丰台区莲花池西里 7 号(100073)
网址:www.lawpress.com.cn
投稿邮箱:info@lawpress.com.cn
举报盗版邮箱:jbwq@lawpress.com.cn
销售电话:010-83938349
客服电话:010-83938350
咨询电话:010-63939796

书号:ISBN 978-7-5197-8683-0 **定价**:78.00 元

图解法律：法律原来这么“好看”（代序）

欢迎来到“图解法律”的世界！

我们将用“图解法律”丛书解读法律的格式展现每篇的结构和特点。

这是一套什么书?

沿革 摒弃烦琐的表格对照，用简明的语言总结法律变化，理解修改的核心问题，让人一看就懂。

延伸 尽可能展示相关法律规定，拓展丰富，提升认知。

加粗表示新增

追求“词典”式解读方式，注释位置紧随法条，免去来回翻阅查找之苦

我们想用一套**不一样**的丛书，帮助专业法律人重新快速、直观准确地了解我们*“熟悉”*的法律，帮助没有法律知识背景的人快速了解法律规定。实现这一目标的方式便是“图”。

斜体表示文字变化

解读 融合理论与实务知识，不求精深、细碎，追求务实精炼，帮助读者用更少的时间、精力获得更多知识。

图表 围绕本条知识点制作图表

- 思维导图——将知识清晰化
- 流程图——将流程可视化

本丛书编排独具匠心，内容丰富务实。

将图形化、可视化思维融入法律解读。

书中的条文都采取大图（图景）套小图（图表）的模式：

大图——围绕每个法律条文创作实用图景：中心为法条原文，并用导引线直接标注法律术语的解释、关键信息提示等。四周分别为“沿革”“解读”“延伸”“图表”。

小图——思维导图、流程图紧扣每个法条的要点内容，一目了然，方便读者理解、记忆。

解读全面准确，逻辑清晰易懂。

本丛书从法律沿革、名词解释、法条解读、流程图表到法律延伸，全方位对法条进行解读。无论是理论重点还是实务要点，都有专业解读，一应俱全。

本丛书还特别重视法律内部知识的逻辑勾连，注释部分尽量“用法条解释法条”，延伸也特别注意本法相关法条的收集整理，帮助读者融汇理解。

多种使用场景，满足不同读者需要。

这套书有多种打开方式：你可以当它是法条，小巧便携，方便查阅；你可以当它是学习辅导书和实务指南，分析专业，晓畅明白；你可以当它是法律小词典，细化术语，解读丰富；你可以当它是法考复习资料，提炼要点，图表易记；你还可以当它是普法读本，深入浅出，易于理解。

图解法律的 N 种使用方式，等您来开启。

图解法律团队

2024 年 1 月

法律文件简称表

法律文件全称及生效时间	简称
最高人民法院《关于适用〈中华人民共和国公司法〉若干问题的规定（一）》（2014 年 3 月 1 日）	《公司法解释一》
最高人民法院《关于适用〈中华人民共和国公司法〉若干问题的规定（二）》（2021 年 1 月 1 日）	《公司法解释二》
最高人民法院《关于适用〈中华人民共和国公司法〉若干问题的规定（三）》（2021 年 1 月 1 日）	《公司法解释三》
最高人民法院《关于适用〈中华人民共和国公司法〉若干问题的规定（四）》（2021 年 1 月 1 日）	《公司法解释四》
最高人民法院《关于适用〈中华人民共和国公司法〉若干问题的规定（五）》（2021 年 1 月 1 日）	《公司法解释五》
最高人民法院《关于人民法院执行工作若干问题的规定（试行）》（2021 年 1 月 1 日）	《执行规定》
最高人民法院《关于审理与企业改制相关的民事纠纷案件若干问题的规定》（2021 年 1 月 1 日）	《企业改制民事纠纷规定》
最高人民法院《关于民事执行中变更、追加当事人若干问题的规定》（2021 年 1 月 1 日）	《变更、追加当事人规定》
最高人民法院《关于适用〈中华人民共和国公司法〉时间效力的若干规定》（2024 年 7 月 1 日）	《时间效力规定》

目录

CONTENTS

第一章　总　则

- 第一章 总则
  - 立法目的 第 1 条
  - 调整对象 第 2 条
  - 公司法律地位和公司权益受法律保护 第 3 条
  - 股东责任形式和股东权利 第 4 条
  - 公司相关要件
    - 公司章程 第 5 条
    - 公司名称 第 6、7 条
    - 公司住所 第 8 条
    - 公司经营范围 第 9 条
  - 公司法定代表人
    - 法定代表人的选任、辞任 第 10 条
    - 法定代表人行为效果 第 11 条
  - 公司形式变更及其债权债务处理 第 12 条
  - 子公司与分公司 第 13 条
  - 公司向其他企业投资及提供担保
    - 公司转投资 第 14 条
    - 公司向其他企业投资或者提供担保 第 15 条
  - 公司的责任
    - 保护公司职工合法权益 第 16 条
    - 公司职工组织工会和参与管理 第 17 条
    - 公司中设立党组织及其活动 第 18 条
    - 公司经营活动基本原则 第 19 条
    - 公司的社会责任 第 20 条
  - 禁止损害公司利益的行为
    - 股东不得滥用股东权利 第 21 条
    - 不得利用关联关系损害公司利益 第 22 条
    - 股东不得滥用公司法人独立地位和股东有限责任 第 23 条
  - 采用电子通信方式召开会议和表决 第 24 条
  - 股东会、董事会决议的效力问题
    - 决议无效 第 25 条
    - 决议撤销 第 26 条
    - 决议不成立 第 27 条
    - 三种情况的法律后果 第 28 条

第一条　立法目的

沿革 本条为旧法第1条，新法增加“完善中国特色现代企业制度，弘扬企业家精神”，保护“职工”合法权益的立法目的，增加“根据宪法”。

延伸 党的二十大报告

使公司能够按照法律的规范设立并进行活动

第一条　为了规范公司的组织和行为，保护公司、股东、**职工**和债权人的合法权益，**完善中国特色现代企业制度，弘扬企业家精神**，维护社会经济秩序，促进社会主义市场经济的发展，**根据宪法**，制定本法。

对内规范公司与股东的关系，对外规范公司与交易对方的关系，保护这些主体的合法利益

良好的社会经济秩序有助于为市场主体提供公平有序的发展环境，从而达到促进社会主义市场经济的发展的目的

解读 立法目的有五项：（1）规范公司的组织和行为，使公司能够按照法律的规范设立并进行活动。（2）保护公司、股东、职工和债权人的合法权益，体现公司的资合性。（3）完善中国特色现代企业制度。（4）弘扬企业家精神。（5）维护社会经济秩序，促进社会主义市场经济的发展。新增内容体现了党的二十大报告“完善中国特色现代企业制度，弘扬企业家精神，加快建设世界一流企业”的要求。

图表

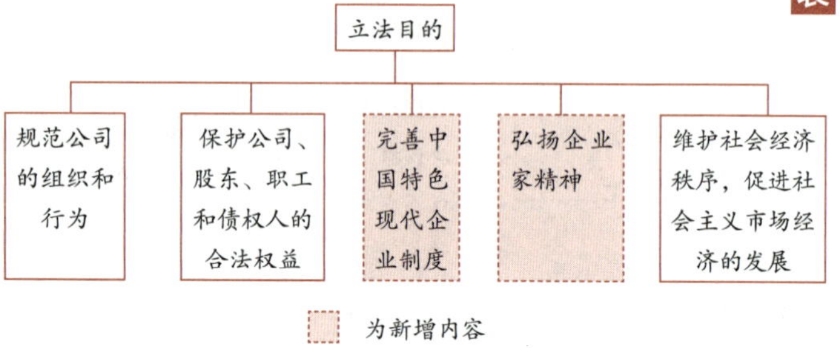

第二条　调整对象

沿革 本条为旧法第 2 条，将“中国”改为“中华人民共和国”。

延伸
《公司法》第三至六章
《民法典》第 58、76 条
《外商投资法实施条例》第 48 条

第二条　本法所称公司，是指依照本法在中华人民共和国境内设立的有限责任公司和股份有限公司。

公司属于我国民法上的营利法人

法人应当依法成立。设立法人，法律、行政法规规定须经有关机关批准的，依照其规定

公司的股东对公司以其认缴的出资额为限承担有限责任的公司

公司的资本划分为等额股份，公司股东以其认购的股份为限对公司承担有限责任的公司

解读 在我国只能设立两种公司：（1）有限责任公司；（2）股份有限公司。有限责任公司是资合公司，但具有较强的人合因素，其设立、组织机构、股权转让参见《公司法》第三章、第四章。股份有限公司是典型的资合公司，其设立、组织结构、股份的转让和发行参见《公司法》第五章、第六章。我国公司不采用无限公司和两合公司等股东对公司承担无限责任的公司形式。

图表

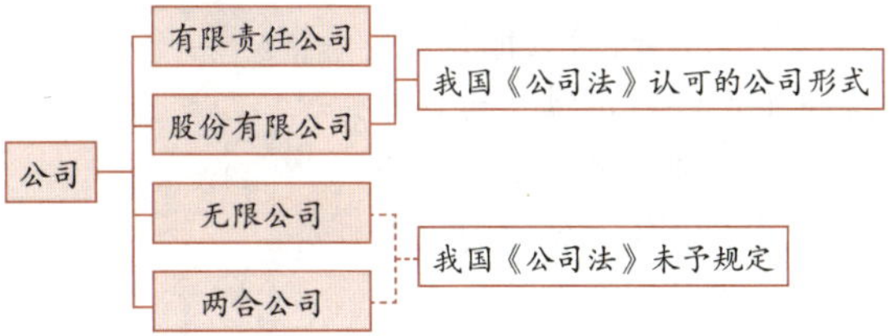

第三条　公司法律地位和公司权益受法律保护

沿革　本条第1款为旧法第3条第1款，本条第2款为旧法第5条第2款。

延伸　《民法典》第3、57、60、113、269条
指导案例15号

第三条　公司是企业法人，有独立的法人财产，享有法人财产权。公司以其全部财产对公司的债务承担责任。

公司的合法权益受法律保护，不受侵犯。

- 企业法人：法人是具有民事权利能力和民事行为能力，依法独立享有民事权利和承担民事义务的组织
- 法人财产：法人财产包括不动产和动产
- 享有法人财产权：法人对其财产享有占有、使用、收益和处分的权利
- 对公司的债务承担责任：法人以其全部财产独立承担民事责任
- 合法权益：法人属于民事主体，民事主体的人身权利、财产权利以及其他合法权益受法律保护，任何组织或者个人不得侵犯
- 法律保护：民事主体的财产权利受法律平等保护

解读　公司是企业法人，具有民事权利能力和民事行为能力，依法独立享有民事权利和承担民事责任。公司的独立法人地位保证了公司可以独立地享有财产权及其他权利，独立地从事生产经营活动，与其他经济实体发生权利义务关系，也应当独立承担民事责任。公司的法人地位决定了公司必须有自己独立的财产，享有法人财产权。

图表

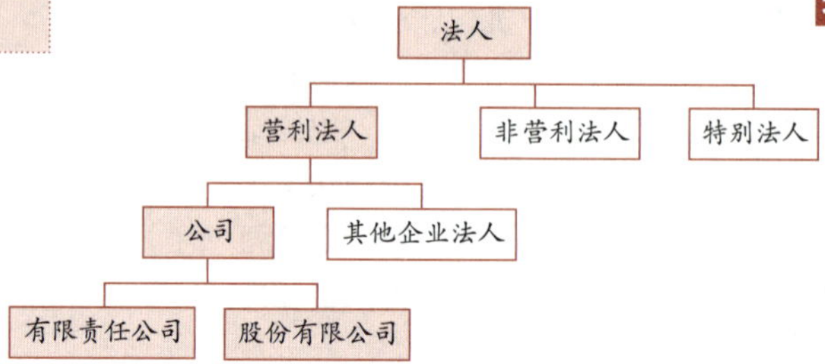

第四条　股东责任形式和股东权利

沿革　本条第1款为旧法第3条第2款。本法第2款为旧法第4条，增加“对公司”三字。

延伸　《民法典》第125条

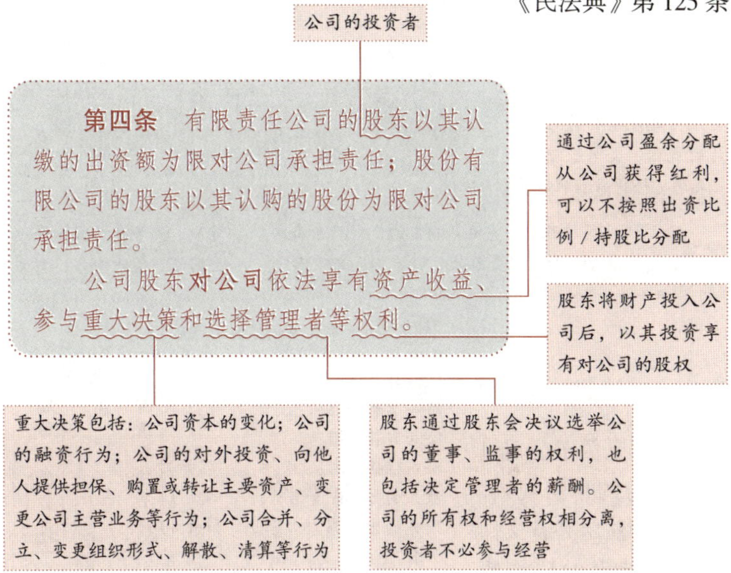

解读　公司的股东对公司承担有限责任。股东对公司债务所承担的责任，体现为股东对公司的出资，股东必须以其全部投资，而且也只能以其全部投资为限，对公司债务承担责任。股东出资后，该出资即形成公司财产，由公司享有法人财产权，股东对该出资即丧失占有、使用、收益和处分的权利。有限责任公司的股东以其认缴的出资额为限对公司承担责任；股份有限公司的股东以其认购的股份为限对公司承担责任。股东是公司的投资者，股东将其财产投入公司后，即以其对公司的投资享有对公司的股权。股东享有股权，主要体现为资产收益权及参与公司重大决策和选择管理者的权利。

图表

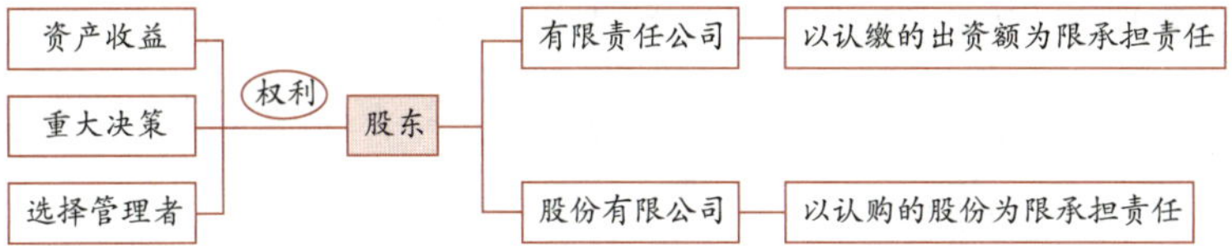

第五条　公司章程

沿革 本法为旧法第11条，部分措辞调整。

延伸 《民法典》第79条
《公司法》第45、46、94、95条

图表

第五条 设立公司应当依法制定公司章程。公司章程对公司、股东、董事、监事、高级管理人员具有约束力。

公司章程是规范公司组织和行为的规则，公司经营活动中必须遵守公司章程的规定

公司章程是股东共同制定的，对股东有约束力，即使是后加入的股东，也必须遵守

董事、监事是由股东会选举产生的，被委托负责公司经营管理事务，有义务受公司章程的约束

高级管理人员由董事会聘任、负责公司日常经营管理事务，有义务受公司章程的约束

公司章程

有限责任公司

制定：由股东共同制定公司章程

内容：
公司名称和住所；
公司经营范围；
公司注册资本；
股东的姓名或者名称；
股东的出资额、出资方式和出资日期；
公司的机构及其产生办法、职权、议事规则；
公司法定代表人的产生、变更办法；
股东会会议认为需要规定的其他事项

股份有限公司

制定：由发起人共同制订公司章程

内容：
公司名称和住所；
公司经营范围；
公司设立方式；
公司股份总数，公司设立时发行的股份数，发行面额股的，每股的金额；
发行类别股的，类别股股东的股份数及其权利和义务；
发起人的姓名或者名称、认购的股份数、出资方式；
董事会的组成、职权和议事规则；
公司法定代表人的产生、变更办法；
监事会的组成、职权和议事规则；
公司利润分配办法；
公司的解散事由与清算办法；
公司的通知和公告办法；
股东会会议认为需要规定的其他事项

解读 公司章程是关于公司组织和行为的自治规则，是公司设立的法定必备文件之一，具有特定的法律地位，所以其制定主体也有特定的要求。公司章程主要规定公司的宗旨、组织机构设置及其运行等涉及公司根本性、方向性的问题。

第六条　公司名称权

沿革　本条为新法新增内容。

延伸

《民法典》第110、990、991条

《企业名称登记管理规定》第1、4条

《企业名称登记管理规定实施办法》第3条

《公司法》第32、33、46、95条

企业只能登记一个企业名称

第六条　公司应当有自己的名称。公司名称应当符合国家有关规定。

公司的名称权受法律保护。

解读　新增公司名称权的规定与《民法典》的规定一致。《民法典》新增人格权编；名称权作为法人的民事权利之一，属于人格权的一种，受到法律保护。从构建完善的法律体系的角度，本条新增内容有助于完善公司依法成立及登记注册的制度。公司名称登记可参考《企业名称登记管理规定》及相关规定。

图表

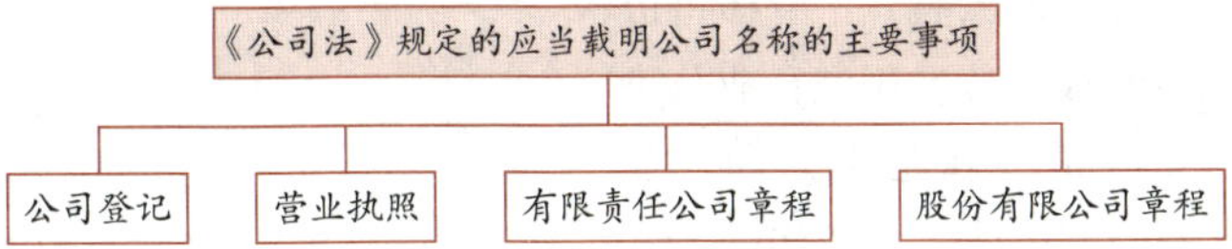

第七条　公司名称

沿革 本条为旧法第8条，部分措辞调整。

延伸 《企业名称登记管理规定实施办法》第12条

第七条 依照本法设立的有限责任公司，应当在公司名称中标明有限责任公司或者有限公司字样。

依照本法设立的股份有限公司，应当在公司名称中标明股份有限公司或者股份公司字样。

公司名称中须包含公司的组织形式，具体表述可依本条进行选择。如此规定是为了让社会公众通过公司名称就了解公司的性质及责任形式，从而对其实力、信用等有基本评价，以维护交易各方主体的合法权益，保障交易安全，维护社会经济秩序

解读 公司的名称用来明确主体的标志和权利义务的归属。公司的法定名称须为公司设立登记时的登记事项之一。公司名称一般由四个部分组成：（1）公司的组织形式。（2）字号或者商号。此部分需要符合法律相关规定。（3）行业或经营特点。具体可以依照公司主营业务以及国家行业分类等确定。（4）公司所在地名称，如“成都××公司”“湖北××公司”。

图表

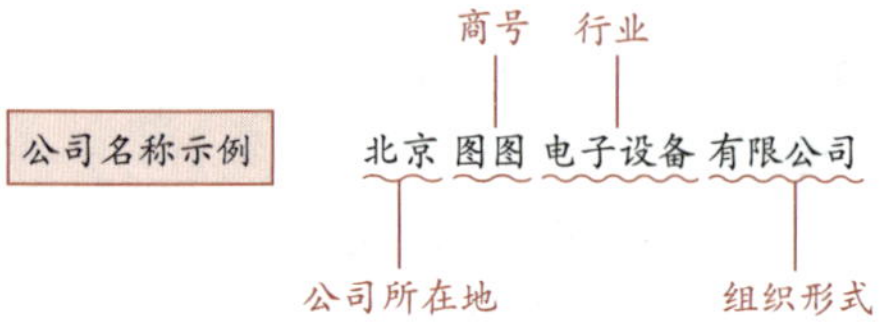

第八条　公司住所

沿革 本条为旧法第 10 条，无文字变化。

延伸 《公司法》第 32、33、46、95 条
《民法典》第 63 条

第八条　公司以其主要办事机构所在地为住所。

住所 vs 生产经营场所
根据《公司法》的规定，公司成立必须有住所，且需要载明于公司营业执照、公司章程等，且只能有一个，即此处规定的主要办事机构所在地；生产经营场所是直接从事生产经营的地点，营业场所、生产车间、销售网点等都包括在内，可以有多个

解读 作为法人，公司应该有住所。根据《民法典》的规定，法人以其主要办事机构所在地为住所。依法需要办理法人登记的，应当将主要办事机构所在地登记为住所。所以，本法进一步明确，公司以其主要办事机构所在地为住所。公司住所依法确定后，不得任意变更，如果需要变动，应当依法办理变更登记。

图表

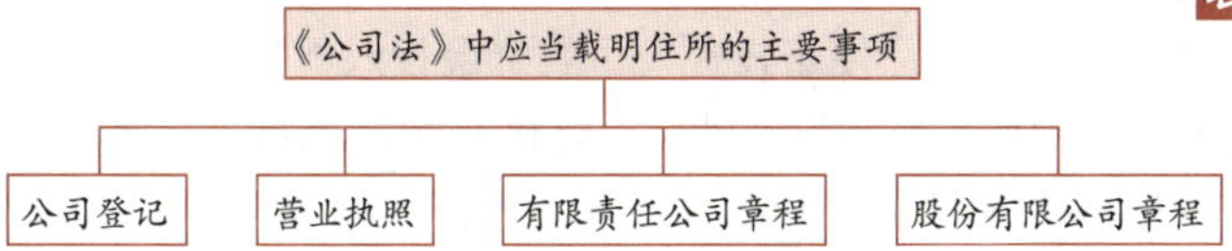

第九条　公司经营范围

沿革 本条为旧法第12条。新法删除了经营范围“依法登记”的规定。旧法规定“改变经营范围，但是应当办理变更登记”，新法简化为“变更经营范围”。

延伸 《民法典》第505条
《公司法》第32、33、46、95条

第九条　公司的经营范围由公司章程规定。公司可以修改公司章程，变更经营范围。

公司的经营范围中属于法律、行政法规规定须经批准的项目，应当依法经过批准。

（经营范围）公司在经营活动中所涉及的领域，具体表现为公司具有什么样的生产项目、经营种类、服务事项等

（变更经营范围）新法对此条的修改体现了对公司经营范围登记、变更的简化，即不再强制要求依法登记，变更时自然就无须变更登记

解读 公司的经营范围应当符合法律、行政法规的规定；属于法律、行政法规规定禁止经营的项目，公司不得经营。在经营范围中，有法律、行政法规限制经营的项目的，必须依法经过审批，未经批准不得将该项目纳入公司经营范围。确定公司的经营范围的意义在于：明确公司经营活动，有利于公司专业化发展；便于投资人了解资金投入项目，有利于其把握、控制投资风险；有利于负责公司经营管理事务的人员如董事、监事、高级管理人员等了解公司发展方向；有利于维护公司经营管理秩序，从而维护市场的整体秩序。

图表

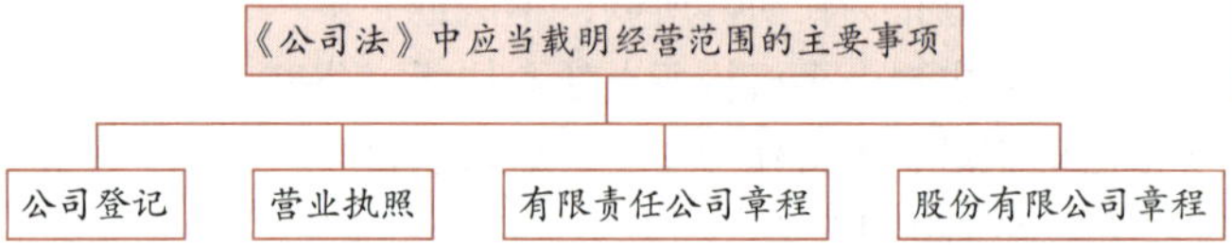

第十条　公司法定代表人的选任及辞任

第十条　公司的法定代表人按照公司章程的规定，由代表公司执行公司事务的董事或者经理担任。

担任法定代表人的董事或者经理辞任的，视为同时辞去法定代表人。

法定代表人辞任的，公司应当在法定代表人辞任之日起三十日内确定新的法定代表人。

依照法律或者法人章程的规定，代表法人从事民事活动的负责人，为法人的法定代表人

新法对此条的修改体现了对公司法定代表人登记、变更的简化，即不再强制要求依法登记，变更时自然就无须变更登记

公司收到辞任通知之日

沿革　本条为旧法第 13 条第 1 款。旧法“由董事长、执行董事或者经理担任”改为“代表公司执行公司事务的董事或者经理担任”。删除了“并依法登记”。删除了“公司法定代表人变更，应当办理变更登记”的规定。第 2、3 款为新增内容。

延伸

《民法典》第 61、81、504 条

《公司法》第 32、33、35、55、149、196 条

解读　法定代表人以法人名义从事的民事活动，其法律后果由法人承受。法人章程或者法人权力机构对法定代表人代表权的限制，不得对抗善意相对人。此次新法的修改也遵从了《民法典》相关表述。一个自然人按照《公司法》和公司章程规定的程序被确定为法定代表人，即具有了公司法定代表人的身份。公司法定代表人的行为构成公司的代表行为，其以公司的名义，在法律、法规规定和公司章程规定的权限范围内从事活动。法律、法规规定公司的某些行为必须由法定代表人作出的，应当由法定代表人作出。法定代表人以公司名义从事的民事活动，其法律后果由公司承受，故担任法定代表人的董事辞任的，其法定代表人的任职也视为辞去，且公司应当在法定代表人辞任后尽快确定新的法定代表人，故《公司法》规定了 30 日的期限，且不能以公司章程变更。

图表

《公司法》中应记载法定代表人的事项
- 公司登记
- 营业执照

《公司法》中需法定代表人签署的文件
- 变更登记申请书
- 有限责任公司股东出资的说明书
- 纸面形式的股票
- 纸面形式的债券

第十一条　法定代表人行为效果

沿革 本条为本法新增内容。

解读 本条为新增内容，主要对应了《民法典》的相关规定。（1）公司通过法定代表人表达意思，从事民事活动；法定代表人以公司名义从事民事活动，法律后果由公司承受是应有之义。本条第1款的规定与《民法典》第61条第2款的规定一致。（2）本条第2款规定与《民法典》第61条第3款的规定一致，是对善意相对人信赖利益的保护规则。达到此保护效果的条件是：公司章程或股东会对法定代表人的职权有所限制＋相对人是善意的。（3）本条第3款是法定代表人因执行职务造成他人损害的责任。因其属于法定代表人以公司名义从事民事活动的法律后果，理应由公司承担。此款规定的公司承担民事责任后的追偿，体现了对公司及股东利益的保护。

《民法典》第61、62条 **延伸**

> 依照法律、公司章程的规定，代表公司从事民事活动的负责人

第十一条　法定代表人以公司名义从事的民事活动，其法律后果由公司承受。

公司章程或者股东会对法定代表人职权的限制，不得对抗善意相对人。

> 对公司章程或者股东会对法定代表人职权的限制不知道或不应当知道的权利人

法定代表人因执行职务造成他人损害的，由公司承担民事责任。公司承担民事责任后，依照法律或者公司章程的规定，可以向有过错的法定代表人追偿。

> 仅主观上有过错才承担责任

图表

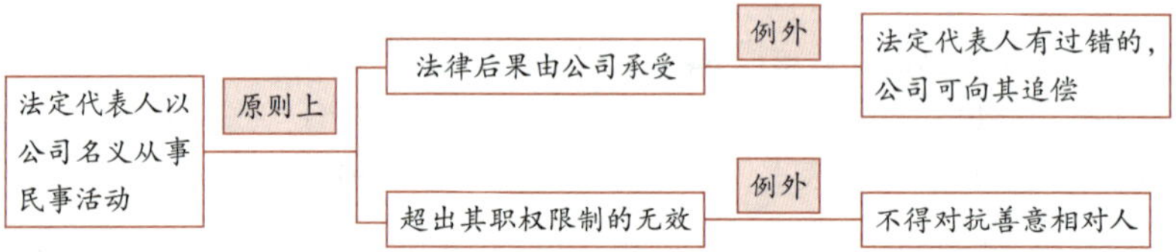

第十二条　公司形式变更及其债权债务处理

沿革 本条为旧法第9条，文字无变化。

延伸 《公司法》第42~57、91~110条

公司的股东对公司以其认缴的出资额为限承担有限责任的公司

第十二条 有限责任公司变更为股份有限公司，应当符合本法规定的股份有限公司的条件。股份有限公司变更为有限责任公司，应当符合本法规定的有限责任公司的条件。

有限责任公司变更为股份有限公司的，或者股份有限公司变更为有限责任公司的，公司变更前的债权、债务由变更后的公司承继。

公司的资本划分为等额股份，公司股东以其认购的股份为限对公司承担有限责任的公司

“债权承继”“债务承继”不同于“债权转让”“债务转移”，无须履行《民法典》关于债权转让、债务转移的条件和程序，变更组织形式后的公司自动享受原债权、承担原债务

解读 根据公司应当依法设立的原则，公司变更组织形式后的公司形式应当符合《公司法》有关该组织形式的设立条件的规定，并符合有关变更程序的法定要求。公司债权、债务不因组织形式的改变而消灭，因此，根据本条第2款，有限责任公司变更为股份有限公司的，或者股份有限公司变更为有限责任公司的，公司变更前的债权、债务由变更后的公司承继。

图表

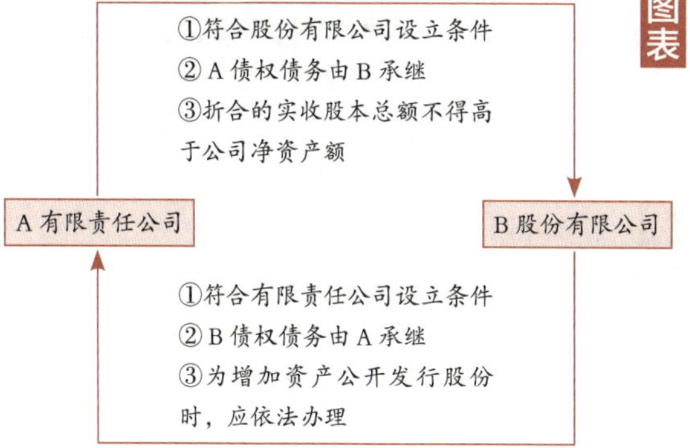

第十三条　子公司与分公司

沿革 本条为旧法第14条，2款顺序互换，旧法中“设立分公司，应当向公司登记机关申请登记，领取营业执照”的规定变为新法第38条。

延伸 《民法典》第57条
《市场主体登记管理条例》第23条
《市场主体登记管理条例实施细则》第6、7、9、21、23条

其一定比例以上的股份被另一公司持有或通过协议方式受到另一公司实际控制。对子公司有控制权的公司是母公司

第十三条　公司可以设立子公司。子公司具有法人资格，依法独立承担民事责任。

公司可以设立分公司。分公司不具有法人资格，其民事责任由公司承担。

分公司的设立条件、程序等参照《市场主体登记管理条例》等规定

具有民事权利能力和民事行为能力，依法独立享有民事权利和承担民事义务的组织

解读 有限责任公司和股份有限公司可以根据生产经营需要成立子公司、分公司。

图表

公司类型	对应的“公司”	是否有法人资格	是否有独立的公司名称及章程	是否有独立的财产	承担民事责任的主体
子公司	母公司	是	是	是	其本身
分公司	总公司	否	否	否	总公司

第十四条　公司转投资

沿革 本条为旧法第15条，旧法措辞为“除法律另有规定外，不得成为对所投资企业的债务承担连带责任的出资人”。

延伸
《公司法》第15条
《民法典》第125、178条
《时间效力规定》第2条

包括公司和非公司（如合伙企业、个人独资企业等）

第十四条　公司可以向其他企业投资。

法律规定公司不得成为对所投资企业的债务承担连带责任的出资人的，从其规定。

法无禁止即允许

解读 公司是法人，有自主经营权利，因此也可以向其他企业投资。此处的“其他企业”不仅包括有限责任公司和股份有限公司，还包括公司以外的企业。考虑到投资都是有风险的，为保护公司及公司股东、债权人的利益，并维护社会经济秩序，公司不宜对投资企业承担无限责任。

图表

第十五条　公司向其他企业投资或者提供担保

沿革 本条为旧法第16条，部分措辞调整。

以保证、抵押、质押、留置以及定金的方式确保债务履行的一种法律制度。公司提供担保的方式主要是保证、抵押、质押

《民法典》第386~457条
《公司法》第14、25条 **延伸**

公司章程中对投资或担保的数额进行限额规定，实际上是对公司和股东利益的保护，故出于此种目的，在确定公司章程内容时可以对此进行规定

第十五条 公司向其他企业投资或者为他人提供担保，*按照*公司章程的规定，由董事会或者*股东会决议*；公司章程对投资或者担保的总额及单项投资或者担保的数额有限额规定的，不得超过规定的限额。

公司为公司股东或者实际控制人提供担保的，*应当经股东会决议*。

前款规定的股东或者受前款规定的实际控制人支配的股东，不得参加前款规定事项的表决。该项表决由出席会议的其他股东所持表决权的过半数通过。

虽然不是公司的股东，但通过投资关系、协议或者其他安排，能够实际支配公司行为的人

解读 公司投资有风险；公司为他人担保，需要承担相应的责任。两种行为都会对公司及股东利益产生影响，故需要经过一定程序，即本条第1款规定的按照公司章程的规定由董事会或股东会决议。本条第2款对公司为公司股东或者实际控制人提供担保的情形做了专门规定。此款规定说明公司可以有这种行为，经股东会决议是为了防止少数股东损害公司和其他股东的利益。决议表决时，为维护公正性，接受担保的股东或实际控制人支配的股东不得参加表决。违反此规定的，表决无效；其他股东可以依照《公司法》第25条的规定维权。

图表

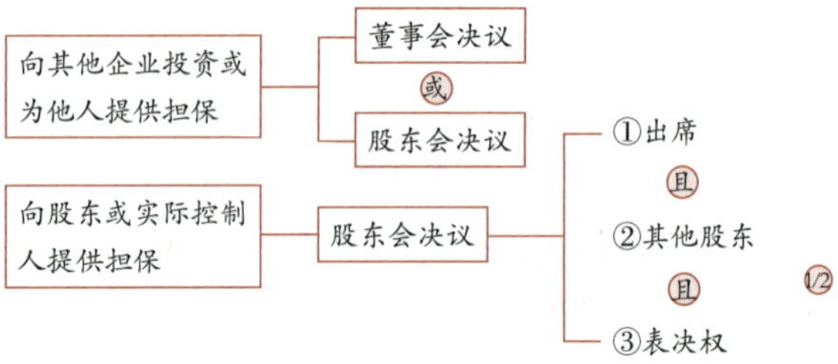

第十六条　保护公司职工合法权益

沿革 本条为旧法第17条，部分措辞调整。

延伸 《公司法》第1条
《劳动合同法》《劳动法》
《社会保险法》《安全生产法》

社会保险制度包括基本养老保险、基本医疗保险、工伤保险、失业保险、生育保险等，保障公民在年老、疾病、工伤、失业、生育等情况下依法从国家和社会获得物质帮助的权利

订立劳动合同，应当遵循合法、公平、平等、自愿、协商一致、诚实信用的原则

第十六条　公司应当保护职工的合法权益，依法与职工签订劳动合同，参加社会保险，加强劳动保护，实现安全生产。

公司应当采用多种形式，加强公司职工的职业教育和岗位培训，提高职工素质。

生产经营单位应当具备本法和有关法律、行政法规和国家标准或者行业标准规定的安全生产条件；不具备安全生产条件的，不得从事生产经营活动

解读 职工是直接从事生产经营活动的劳动者，公司有义务在此过程中保护其合法权益。本条第1款规定了公司保护职工合法权益的几个具体方面，是我国通过法律进行保障的劳动者基本权益，相关具体内容可参见《劳动合同法》列出的法律法规规定。第2款从提高职工素质的角度规定了对职工权益的保护。职工素质与公司发展息息相关，将此内容作为公司一项法定义务，有利于促使公司积极采取措施提高职工素质，从而提高工作效率，进而促进公司和社会经济秩序的稳步发展。

图表

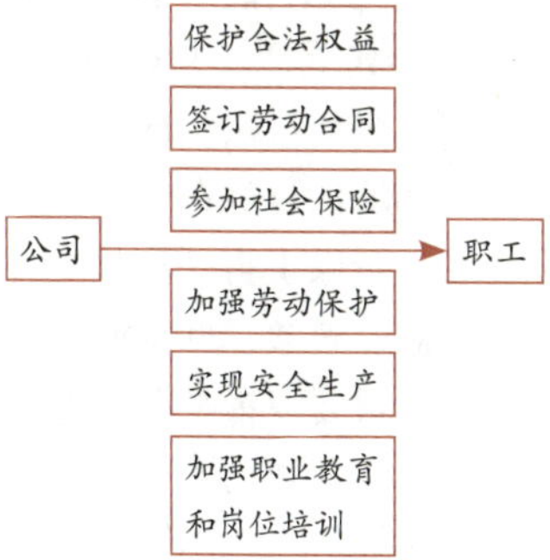

第十七条　公司职工组织工会和参与管理

沿革 本条为旧法第18条，部分措辞调整，实质变化：（1）集体合同的内容中增加“休息休假”。（2）增加“建立健全以职工代表大会为基本形式的民主管理制度”。（3）增加“解散、申请破产”应听取工会意见。

延伸
《工会法》
《宪法》第16、17条
《全民所有制工业企业法》第10条
《乡镇企业法》第14条

第十七条 公司职工依照《中华人民共和国工会法》组织工会，开展工会活动，维护职工合法权益。公司应当为本公司工会提供必要的活动条件。公司工会代表职工就职工的劳动报酬、工作时间、**休息休假**、劳动安全卫生和保险福利等事项依法与公司签订集体合同。

公司依照宪法和有关法律的规定，**建立健全以职工代表大会为基本形式的民主管理制度**，通过职工代表大会或者其他形式，实行民主管理。

公司研究决定改制、解散、申请破产以及经营方面的重大问题、制定重要的规章制度时，应当听取公司工会的意见，并通过职工代表大会或者其他形式听取职工的意见和建议。

> 我国《宪法》规定，国有企业依照法律规定，通过职工代表大会和其他形式，实行民主管理；集体经济组织实行民主管理，依照法律规定选举和罢免管理人员，决定经营管理的重大问题

> 《全民所有制工业企业法》《乡镇企业法》等法律法规对此有相关规定

解读 公司职工有权依照《工会法》的规定组织工会，开展工会活动。根据《工会法》的规定，在中国境内的企业、事业单位、机关中以工资收入为主要生活来源的体力劳动者和脑力劳动者，不分民族、种族、性别、职业、宗教信仰、教育程度，都有依法参加和组织工会的权利。为此，公司应当提供必要的条件，支持工会的工作。维护职工合法权益是工会的基本职责。其中一个重要的体现是工会代表职工与企业进行平等协商，签订集体合同。公司依法实行民主管理，有利于维持公司经营环境的良好有序，维护社会经济秩序的稳定发展。听取工会以及职工的意见，是公司研究决定改制、解散、申请破产以及经营方面重大问题、制定重要规章制度等重大事项时的必然要求。本条一方面强调了工会的重要地位和作用，另一方面也是公司民主管理的重要体现。

第十八条　公司中设立党组织及其活动

沿革 本条为旧法第19条，文字无变化。

延伸 《中国共产党章程》第30~34条

根据《中国共产党章程》的规定，企业、农村、机关、学校、医院、科研院所、街道社区、社会组织、人民解放军连队和其他基层单位，凡是有正式党员3人以上的，都应当成立党的基层组织。党的基层组织，根据工作需要和党员人数，经上级党组织批准，分别设立党的基层委员会、总支部委员会、支部委员会。基层委员会由党员大会或代表大会选举产生，总支部委员会和支部委员会由党员大会选举产生，提出委员候选人要广泛征求党员和群众的意见

第十八条　在公司中，根据中国共产党章程的规定，设立中国共产党的组织，开展党的活动。公司应当为党组织的活动提供必要条件。

解读 根据我国《宪法》的规定，国家的根本任务是，沿着中国特色社会主义道路，集中力量进行社会主义现代化建设。中国各族人民将继续在中国共产党领导下，坚持人民民主专政，坚持社会主义道路，坚持改革开放，不断完善社会主义的各项制度，发展社会主义市场经济，发展社会主义民主，健全社会主义法治，贯彻新发展理念，自力更生，艰苦奋斗，逐步实现工业、农业、国防和科学技术的现代化，推动物质文明、政治文明、精神文明、社会文明、生态文明协调发展，把我国建设成为富强民主文明和谐美丽的社会主义现代化强国，实现中华民族伟大复兴。中国共产党在我国政治生活和经济建设中的领导地位不可动摇。本条贯彻了《宪法》精神，对公司中党的基层组织活动做了进一步具体的规定。根据本条的规定，一方面，公司中党的组织开展党的活动，应当遵守《中国共产党章程》的规定；另一方面，公司要为公司中党组织开展活动提供支持。

第十九条　公司经营活动基本原则

沿革 本条为旧法第5条第1款，旧法为必须遵守“法律、行政法规”，新法为“法律法规”。

延伸 《民法典》第7、86条
国务院国有资产监督管理委员会《关于印发〈关于国有企业更好履行社会责任的指导意见〉的通知》

第十九条　公司从事经营活动，应当遵守法律法规，遵守社会公德、商业道德，诚实守信，接受政府和社会公众的监督。

社会公德：各个社会主体在其交往过程中应当遵循的公共道德规范

商业道德：从事商业活动应遵循的道德规范

诚实守信：根据《民法典》的规定，民事主体从事民事活动，应当遵循诚信原则，秉持诚实，恪守承诺

解读 公司作为社会经济活动的基本单位，作为民事主体，其合法权益受法律保护，同时也承担一定的社会责任：（1）公司必须遵守法律法规，即其所有经营活动必须在合法范围内进行。（2）公司应当遵守社会公德和商业道德。本条将道德性的非刚性约束上升为法律规定，有助于促使公司诚信经营，从而维护社会经济秩序和公众利益。（3）公司从事经营活动，必须遵守诚信原则。这也是民事主体从事民事活动的基本原则。（4）公司的经营活动要接受政府和社会公众的监督。法律明确规定的监督可使公司经营活动规范化，促进公司健康发展，维护社会经济秩序。

图表

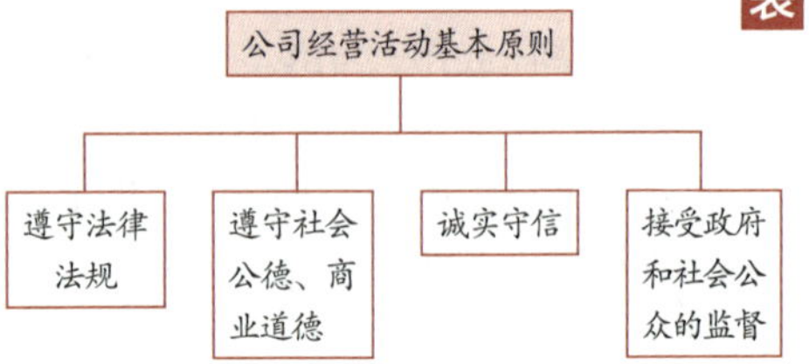

第二十条　公司的社会责任

沿革 本条为新法新增内容，扩充了旧法第5条第1款“社会责任”的内容。

延伸 国务院国有资产监督管理委员会《关于印发〈关于国有企业更好履行社会责任的指导意见〉的通知》

《企业内部控制应用指引第4号——社会责任》

> **第二十条**　公司从事经营活动，应当充分考虑公司职工、消费者等利益相关者的利益以及生态环境保护等社会公共利益，承担社会责任。
>
> 国家鼓励公司参与社会公益活动，公布社会责任报告。

解读 本条明确公司除了需要遵守法律法规，承担法律责任，还要承担社会责任。作为现代社会重要的民事主体，公司具有的强大经济实力意味着其在社会经济发展中具有重要地位，同时意味着其肩负的重大社会责任。2005年《公司法》第5条确立了公司社会责任原则，奠定了公司社会责任作为公司法核心原则的法律地位。此次修改，在旧法第5条的基础上细化了社会责任的内容。对公司来说，社会责任的内容包括对两类利益的考虑：一是公司职工、消费者等利益相关者的利益；二是生态环境保护等社会公共利益。本条第2款提出的“参与社会公益活动”“公布社会责任报告”明确了承担社会责任的方式，增加了公司承担社会责任的可操作性，有助于引导和鼓励公司积极承担社会责任。

图表

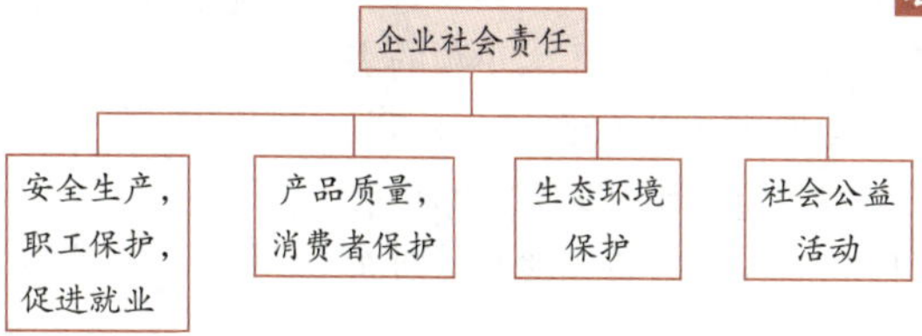

第二十一条　股东不得滥用股东权利

沿革 本条为旧法第 20 条中关于股东“滥用股东权利”部分的内容，旧法20条另一部分“滥用公司法人独立地位和股东有限责任”规定于新法第 23 条。

延伸 《民法典》第 83 条
《公司法》第 4 条

第二十一条　公司股东应当遵守法律、行政法规和公司章程，依法行使股东权利，不得滥用股东权利损害公司或者其他股东的利益。

公司股东滥用股东权利给公司或者其他股东造成损失的，应当承担赔偿责任。

（注：既包括行使权利内容合法，也包括行使程序合法）
（注：出资人）
（注：享有资产收益、参与重大决策和选择管理者等权利）

解读 公司股东作为公司的出资者，依法享有权利并承担义务。公司股东行使法律规定的股东权利时，应遵守法律法规及公司章程的规定，且不得滥用权利损害公司或其他股东的利益。实务中，滥用股东权利的行为方式多种多样，如违反《公司法》规定参与对公司经营重大事项的表决；又如滥用股东查账等权利，窃取公司商业秘密等。有滥用股东权利的行为给公司或其他股东造成损失的，需要承担相应的法律责任。

图表

《公司法》中股东须承担责任的情形

- 股东滥用股东权利，给公司或者其他股东造成损失
- 控股股东利用关联关系损害公司利益
- 股东滥用公司法人独立地位和股东有限责任，逃避债务，严重损害公司债权人利益
- 公司未成立时的法律后果
- 股东未按期足额缴纳出资给公司造成损失
- 抽逃出资
- 在弥补亏损和提取法定公积金之前向股东分配利润
- 违反本法规定减少注册资本

第二十二条　不得利用关联关系损害公司利益

沿革 本条为旧法第21条，部分措辞调整。

延伸 《公司法解释五》第1~2条
《公司法》第139、182、265条

解读 此处的“关联关系”不完全等同于一般意义上的关联交易（具有投资关系或合同关系的不同主体之间所进行的交易）。公司关联交易本身是一种经济行为，不必然损害公司的利益。但实务中常有控制公司利用与从属公司的关联关系和控制地位，迫使从属公司与自己或其他关联方从事不利益的交易，损害从属公司和少数股东利益的现象。此种情形下，行为人应当承担赔偿责任，赔偿公司的损失。

图表

第二十二条　公司的控股股东、实际控制人、董事、监事、高级管理人员不得利用关联关系损害公司利益。

违反前款规定，给公司造成损失的，应当承担赔偿责任。

- 控股股东：其出资额占有限责任公司资本总额50%以上或者其持有的股份占股份有限公司股本总额50%以上；出资额或者持有股份的比例虽然不足50%，但依其出资额或者持有的股份所享有的表决权已足以对股东会的决议产生重大影响的股东
- 实际控制人：虽然不是公司的股东，但通过投资关系、协议或者其他安排，能够实际支配公司行为的人
- 董事：公司股东会选举出来的董事
- 监事：公司股东会选举出来的监事
- 高级管理人员：公司的经理、副经理、财务负责人，上市公司董事会秘书和公司章程规定的其他人员
- 关联关系：公司控股股东、实际控制人、董事、监事、高级管理人员与其直接或者间接控制的企业之间的关系，以及可能导致公司利益转移的其他关系

允许关联交易的规定

- 董事、监事、高级管理人员或者其近亲属直接或者间接控制的企业，以及与董事、监事、高级管理人员有其他关联关系的关联人，与公司订立合同或者进行交易。应当就与订立合同或者进行交易有关的事项向董事会或者股东会报告，并按照公司章程的规定经董事会或者股东会决议
- 上市公司董事与董事会会议决议事项所涉及的企业或者个人有关联关系的，该董事应当及时向董事会书面报告。有关联关系的董事不得对该项决议行使表决权，也不得代理其他董事行使表决权。该董事会会议由过半数的无关联关系董事出席即可举行，董事会会议所作决议须经无关联关系董事过半数通过。出席董事会的无关联关系董事人数不足3人的，应当将该事项提交上市公司股东会审议

第二十三条　股东不得滥用公司法人独立地位和股东有限责任

沿革 本条第1款为旧法第20条关于“滥用公司法人独立地位和股东有限责任”部分的规定。本条第2款为新增规定。本条第3款为旧法第63条的规定。

解读 股东不得滥用公司法人独立地位和股东有限责任损害公司债权人的利益。公司法创制了股东有限责任和公司独立法人地位的制度，以保护股东、促进投资。有限责任是现代公司制度的基石。股东依约定足额出资后，即享受有限责任；公司独立从事经营，独立承担民事责任。但实务中，有的公司股东控制公司，使公司与自己财产、业务等混同，甚至利用公司从事违法活动，逃避自身责任。这些行为不合法，严重损害公司债权人的利益的，股东不再受有限责任制度保护，须与公司对债务承担连带责任。此制度即“法人人格否认”制度。《公司法》删除了“一人公司”这一节。本条第3款是关于一人有限责任公司股东民事责任的特别规定。出于只有一个股东的公司本身的特殊性，本条突破了公司股东对公司债务承担有限责任的基本原则。因为只有一个股东的公司，出现股东个人与公司财产等混同的可能性更大，一旦股东有此情况，逃避债务，会严重损害公司债权人的利益。

股东以投资（出资额或者股份）为限对公司承担责任，并通过公司这个中间物对外承担责任

公司具有独立的法人人格，其与股东是分开的，即公司独立地行使权利，独立地承担义务，独立地为其行为负责。公司责任独立，公司责任与股东责任相分离

第二十三条 公司股东滥用公司法人独立地位和股东有限责任，逃避债务，严重损害公司债权人利益的，应当对公司债务承担连带责任。

股东利用其控制的两个以上公司实施前款规定行为的，各公司应当对任一公司的债务承担连带责任。

只有一个股东的公司，股东不能证明公司财产独立于股东自己的财产的，应当对公司债务承担连带责任。

对本不是自己的债务，与原债务人共同承担偿还责任，“共进退”

延伸 《民法典》第84条
指导案例15号
指导案例215号

图表

只有一个股东的公司与其他公司构成“法人人格否认”的对比

公司类型	是否需要“逃避债务”	是否需要“严重损害公司债权人利益”	是否需要“股东滥用公司法人独立地位和股东有限责任”	股东举证责任
只有一个股东的公司	否	否	否	倒置（须主动证明公司财产独立于自己的财产）
其他公司	是	是	是	无倒置（仅需反向证明此表提及的三个构成要件）

第二十四条　采用电子通信方式召开会议和表决

沿革 本条为新法新增内容。

并不限制组织形式

召开和表决均可采用电子通信方式

第二十四条 公司股东会、董事会、监事会召开会议和表决可以采用电子通信方式，公司章程另有规定的除外。

解读 本条新增内容是以当今社会科学技术的快速发展为前提，以此前新冠疫情的特殊情况为背景产生的。在新冠疫情的特殊时期内，全民抗疫的宝贵精神感天动地，中华民族在此次抗击疫情的过程中共同成长。但我们又不得不正视疫情对经济发展带来的冲击。物理上的被迫隔绝，导致各行各业深受影响，发展停滞。而对于公司来说，股东会、董事会、监事会会议的召开不仅是法定义务，更是决定公司存亡和发展的重要和必要环节。为消除疫情中物理隔绝对上述会议的召开带来的影响，线上会议的方式应运而生，且成为公司在此特殊时期发展的关键。此类通过电子通信方式举办的线上会议有很多好处，如提高异地协作效率、节省公司成本、操作便捷、促进部内和外部关系。故此次《公司法》修改专门增加了本条，鼓励公司采用电子通信方式对股东会、董事会、监事会召开和表决，享受科技进步带来的红利。当然，公司章程可以对此进行不同的规定。

图表

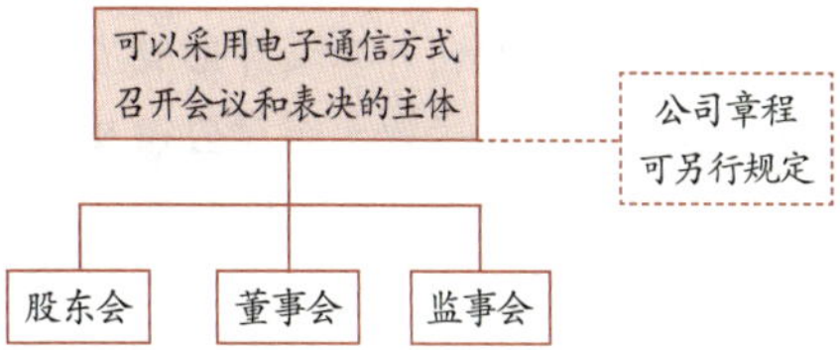

第二十五条　股东会、董事会决议无效

沿革 本条为旧法第22条第1款，部分措辞调整。

延伸
《民法典》第153、157条
《公司法》第26、27条
《公司法解释四》第1~6条
指导案例10号

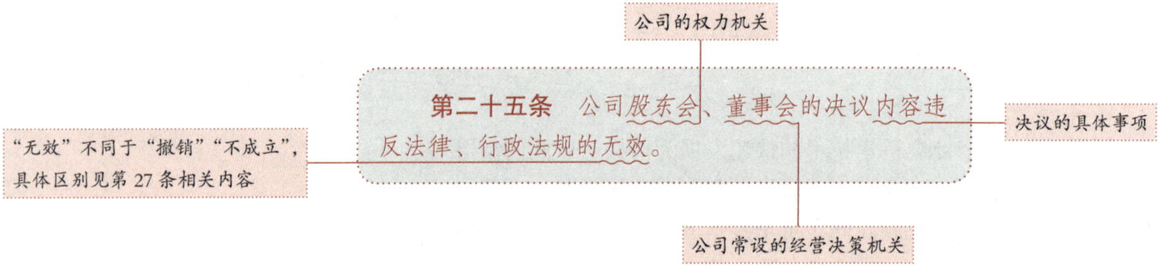

解读 股东会、董事会行使法律及公司章程赋予的权利的方式，即召开会议并形成决议。此类决议一旦依法作出并生效，即对公司及股东有约束力。无效的法律效果严重，即自始对公司及股东没有约束力。根据本条的规定，决议须有违反法律、行政法规的瑕疵，才有无效的法律效果。

图表

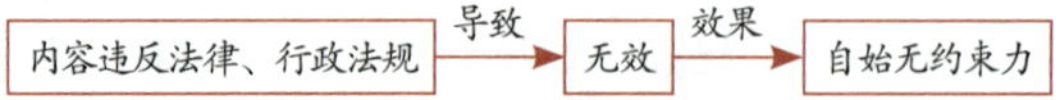

股东会、董事会决议无效

第二十六条　股东会、董事会决议撤销

沿革 本条在旧法第22条第2款基础上作出重大修改：（1）增加了“未被通知参加股东会会议的股东自知道或者应当知道股东会决议作出之日起六十日内”的规定。（2）增加了“但是，股东会、董事会的会议召集程序或者表决方式仅有轻微瑕疵，对决议未产生实质影响的除外”的规定。（3）增加了“自决议作出之日起一年内没有行使撤销权的，撤销权消灭”的规定。

延伸
《公司法》第25、27条
《公司法解释一》第3条
《公司法解释四》第2~4条
指导案例10号
《时间效力规定》第1条

第二十六条 公司股东会、董事会的会议召集程序、表决方式违反法律、行政法规或者公司章程，或者决议内容违反公司章程的，股东自决议作出之日起六十日内，可以请求人民法院撤销。但是，股东会、董事会的会议召集程序或者表决方式仅有轻微瑕疵，对决议未产生实质影响的除外。

未被通知参加股东会会议的股东自知道或者应当知道股东会决议作出之日起六十日内，可以请求人民法院撤销；自决议作出之日起一年内没有行使撤销权的，撤销权消灭。

起诉时有股东资格

股东为原告，公司为被告，其他利害关系人为第三人

人民法院不予受理

解读（1）《公司法》将股东会、董事会决议的无效和可撤销进行了更细致的区分。简单来说，决议无效是因为决议内容违法，决议可撤销是因为决议程序及形式违法或内容违反公司章程。（2）撤销权的行使方式为请求人民法院撤销。（3）撤销权的行使有时间限制，即股东自决议作出之日起60日内，未被通知参加股东会的股东自知道或者应当知道股东会决议作出之日起60日内行使。自决议作出之日起1年内没有行使撤销权的，撤销权消灭。（4）增加“但是，股东会、董事会的会议召集程序或者表决方式仅有轻微瑕疵，对决议未产生实质影响的除外”的规定，一定程度上保护了股东会、董事会决议的稳定性。

第二十七条　股东会、董事会决议不成立

沿革 本条为新法新增内容。

延伸 《公司法》第25、26条
《公司法解释四》第5条

> 第二十七条　有下列情形之一的，公司股东会、董事会的决议不成立：
> （一）未召开股东会、董事会会议作出决议；
> （二）股东会、董事会会议未对决议事项进行表决；
> （三）出席会议的人数或者所持表决权数未达到本法或者公司章程规定的人数或者所持表决权数；
> （四）同意决议事项的人数或者所持表决权数未达到本法或者公司章程规定的人数或者所持表决权数。

解读 本条内容吸收了最高人民法院《公司法解释四》第5条的规定。从本条罗列的股东会、董事会决议不成立的情形可知，与“无效”“可撤销”相比，这些瑕疵最严重，是从根本上（决议的形成过程）否定决议的效力。决议无效、被撤销及不成立的区别：所谓“决议不成立”，是指根本就没有开会，或者根本就没有达到可以形成决议的人数或表决数。所谓“无效决议”，是指公司股东会、董事会的决议实体内容违反法律、行政法规。所谓“可撤销决议”，是指除了前述“决议不成立”之外的，违反了程序性规定而形成的决议，特别是违反了关于会议召集程序和表决程序，或者是虽然没有违反法律法规但是违反公司章程中的实体内容的决议。

图表

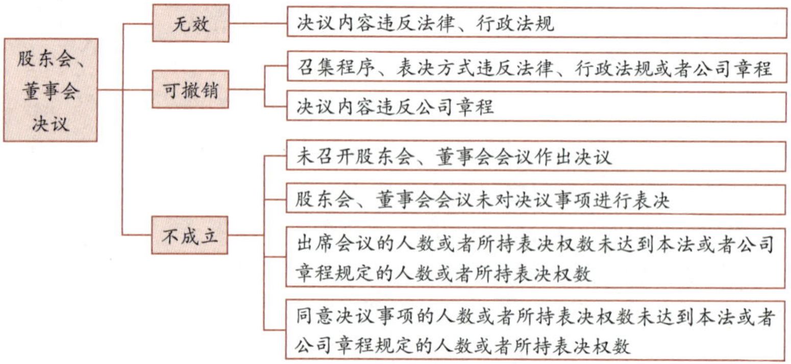

第二十八条　股东会、董事会决议无效、被撤销或确认不成立的法律后果

沿革 本条第1款在旧法第22条第4款的基础上调整而来，增加了“确认不成立的”的决议。本条第2款为新增内容。

延伸 《公司法》第25~27、32条
《民法典》第85条
《公司法解释四》第6条
《时间效力规定》第1条

《公司法》第26条

第二十八条 *公司股东会、董事会决议被人民法院宣告无效、撤销*或者确认不成立的，公司应当向公司登记机关申请撤销*根据该决议已办理的登记*。

股东会、董事会决议被人民法院宣告无效、撤销或者确认不成立的，公司根据该决议与善意相对人形成的民事法律关系不受影响。

《公司法》第25条

申请义务人是公司，而非股东或董事

《公司法》第27条

公司登记事项包括：(1)名称；(2)住所；(3)注册资本；(4)经营范围；(5)法定代表人的姓名；(6)有限责任公司股东、股份有限公司发起人的姓名或者名称

不知道或不应当知道该股东会、董事会决议被宣告无效、撤销或者宣告不成立的相对人

解读 本条吸收《民法典》第85条和《公司法解释四》第6条的规定。本条第1款规定了股东会、董事会决议无效、被撤销或确认不成立后，公司的法定义务和法律责任，即将受该决议影响的法律状态恢复原样。本条第2款体现了对善意相对人信赖利益保护的规则。

图表

股东会、董事会决议无效、撤销、不成立的效果 → 决议内容不发生效力 →
- 公司应向登记机关申请撤销相关变更登记
- 公司根据该决议与善意相对人形成的民事法律关系不受影响

第二章 公司登记

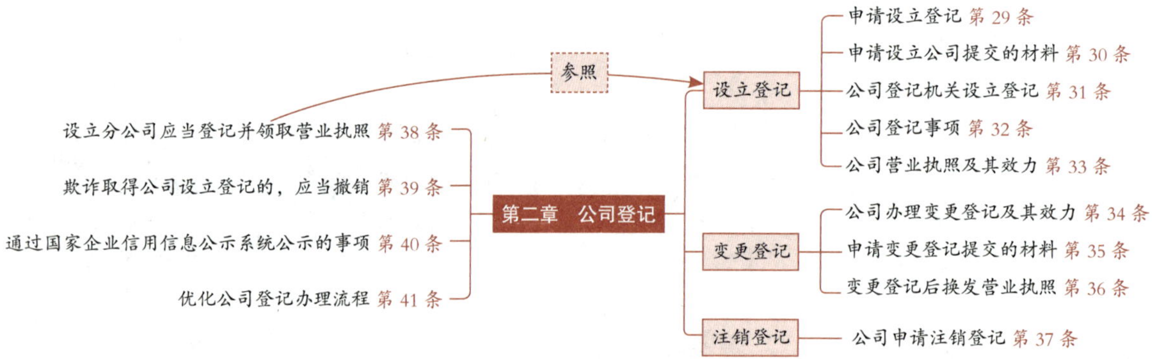

第二章 公司登记
设立登记
申请设立登记 第 29 条
申请设立公司提交的材料 第 30 条
公司登记机关设立登记 第 31 条
公司登记事项 第 32 条
公司营业执照及其效力 第 33 条
变更登记
公司办理变更登记及其效力 第 34 条
申请变更登记提交的材料 第 35 条
变更登记后换发营业执照 第 36 条
注销登记
公司申请注销登记 第 37 条
参照
设立分公司应当登记并领取营业执照 第 38 条
欺诈取得公司设立登记的，应当撤销 第 39 条
通过国家企业信用信息公示系统公示的事项 第 40 条
优化公司登记办理流程 第 41 条

第二十九条　申请设立登记

沿革 本条第1款为旧法第6条第1款第1句。第2款为旧法第6条第2款。文字无变化。

延伸 《公司法》第106条
《市场主体登记管理条例》第2、3、5、6条

第二十九条　设立公司，应当依法向公司登记机关申请设立登记。

法律、行政法规规定设立公司必须报经批准的，应当在公司登记前依法办理批准手续。

公司登记机关：县级以上地方人民政府承担市场主体登记工作的部门

批准手续：经营范围中属于在登记前依法须经批准的许可经营项目，市场主体应当在申请登记时提交有关批准文件

解读 本条第1款规定设立公司应当依法向公司登记机关申请设立登记，实际上是对公司设立申请人的要求。未经登记，不得以公司名义从事经营活动。设立公司只能向人民政府负责公司登记的机关提出申请，而不能向其他机关提出设立公司的申请。申请设立登记公司，应符合法律法规相关规定。本条第2款规定了法律、行政法规规定设立公司必须报经批准的，必须取得批准。这一方面要求申请人对此类法律、行政法规规定必须报经批准的公司，需要提前取得批准；另一方面要求公司登记机关对相关情况进行审查和督促。

图表

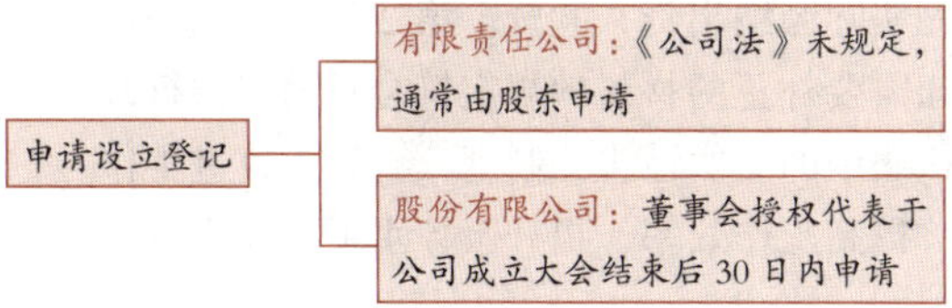

第三十条　申请设立公司提交的材料

沿革　本条为新法新增条款，第1款申请设立公司需要提交的文件在旧法第29条、第83条第3款、第92条中有所规定。第2款为完全新增。

延伸　《市场主体登记管理条例》第6、16、17、19条
《行政许可法》第32条

第三十条　申请设立公司，应当提交设立登记申请书、公司章程等文件，提交的相关材料应当真实、合法和有效。

申请材料不齐全或者不符合法定形式的，公司登记机关应当一次性告知需要补正的材料。

申请人资格文件，自然人身份证明，住所或主要经营场所相关文件，法律、行政法规和国务院市场监督管理部门规定提交的其他材料

提交材料应满足这三个条件

公司登记机关的法定义务

解读　2013年修改《公司法》取消了公司设立登记前必须验资的规定。公司股东只要认足公司章程规定的出资后，就可以申请设立登记，而不必先实际缴纳出资并验资。第2款规定的一次性告知需要补正的材料的规定符合目前我国行政许可执法中的一次性告知制度，有助于改进工作作风，提高工作效率，提升服务水平，促进依法行政。

图表

申请设立公司应提交的文件
- 登记申请书、公司章程
- 申请人资格文件
- 自然人身份证明
- 住所或主要经营场所相关文件
- 法律、行政法规和国务院市场监督管理部门规定提交的其他材料

第三十一条　公司登记机关设立登记

沿革 本条为旧法第 6 条第 1 款第 2 句，部分措辞调整。

延伸 《公司法》第 42~57、91~110 条

第三十一条　申请设立公司，符合本法规定的设立条件的，由公司登记机关分别登记为有限责任公司或者股份有限公司；不符合本法规定的设立条件的，不得登记为有限责任公司或者股份有限公司。

有限责任公司：公司的股东对公司以其认缴的出资额为限承担有限责任的公司

股份有限公司：公司的资本划分为等额股份，公司股东以其认购的股份为限对公司承担有限责任的公司

解读 设立公司申请提交至公司登记机关后，登记机关依照法定条件决定是否准予公司登记。对于设立公司登记的申请，符合法定设立条件的，登记为有限责任公司或者股份有限公司；不符合法定设立条件的，不得登记为有限责任公司或者股份有限公司。本条从文义上看是对公司登记机关的要求：公司登记机关在收到设立公司的申请文件后，应当进行审查，根据申请是否符合《公司法》规定的公司设立条件决定是否登记为有限责任公司或者股份有限公司。同时，本条也是对申请设立公司主体的提示：要想在申请设立公司阶段顺利推进，须严格了解《公司法》对于设立公司条件的规定，并严格按照要求准备材料和相关程序。

图表

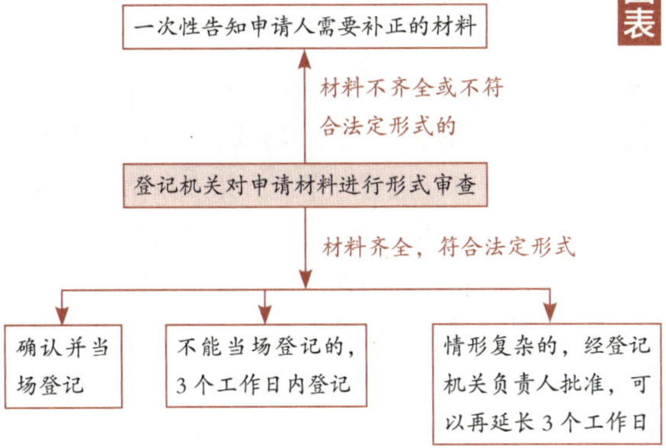

第三十二条　公司登记事项

沿革 本条为新法新增内容。

延伸 《民法典》第63、66条
《市场主体登记管理条例》第8条
《市场主体登记管理条例实施细则》第6条

第三十二条　公司登记事项包括：
（一）名称；
（二）住所；
（三）注册资本；
（四）经营范围；
（五）法定代表人的姓名；
（六）有限责任公司股东、股份有限公司发起人的姓名或者名称。
公司登记机关应当将前款规定的公司登记事项通过国家企业信用信息公示系统向社会公示。

名称：公司区别于其他公司和市场主体的标志

住所：公司住所是其主要办事机构所在地。公司必须有住所

注册资本：在公司登记机关登记的股本总额

经营范围：公司经营范围为公司经营活动的行业、经营项目的种类

法定代表人的姓名：公司的法定代表人是法人代表，是公司对外发生法律关系时，代表其作出法人意思表示的人。法定代表人应是具有完全民事行为能力的自然人

有限责任公司股东、股份有限公司发起人的姓名或者名称：有限责任公司股东、股份有限公司发起人为设立公司时的出资人。自然人登记姓名，法人登记名称

国家企业信用信息公示系统：www.gsxt.gov.cn

解读《市场主体登记管理条例》自2022年3月1日起施行，《公司登记管理条例》同时失效。本条新增内容与《市场主体登记管理条例》第8条第1款内容基本一致。这些事项是设立公司必须明确的事项，同时是公司营业执照上应当载明的事项。登记是民法的重要制度之一，公司登记的目的是将既有形式、权利公示于外，以保护交易安全。本条第2款在法律中确定了公司登记事项在国家企业信用信息公示系统公示。

图表

公司登记事项	营业执照记载事项
名称 住所 注册资本 经营范围 法定代表人的姓名 有限责任公司股东、股份有限公司发起人的姓名或者名称	名称 住所 注册资本 经营范围 法定代表人姓名 类型 登记机关 成立日期 统一社会信用代码

第三十三条　公司营业执照及其效力

沿革 本条第1款、第2款为旧法第7条第1款、第2款，文字无变化。第3款为新增内容。

延伸 《民法典》第66、78条
《市场主体登记管理条例》第21、22、36、37条
《市场主体登记管理条例实施细则》第15、18、23条

第三十三条　依法设立的公司，由公司登记机关发给公司营业执照。公司营业执照签发日期为公司成立日期。

公司营业执照应当载明公司的名称、住所、注册资本、经营范围、法定代表人姓名等事项。

公司登记机关可以发给电子营业执照。电子营业执照与纸质营业执照具有同等法律效力。

- 营业执照：公司登记机关签发的确定公司成立的法律文件
- 注册资本：在公司登记机关登记的股本总额
- 名称：公司区别于其他公司和市场主体的标志
- 住所：公司主要办事机构所在地。公司都必须有住所
- 电子营业执照：电子营业执照标准由国务院市场监督管理部门统一制定
- 经营范围：公司经营活动的行业、经营项目的种类
- 法定代表人：公司的法定代表人是法人代表，是公司对外发生法律关系时代表其作出法人意思表示的人。法定代表人应是具有完全民事行为能力的自然人

解读 营业执照签发日期为公司成立日期。营业执照既是公司成立的法律依据，也有公示性，对外证明公司的法人资格、经营范围等。营业执照分为正本和副本，具有同等法律效力。增加电子营业执照及其效力的规定，在此前的《市场主体登记管理条例》第22条第2款中已有规定。电子营业执照与纸质营业执照具有同等法律效力。营业执照样式、电子营业执照标准由国务院市场监督管理部门统一制定。电子营业执照迎合了当前科技发展迅猛的大环境下深化登记制度改革的要求，是推动企业登记管理全程电子化、实施大数据监管的重要手段。

图表

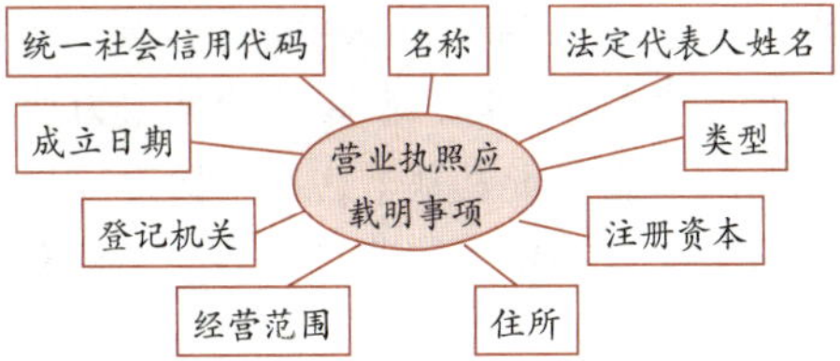

第三十四条　公司办理变更登记及其效力

沿革　本条为旧法第32条第3款，部分措辞调整，旧法“第三人”变为“善意相对人”。

延伸　《民法典》第64、65条
《市场主体登记管理条例》第3、24~28条

名称，住所，注册资本，经营范围，法定代表人姓名，有限责任公司股东、股份有限公司发起人的姓名或者名称

第三十四条　公司登记事项发生变更的，应当依法办理变更登记。

公司登记事项未经登记或者未经变更登记，不得对抗善意相对人。

对公司登记事项未经登记或者未经变更登记事项不知道或者不应当知道的主体

解读　公司登记有公示性。对公司相关情况的公示，有助于交易相对人了解公司情况，以便作出合理判断；有利于有关部门对公司进行监管，保护交易安全，促进交易进行。因此，公司登记事项发生变更的，须办理变更登记。公司未对相关事项进行登记或者未变更登记的，该未登记事项或新事项对于公司外其他主体来说，没有公示性。为保护善意相对人，不能苛责其基于这些不知道或者不应当知道的事项做决定，因此这些事项不得对抗善意相对人。

图表

《公司法》中不得对抗善意相对人的事项
- 公司章程或者股东会对法定代表人职权的限制
- 股东会、董事会决议被法院宣告无效、撤销或者确认不成立
- 公司登记事项未经登记或未经变更登记
- 公司章程对董事会权力的限制

第三十五条　申请变更登记提交的材料

沿革　本条为新法新增内容。

延伸
《公司法》第30条
《市场主体登记管理条例》第24条
《市场主体登记管理条例实施细则》第31~37条

应当自作出变更决议、决定或者法定变更事项发生之日起30日内申请

第三十五条　公司申请变更登记，应当向公司登记机关提交公司法定代表人签署的变更登记申请书、依法作出的变更决议或者决定等文件。

公司变更登记事项涉及修改公司章程的，应当提交修改后的公司章程。

公司变更法定代表人的，变更登记申请书由变更后的法定代表人签署。

公司登记事项变更需要通过决议形式。变更公司形式须通过股东会决议决定

需要对修改章程作出决议的，还应当提交相关决议决定

解读　法定代表人是代表公司表达意志、作出行为的人，故由其以公司名义签署的文件的法律效力由公司承受。其签署的变更登记申请书意味着公司提出变更登记申请。根据《公司法》的规定，公司章程是申请设立公司时应当提供的材料。故公司变更登记时修改公司章程的，应当提交修改后的公司章程。法定代表人是可以变更的；变更后，原法定代表人无权再代表公司行使职权，故此时变更后的法定代表人签署的变更申请书才有效。

图表

变更事项	注意内容
名称	可以自主申报名称并在保留期届满前申请变更登记，也可以直接申请变更登记
住所	应当在迁入新住所（主要经营场所、经营场所）前向迁入地登记机关申请变更登记，并提交新的住所（主要经营场所、经营场所）使用相关文件
注册资本	公司增加注册资本，有限责任公司股东认缴新增资本的出资和股份有限公司的股东认购新股的，应当按照设立时缴纳出资和缴纳股款的规定执行。股份有限公司以公开发行新股方式或者上市公司以非公开发行新股方式增加注册资本，还应当提交国务院证券监督管理机构的核准或者注册文件。 公司减少注册资本，可以通过国家企业信用信息公示系统公告，公告期45日，应当于公告期届满后申请变更登记。法律、行政法规或者国务院决定对公司注册资本有最低限额规定的，减少后的注册资本应当不少于最低限额
法定代表人姓名	变更登记申请书由变更后的法定代表人签署
类型	应当按照拟变更公司类型的设立条件，在规定的期限内申请变更登记，并提交有关材料

第三十六条　变更登记后换发营业执照

沿革 本条为旧法第7条第3款，部分措辞调整。

延伸
《市场主体登记管理条例》第28条
《市场主体登记管理条例实施细则》第64条

名称、住所、注册资本、经营范围、法定代表人姓名、类型等

> **第三十六条**　公司营业执照记载的事项发生变更的，公司办理变更登记后，由公司登记机关换发营业执照。

换发义务主体

应当于15日内完成对应信息的更新公示

解读 营业执照记载事项的变更从公司营业执照签发之日起产生法律效力，对公司具有约束力。公司营业执照记载的事项及其他法定登记事项发生变更的，公司应当依法办理变更登记；涉及营业执照记载事项的，由公司登记机关换发营业执照。未经变更登记，公司不得擅自改变营业执照所载明的事项。本条规定的是公司变更营业执照记载事项时应尽的义务，即办理变更登记。

图表

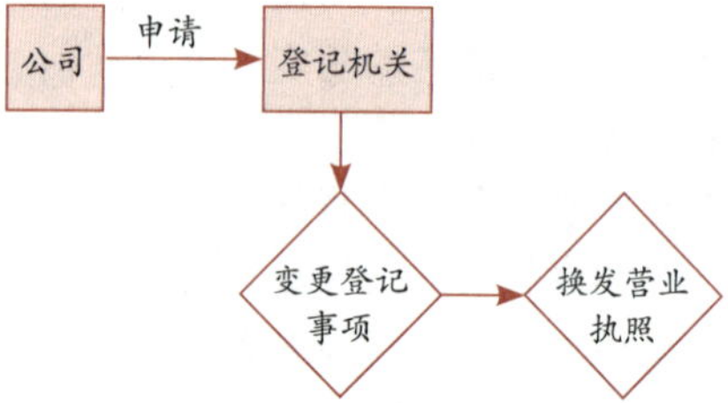

公司登记事项变更流程

第三十七条　公司申请注销登记

沿革 本条为新增条款，公司因解散、清算而注销登记的规定见于旧法第179条第1款、188条。

延伸
《民法典》第59、68、72、73条
《市场主体登记管理条例》第31~34条
《市场主体登记管理条例实施细则》第44~49条

第三十七条　公司因解散、被宣告破产或者其他法定事由需要终止的，应当依法向公司登记机关申请注销登记，由公司登记机关公告公司终止。

解散：已经成立的公司，因公司章程或者法定事由出现而停止公司的对外经营活动，并开始公司的清算，处理未了结事务从而使公司法人资格消灭的法律行为

破产：法院依据当事人的申请或法定职权裁定宣布债务人破产以清偿债务

终止：法人的民事权利能力和民事行为能力，到法人终止时消灭

解读 公司登记机关经过核准注销登记后，公司终止，公司法人资格消灭。公司登记机关办理设立登记是公司取得法人资格的前提，而消灭公司的法人资格则要以公司登记机关注销其公司登记为依据。公司解散，依法应当清算的，清算组应当自成立之日起10日内将清算组成员、清算组负责人名单向公司登记机关备案。

图表

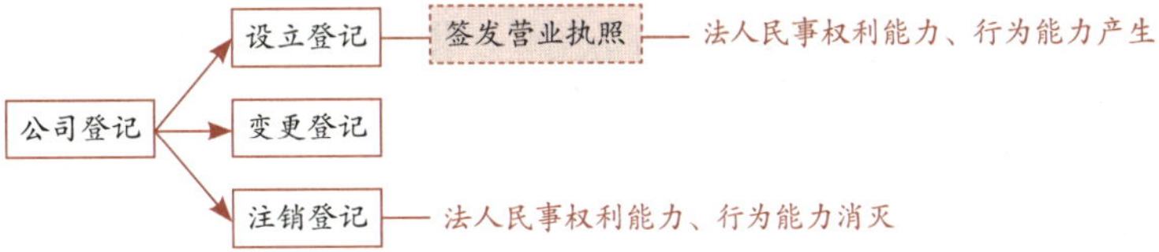

第三十八条　设立分公司应当登记并领取营业执照

沿革 本条为旧法第 14 条的一部分内容。

延伸
《公司法》第 13 条
《市场主体登记管理条例实施细则》第 9 条

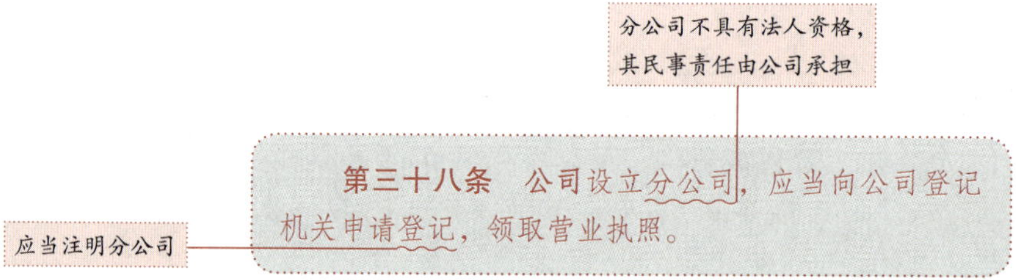

解读 公司根据生产经营的需要，可以设立分公司。分公司无论是在经济上还是在法律上，都不具有独立性，不独立享有权利、承担责任，没有独立的公司名称及章程，没有独立的财产。但设立分公司，仍应当向分公司所在地的公司登记部门登记，并领取分公司的营业执照。

图表

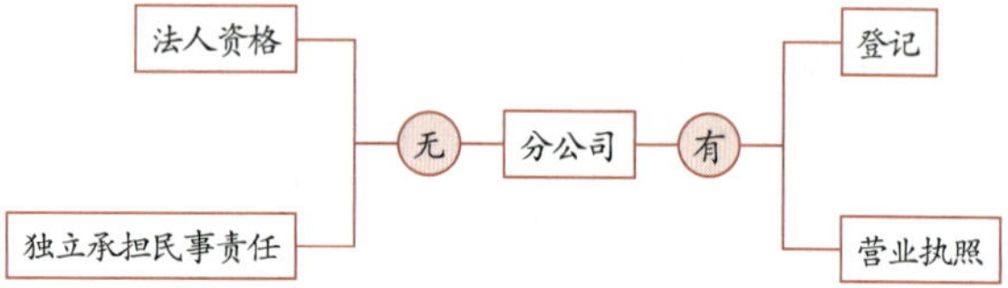

第三十九条　欺诈取得公司设立登记的，应当撤销

沿革 本条为旧法第198条。旧法规定的处罚包括责令改正、罚款，“情节严重的，撤销公司登记或者吊销营业执照”，新法规定“应当依照法律、行政法规的规定予以撤销”。

延伸 《市场主体登记管理条例实施细则》第50~58条

第三十九条 虚报注册资本、提交虚假材料或者采取其他欺诈手段隐瞒重要事实取得公司设立登记的，公司登记机关应当依照法律、行政法规的规定予以撤销。

- 注册资本：在公司登记机关登记的资本数额（设立时股东认缴的出资额＋成立后增加的资本额）
- 虚报注册资本：为骗取公司登记而故意夸大资本数额，实际上根本就没有出资或者没有全部出资
- 提交虚假材料：设立、变更、注销登记时提交的申请材料文件是虚假的
- 登记：此处登记指广义的公司登记，包括设立登记、变更登记、注销登记以及设立分公司的登记等
- 欺诈：欺诈，是指当事人在办理公司登记时，故意隐瞒有关的重要事实、制造假象、掩盖真相，使公司登记机关受蒙骗、发生错误认识而取得了公司登记
- 其他欺诈手段：其他欺诈手段，是指采用其他隐瞒事实真相的方法欺骗公司登记机关的行为

解读 本条涉及的违法行为即欺诈行为。欺诈行为的构成要件包括：当事人故意的主观心态；当事人有明确的骗取公司登记的目的；公司登记机关进行的登记完全是基于上述认识上的错误。本条此次修改了相关欺诈行为的法律责任：一是删除了“情节严重”这一承担责任的条件，即无论后果严重与否，只要实施了本条规定的欺诈行为，公司即须承担撤销的法律后果；二是删除了“吊销营业执照”的法律责任，只保留了“撤销公司登记”这一法律后果，即从根本上否认了公司的民事主体资格的合法性，被撤销公司登记的公司的民事主体资格归于消灭。整体来说，此次修改对相关欺诈行为的打击力度加大了。

图表

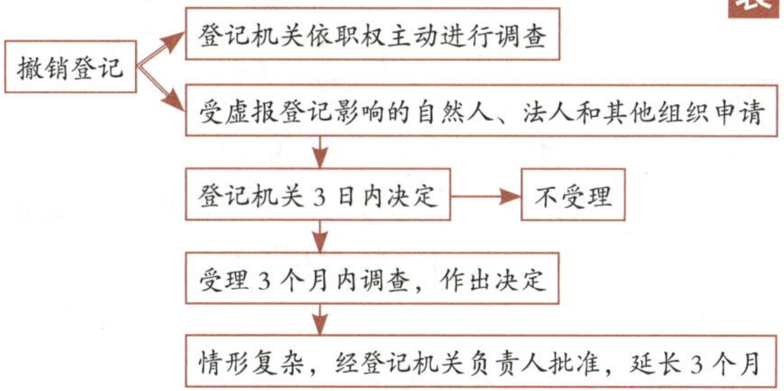

第四十条　通过国家企业信用信息公示系统公示的事项

沿革　本条为新法新增内容。

延伸　《公司法》第32、220、222、224、225条
国务院《关于实施〈中华人民共和国公司法〉注册资本登记管理制度的规定》第4条
《企业信息公示暂行条例》第6、10条

第四十条　公司应当按照规定通过国家企业信用信息公示系统公示下列事项：

（一）有限责任公司股东认缴和实缴的出资额、出资方式和出资日期，股份有限公司发起人认购的股份数；

（二）有限责任公司股东、股份有限公司发起人的股权、股份变更信息；

（三）行政许可取得、变更、注销等信息；

（四）法律、行政法规规定的其他信息。

公司应当确保前款公示信息真实、准确、完整。

有限责任公司股东的出资情况及股份有限公司发起人的认购数展示了公司成立时的资本情况

股权转让等股权变更信息用于展示公司资金的动态变化

行政许可的取得、变更、注销等信息展示公司行政许可（某种行为的权利或资格状态）相关情况

解读　国家企业信用信息公示系统（www.gsxt.gov.cn）的作用在于：公示具有权威性的信息；方便企业提交信息；方便政府部门、公众、媒体、商业和贸易伙伴等查询公司信息。本条列明了公示的主要事项，并规定了公司对公示信息负有保证其真实性、准确性、完整性的责任。

图表

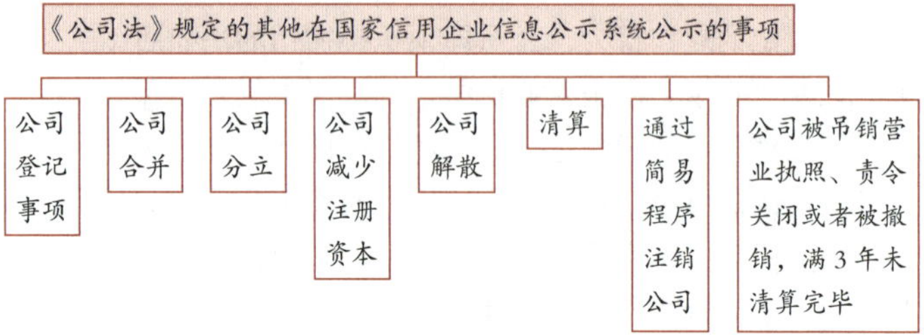

第四十一条　优化公司登记办理流程

沿革　本条为新法新增内容。

延伸　《市场主体登记管理条例》第6条
《市场主体登记管理条例实施细则》第3条

县级以上地方人民政府承担公司登记工作的部门

第四十一条　公司登记机关应当优化公司登记办理流程，提高公司登记效率，加强信息化建设，推行网上办理等便捷方式，提升公司登记便利化水平。

国务院市场监督管理部门根据本法和有关法律、行政法规的规定，制定公司登记注册的具体办法。

解读　优化企业登记办理流程是提高经济效益和服务质量的重要举措。本条吸收了《市场主体登记管理条例》《市场主体登记管理条例实施细则》的相关规定。本条提及了优化公司登记流程的便捷方式，旨在提升公司登记便利化水平。这样不仅有助于企业的发展，优化营商环境，也有助于促进社会经济的发展。优化公司登记办理流程是公司登记机关的法定义务。本条明确授权国务院市场监督管理部门制定公司登记注册的具体办法。

第三章　有限责任公司的设立和组织机构

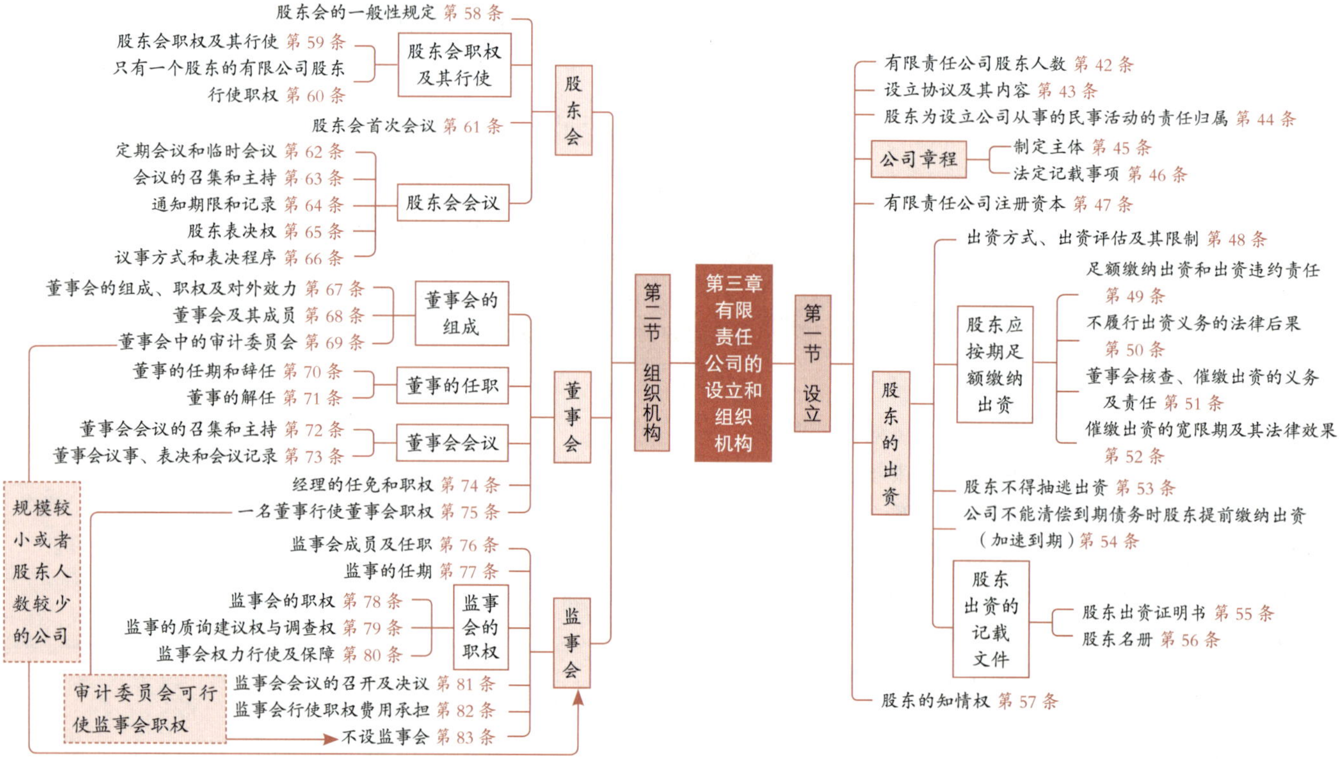

第一节 设 立

第四十二条 有限责任公司股东人数

沿革 本条为旧法第 24 条，部分措辞调整。

延伸 《民法典》第 76 条

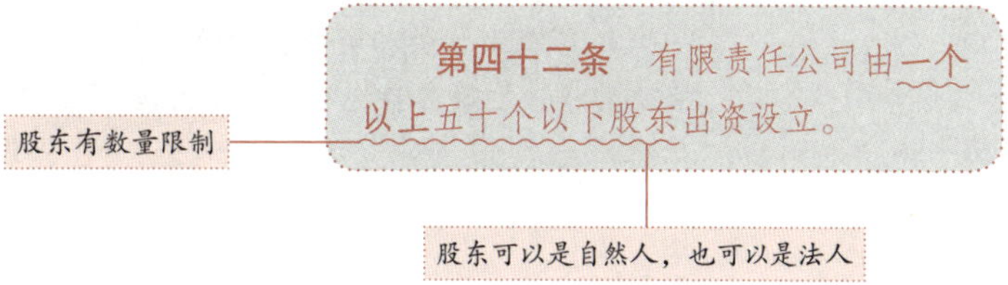

解读 设置“50 人”作为上限，一方面在于作为现代公司法主要主体之一，有限责任公司具有资合性的同时，也有较强的人合性特征。一定程度上，股东的出资建立在相互信任的基础上，因此人数不宜过多。另一方面在于人数过多有碍股东进行重大经营决策。有限责任公司股东人数下限为“1 人”。允许设立只有一个股东的公司，更有利于鼓励投资，促进市场经济的发展。本条对有限责任公司股东人数做了限制，但并没有对股东形式（是自然人还是法人）进行限制。

图表

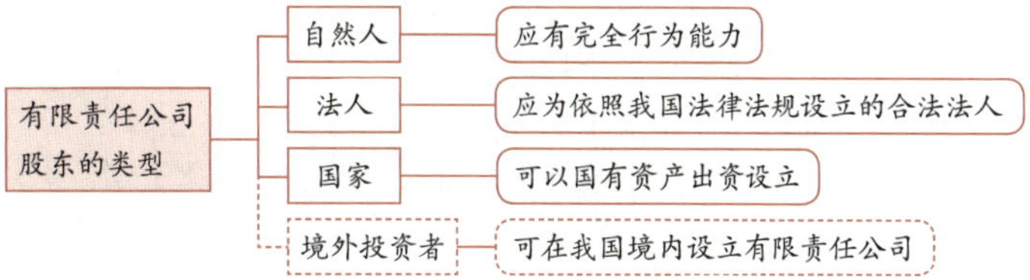

第四十三条　设立协议及其内容

沿革 本条为新法新增内容。

延伸 《民法典》第75条

非强制要求

第四十三条　有限责任公司设立时的股东可以签订设立协议，明确各自在公司设立过程中的权利和义务。

明确时间点为设立过程中；公司设立后，则可以依据公司章程

解读 公司从开始筹备到正式设立，需要办理各项事务，对外形成各种法律关系，产生各种法律后果，而此时公司还没有设立，还不具备法人资格，无法独立享有民事权利和承担民事义务，只能由为设立公司从事活动的股东个人承担。为了明确各设立时的股东的权利义务，可以签订设立协议，明确各方的权利义务，在有限责任公司无法设立或者出现其他纠纷时，根据设立协议的约定处理。

图表

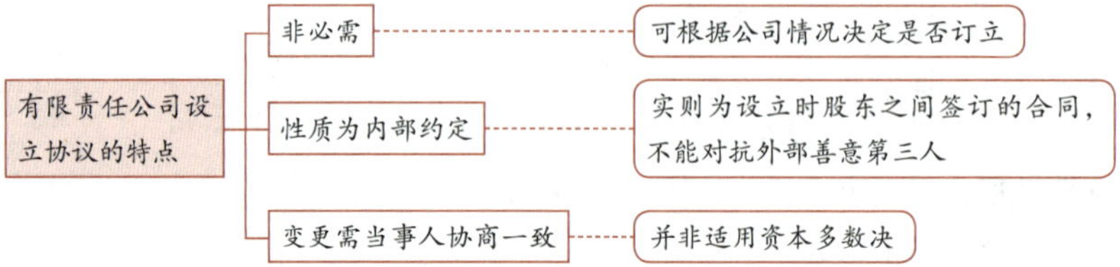

第四十四条　股东为设立公司从事的民事活动的责任归属

沿革 本条为新法新增内容。

延伸 《民法典》第 75、178 条
《公司法解释三》第 2、4、5 条

解读 本条吸收《公司法解释三》相关规定。如果相关股东没有签订设立协议，明确各自在公司设立过程中的权利和义务，则按照法律规定的方式承担：（1）公司成立的，设立时的股东为设立公司从事的民事活动法律后果由公司承受。（2）公司未成立的，设立时的股东为设立公司从事的民事活动法律后果由公司设立时的股东承担连带责任。本条还规定了两种特殊情况：（1）股东存在过错，造成他人损害的，公司或者无过错的股东先承担赔偿责任后，可以再向有过错的股东追偿。（2）股东出于设立公司的目的但是以自己的名义从事民事活动而产生的责任，第三人有选择权，可以请求该股东承担，也可以请求公司或者设立时的股东承担。

第四十四条 有限责任公司设立时的股东为设立公司从事的民事活动，其法律后果由公司承受。

公司未成立的，其法律后果由公司设立时的股东承受；设立时的股东为二人以上的，享有连带债权，承担连带债务。

设立时的股东为设立公司以自己的名义从事民事活动产生的民事责任，第三人有权选择请求公司或者公司设立时的股东承担。

设立时的股东因履行公司设立职责造成他人损害的，公司或者无过错的股东承担赔偿责任后，可以向有过错的股东追偿。

> 出于设立公司的目的而从事的活动，不论是以公司的名义还是以个人的名义

> 权利和义务

> 二人以上依法承担连带责任的，权利人有权请求部分或者全部连带责任人承担责任

> 出于设立公司的目的，但以自己的名义

> 设立人为设立法人以自己的名义从事民事活动产生的民事责任，第三人有权选择请求法人或者设立人承担

第四十五条　有限责任公司章程的制定主体

沿革 本条为旧法第23条第3项，部分措辞调整，无实质变化。

延伸 《公司法》第5、9、10、21、46条

第四十五条　设立有限责任公司，应当由股东共同制定公司章程。

在制定公司章程时，股东们须协商一致，得出共同的意思表示，使制定的公司章程体现全体股东的意志

解读 设立有限责任公司，必须制定公司章程。公司章程应当由全体股东共同制定，体现全体股东的意志。有限责任公司章程所记载的事项包括必备事项和任意事项。必备事项即《公司法》第46条规定的有限责任公司章程应当载明的事项；任意事项是由公司自行决定是否记载的事项，主要包括公司有自主决定权的一些事项。

图表

- 前期咨询：寻求专业法律意见，了解制定公司章程的相关规定
- 准备内容：确定公司的名称、住所、经营范围、注册资本、股东信息和结构、公司机构、法定代表人的产生等
- 材料收集：收集上述内容相关资料
- 签署公司章程：召开股东会，全体股东讨论公司章程内容并达成一致，签署公司章程

有限责任公司制定公司章程的流程（参考）

第四十六条　有限责任公司章程法定记载事项

沿革 本条为旧法第25条，部分措辞调整，实质变化为，旧法规定“公司法定代表人”为公司章程应当载明的事项，新法改为“公司法定代表人的产生、变更办法”。

延伸 《公司法》第79条
指导案例96号

第四十六条　有限责任公司章程应当载明下列事项：

（一）公司名称和住所；

（二）公司经营范围；

（三）公司注册资本；

（四）股东的姓名或者名称；

（五）股东的出资额、出资方式和出资日期；

（六）公司的机构及其产生办法、职权、议事规则；

（七）公司法定代表人的产生、变更办法；

（八）股东会认为需要规定的其他事项。

股东应当在公司章程上签名或者盖章。

- 公司名称：法人的名称，是公司区别于其他公司和市场主体的标志
- 住所：公司主要办事机构所在地，公司都必须有住所
- 经营范围：公司从事的行业、经营项目的种类
- 注册资本：以货币表示的各股东认缴的出资额的总和
- 股东的姓名或者名称：股东的姓名或者名称用以确定公司的投资人，方便股东依法享有权利和履行义务。自然人股东应载明姓名，法人股东应载明名称
- 出资方式：出资的种类，包括货币、实物以及无形资产
- 公司的机构及其产生办法、职权、议事规则：有限责任公司要求的组织机构包括股东会、董事会、经理、监事会等，其产生方法、职权、议事规则是公司重要事项
- 法定代表人的产生、变更办法：新法此处修改细化了需要载明的事项，对义务进行了明确的同时，也增强了本条的可操作性。法定代表人的产生、变更办法须符合《公司法》相关规定
- 其他事项：此项的“其他事项”是一个兜底性规定，涉及由公司自行决定是否记载的事项，即公司章程没有规定的，按照《公司法》的规定执行；公司章程有规定的，按照章程执行
- 签名或者盖章：须由股东亲自（自然人本人，法人的代表人）或持股东签章的有效授权书的主体签字或者盖章

解读 本条规定事项即公司章程的必要记载事项，是指必须在公司章程记载的事项，否则公司章程将不符合法律的规定，从而影响公司的登记效力。股东在公司章程上签名、盖章表明公司章程由公司全体股东共同制定，全体股东受其约束。

第四十七条　有限责任公司注册资本

沿革　本条为旧法第26条，较旧法增加“全体股东认缴的出资额由股东按照公司章程的规定自公司成立之日起五年内缴足”“股东出资期限”的要求。

第四十七条　有限责任公司的注册资本为在公司登记机关登记的全体股东认缴的出资额。**全体股东认缴的出资额由股东按照公司章程的规定自公司成立之日起五年内缴足。**

法律、行政法规以及国务院决定对有限责任公司注册资本实缴、注册资本最低限额、**股东出资期限**另有规定的，从其规定。

> 公司设立时，注册资本只要求认缴即可，无须实际缴纳

> 公司章程所记载的股东认缴的全部资本，而非股东实际缴纳的资本

> 公司登记之日

> 新法增加了缴足认缴注册资本的最长期限，须注意

> 只限这三种规范性文件，部门规章、地方性法规等其他规范性文件的规定不能突破《公司法》的规定

> 银行业金融机构、期货公司、基金管理公司、保险专业代理机构、保险经纪人、直销企业、对外劳务合作企业、融资性担保公司、劳务派遣企业、典当行、小额贷款公司和保险资产管理公司等行业另有规定

解读　注册资本认缴制规定是2013年修法时确立的，取消了法定最低注册资本制。但认缴制不意味着股东就可以随意认缴、完全无须实际出资，而是根据公司章程规定的出资方式、出资时间和出资额履行出资义务。另外，此次修改增加“全体股东认缴的出资额由股东按照公司章程的规定自公司成立之日起五年内缴足”，改变了2013年确定的注册资本认缴的规定，对缴足认缴的出资额增加了法定最长期限。有关法律、行政法规、国务院决定对有限责任公司的注册资本实缴、最低限额以及股东出资期限作出了限制性规定的，从其规定。

延伸
《市场主体登记管理条例》第13条
国务院《关于实施〈中华人民共和国公司法〉注册资本登记管理制度的规定》第2条

图表

- 资本确定原则
  - 公司在登记机关登记认缴的出资额（第47条）
- 资本维持原则
  - 禁止抽逃资金（第53条）
  - 限制公司取得自己的股份（第162条）
  - 禁止折价发行股份（第148条）
- 资本不变原则
  - 对注册资本的增加和减少严守法定程序（第224条）

《公司法》规定的资本原则

第四十八条　股东出资方式、出资评估及其限制

沿革 本条为旧法第 27 条，较旧法增加"股权、债权"可以作为非货币财产作价出资。

解读 根据本条规定，股东可以采取多种方式出资，包括货币出资和非货币出资。非货币出资包括有形资产和无形资产。出资人以非货币财产出资的，应当评估作价、核实财产。未依法评估作价，公司、其他股东或者公司债权人请求认定出资人未履行出资义务的，人民法院应当委托具有合法资格的评估机构对该财产评估作价；出资人以符合法定条件的非货币财产出资后，因市场变化或者其他客观因素导致出资财产贬值，公司、其他股东或者公司债权人请求该出资人承担补足出资责任的，人民法院不予支持。但是，当事人另有约定的除外。根据非货币财产的形态不同，评估作价方法、规则等也有所不同。法律、行政法规有专门规定的，从其规定。

如房屋、机器设备、原材料等有形资产

知识产权主要包括专利权、商标专用权等享有排他独占权的无形资产

货币具有支付、结算等功能。股东可以我国的法定货币即人民币出资，也可以用外币出资。股东以货币出资的，应当将货币出资足额存入有限责任公司在银行开设的账户

第四十八条　股东可以用货币出资，也可以用实物、知识产权、土地使用权、**股权、债权**等可以用货币估价并可以依法转让的非货币财产作价出资；但是，法律、行政法规规定不得作为出资的财产除外。

对作为出资的非货币财产应当评估作价，核实财产，不得高估或者低估作价。法律、行政法规对评估作价有规定的，从其规定。

不得作价出资的财产如股东的劳务、信用、自然人姓名、商誉、特许经营权

延伸 《市场主体登记管理条例》第 13 条

《时间效力规定》第 1 条

土地使用权是指国有土地和农民集体所有的土地，依法明确给单位或者给个人使用的权利

除本条规定的无形资产外，还可以包括采矿权、探矿权、企业承包经营权、企业租赁权等

非货币资产必须具有合法性、可转让性和可评估性。合法性指依法可以用于出资的财产；可转让性指可以进行交易、转让；可评估性指可以评估确定价值并以此作价

图表

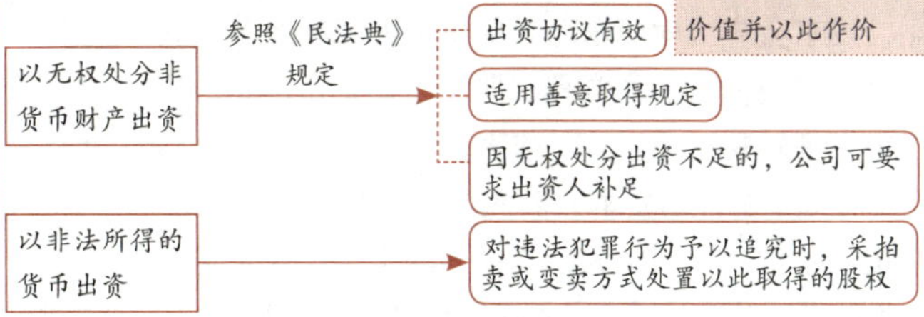

瑕疵出资的相关处理

第四十九条　股东足额缴纳出资和出资违约责任

沿革　本条为旧法第28条第1款，较旧法增加第3款。

延伸　《公司法解释三》第13条

第四十九条　股东应当按期足额缴纳公司章程规定的各自所认缴的出资额。

股东以货币出资的，应当将货币出资足额存入有限责任公司在银行开设的账户；以非货币财产出资的，应当依法办理其财产权的转移手续。

股东未按期足额缴纳出资的，除应当向公司足额缴纳外，还应当对给公司造成的损失承担赔偿责任。

公司还未设立的，存入拟设立公司的临时账户；公司已经设立的，存入公司的银行账户

（1）股东以动产出资的，移交实物；
（2）以不动产所有权出资的，办理所有权转让的登记手续，如股东以房产出资的，必须到房管部门办理房屋所有权转移的手续，将房屋所有权人由股东改为公司；
（3）以知识产权出资的，向公司提交该项知识产权的技术文件资料和权属文件，需要办理登记手续的，必须到专利管理机关、商标注册机关办理权属变更登记手续；
（4）以土地使用权出资的，必须到自然资源主管部门办理土地使用权转让登记手续

解读　股东应当严格按照公司章程的规定，按期足额缴纳自己所认缴的出资额。有限责任公司的股东以实物、知识产权、土地使用权、股权、债权等非货币财产出资的，若公司股东未在规定时间内办理财产权转移手续，交付该出资的股东必须以其他出资方式补缴其认缴的出资数额，股东会应当就股东以其他出资方式补缴其出资作出决议并相应修改公司章程。股东以非货币出资，未按照规定办理转移过户手续，或者转移过户的出资未达到公司章程规定的注册资本数额的，属于虚假出资行为。股东未按期足额缴纳出资的，承担两项义务：一是足额缴纳义务；二是对给公司造成的损失承担赔偿责任。

图表

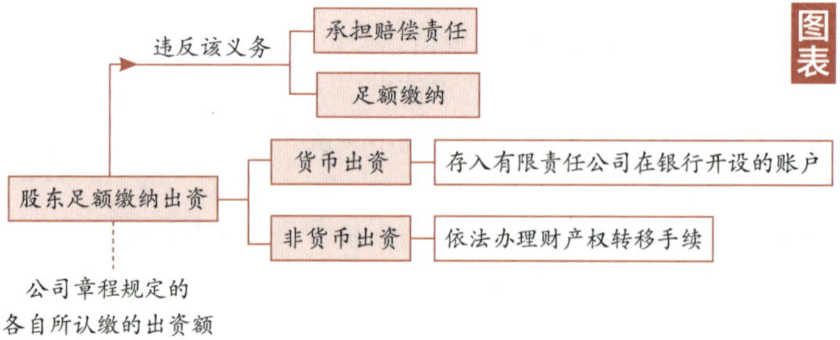

第五十条　股东不履行出资义务的法律后果

沿革 本条为旧法第 28 条第 2 款，较旧法变化如下：（1）增加“或者实际出资的非货币财产的实际价额显著低于所认缴的出资额的”；（2）增加“设立时的其他股东与该股东在出资不足的范围内承担连带责任”。（3）删除“还应当向已按期足额缴纳出资的股东承担违约责任”。

延伸 《公司法解释三》第 13 条

第五十条 有限责任公司设立时，股东未按照公司章程规定实际缴纳出资，或者实际出资的非货币财产的实际价额显著低于所认缴的出资额的，设立时的其他股东与该股东在出资不足的范围内承担连带责任。

如没有按照公司章程规定的时间或者出资金额出资

无论有过错与否

承担连带责任替该股东补缴差额的其他股东，可向该股东追偿

解读 按期足额缴纳所认缴的出资额是股东首要的法定义务。股东未履行出资义务无论是完全不履行，还是部分不履行，都应当承担相应的法律后果。此次修法后，法定的不履行出资义务的行为有两种：一是未按照公司章程规定足额缴纳出资；二是作为出资的非货币财产的实际价额显著低于所认缴的出资额，这也是此次新增内容。出现上述股东不履行出资义务的行为后，该股东应当继续履行出资义务，按照公司章程规定补足差额。此次修法还增加了“设立时的其他股东与该股东在出资不足的范围内承担连带责任”，加重了设立公司时其他股东的责任，扩大了对不履行法定出资义务行为的责任承担主体范围。

图表

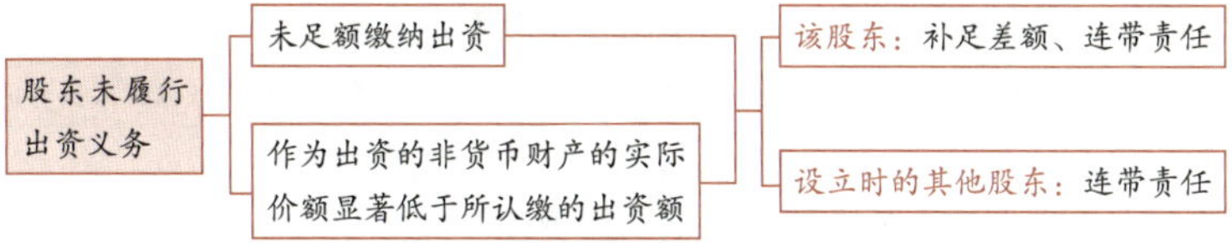

第五十一条　董事会核查、催缴出资的义务及责任

沿革 本条为新法新增内容。

延伸 《公司法解释三》第13、17条

第五十一条　有限责任公司成立后，董事会应当对股东的出资情况进行核查，发现股东未按期足额缴纳公司章程规定的出资的，应当由公司向该股东发出书面催缴书，催缴出资。

未及时履行前款规定的义务，给公司造成损失的，负有责任的董事应当承担赔偿责任。

- 董事会：核查出资情况和进行催缴的主体
- 核查：对比公司章程对于出资的规定和股东实际缴纳出资情况
- 公司章程规定的出资：股东的出资额、出资方式和出资日期
- 书面催缴书：须为书面形式，其他方式（如口头方式、电话通知）均无效
- 前款规定的义务：进行核查的义务，催缴出资的义务

解读 股东按期足额缴纳出资是其法定义务，也是保证公司资本充足的关键。本次《公司法》修改新增出资情况核查、催缴制度。董事会是有限责任公司的执行机关，故法律规定由董事会对股东的出资情况进行核查，并催缴出资。董事会未进行核查、核查不实或者未催缴出资，给公司造成损失的，由负有上述责任的董事承担赔偿责任。

图表

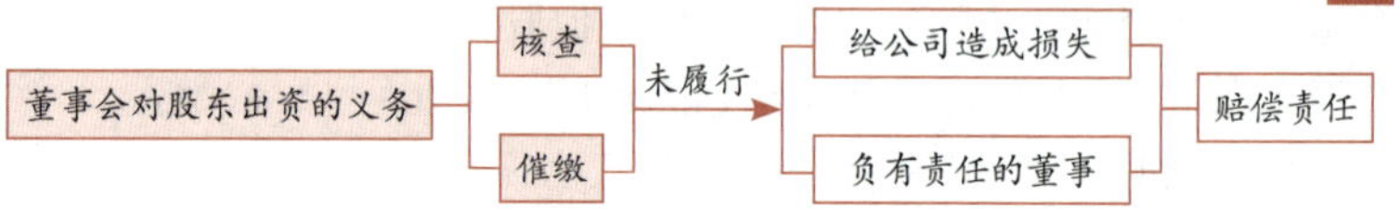

第五十二条　催缴出资的宽限期及其法律效果

沿革 本条为新法新增内容。

第五十二条　股东未按照公司章程规定的出资日期缴纳出资，公司依照前条第一款规定发出书面催缴书催缴出资的，可以载明缴纳出资的宽限期；宽限期自公司发出催缴书之日起，不得少于六十日。宽限期届满，股东仍未履行出资义务的，公司经董事会决议可以向该股东发出失权通知，通知应当以书面形式发出。自通知发出之日起，该股东丧失其未缴纳出资的股权。

依照前款规定丧失的股权应当依法转让，或者相应减少注册资本并注销该股权；六个月内未转让或者注销的，由公司其他股东按照其出资比例足额缴纳相应出资。

股东对失权有异议的，应当自接到失权通知之日起三十日内，向人民法院提起诉讼。

可以而非应当，宽限期并非催缴书的必备内容

虽然宽限期不是必需内容，但一旦载明，其不得少于60日

仅对未缴纳出资的部分丧失股权；如有部分已经缴纳，该部分股权不丧失

扣除未缴纳部分

若催缴书未载明宽限期，则不存在“宽限期届满”的情况；除非公司再次明确宽限期，且宽限期届满，否则公司不能发出失权通知

发出的当日，而非到达被通知股东之日

《公司法》第四章等规定

延伸 《公司法解释三》第17条

解读 为了平衡股东权利与公司利益的关系，《公司法》规定了缴纳出资的宽限期制度。书面催缴书可以载明宽限期，一方面放宽缴纳期限，另一方面设置了缴纳出资的最后期限。宽限期满，股东仍未履行出资义务的，公司经董事会决议以向股东发出失权通知的方式使该股东丧失其未缴纳出资的股权。对此，异议股东有权通过诉讼方式维权。

图表

丧失的股权有三种处理
- 依法转让
- 减少注册资本并核销股权
- 其他股东缴纳这部分出资

第五十三条　股东不得抽逃出资

沿革 本条第1款为旧法第35条。第2款为新法新增内容。

延伸
《公司法》第253条
《刑法》第159条
《公司法解释三》第12、14、16、17条
《市场主体登记管理条例》第45条
最高人民检察院、公安部《关于严格依法办理虚报注册资本和虚假出资抽逃出资刑事案件的通知》
指导案例96号

解读 公司成立后，股东所缴纳的出资就成为公司的财产，而非股东的财产。股东抽逃出资，实际上侵害的是公司的财产权益。股东抽逃出资的，应使法律状态恢复原样，即返还抽逃的出资。本条第2款规定的承担连带赔偿责任的董事、监事、高级管理人员，是对股东抽逃出资，给公司造成损失负有责任的相关主体，如协助抽逃出资的董事、监事、高级管理人员。抽逃出资不同于撤回出资。公司成立后，股东可以合法方式撤回对公司的投资，具体包括采取股权转让或请求公司回购股权两种方式。无论采取何种方式，须符合法定程序和要求；因公司回购股权导致公司注册资本减少的，公司应依法办理减资手续。

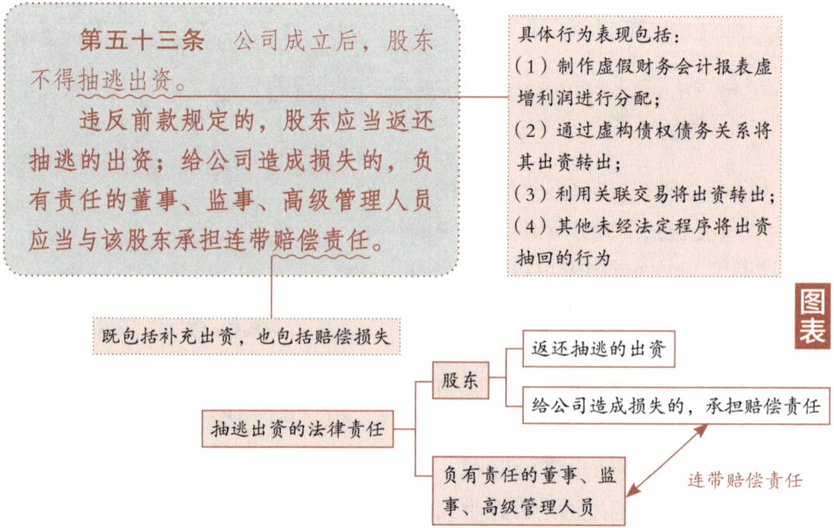

第五十四条　公司不能清偿到期债务时股东提前缴纳出资

沿革 本条为新法新增内容。

延伸

《企业破产法》第35条

《公司法解释二》第22条

《变更、追加当事人规定》第17条

第五十四条　公司不能清偿到期债务的，公司或者已到期债权的债权人有权要求已认缴出资但未届出资期限的股东提前缴纳出资。

必须是已经到期的债务，不包括预期违约等情况

公司和债权人均可以提出

股东丧失认缴制下的期限利益，提前缴纳出资

解读 在注册资本认缴制下，股东依法享有期限利益。关于公司不能清偿到期债务时，债权人是否有权主张股东出资“加速到期”，公司法之前没有规定，《全国法院民商事审判工作会议纪要》规定，债权人以公司不能清偿到期债务为由，请求未届出资期限的股东在未出资范围内对公司不能清偿的债务承担补充赔偿责任的，人民法院不予支持，并规定了两个例外情况。此次《公司法》修订则改变了这一规则，明确规定，公司或者已到期债权的债权人有权要求已认缴出资但未届缴资期限的股东提前缴纳出资，确立了股东出资的“加速到期”制度。

图表

公司不能清偿到期债务的，已到期债权的债权人可以

- 要求已认缴出资但未届缴资期限的股东提前缴纳出资
- 执行阶段申请追加上述股东为被执行人

第五十五条　股东出资证明书

沿革 本条为旧法第31条，部分措辞调整，实质变化如下：（1）增加记载出资额“认缴和实缴”“出资方式”的情况；（2）第2款增加出资证明书由“法定代表人签名”的要求。

延伸 《公司法解释三》第24~26条

第五十五条　有限责任公司成立后，应当向股东签发出资证明书，记载下列事项：

（一）公司名称；

（二）公司成立日期；

（三）公司注册资本；

（四）股东的姓名或者名称、**认缴和实缴**的出资额、**出资方式**和出资日期；

（五）出资证明书的编号和核发日期。

出资证明书由**法定代表人签名，并由**公司盖章。

有限责任公司签发给股东的，证明其已履行出资义务、享有股东权利的法律文书。其是投资人成为有限责任公司股东，并依法享有股东权利和承担股东义务的法律凭证

公司名称用以确定出资证明书的签发主体。其也是公司章程的必要载明事项

公司成立日期即公司营业执照签发日期。从成立日起，签发的出资证明书才具有法律效力，以确定股东从什么时候起可以依法行使股东权利

公司的注册资本是在公司登记机关登记的全体股东认缴的出资总额。出资证明书载明公司注册资本，以便确定股东的出资额在公司注册资本中所占的比例，从而确定股东在公司事务中享有权利和承担义务的范围

股东认缴和实缴的出资额用以确定股东权利大小

每个出资证明书有独一无二的编号，便于管理、查找等。核发日期用以确定股东依法享有股东权利和承担股东义务的起始时间

将股东的出资日期记载于出资证明书，是为了方便日后查询和确定股东是否已经出资、何时出资、出资时间是否符合公司章程规定等

解读 本条第1款明确了出资证明书的必要记载事项。本条第2款规定了出资证明书生效的形式要件，即法定代表人签名，并由公司盖章。

第五十六条　有限责任公司股东名册

沿革 本条为旧法第 32 条第 1 款、第 2 款，新增内容如下：（1）第 1 款第 2 项增加股东的“出资方式和出资日期”，出资额增加“认缴和实缴”；（2）第 1 款第 4 项增加“取得和丧失股东资格的日期”。

延伸 《公司法解释三》第 21~23、25 条

解读 本条规定置备股东名册是有限责任公司成立后必须履行的一项法定义务。（1）股东名册是公司查询股东状况的重要依据。股东对公司的存续至关重要，因此股东状况的好坏是很多利益相关人想要了解的信息。公司登记机关、主管机关、投资者、债权人等，可以通过查阅股东名册了解股东的状况。因此，股东名册应该包括股东姓名或名称及住所，出资额、出资方式、出资日期，出资证书编号，取得和丧失股东资格的日期。（2）股东名册除公示性作用，可供利害相关人查询股东信息外，还可以作为公司开展正常活动的基础。公司召开股东会或者开展其他活动时，可以凭股东名册通知股东参加或者将有关文件送达股东。（3）对于股东来说，记载于股东名册上的推定为公司股东，并可以以其为依据行使股东会权利。这意味着，一方面，股东名册与出资证明书的关系是：股东作为投资人的权利（如股东会表决权、分配利润权）可以二者任一为依据，但记载内容与出资证明书不一致的，以股东名册为准；另一方面，股东不能仅凭设立登记时的信息向公司主张股东权利，而必须以股东名册为依据。

第五十六条　有限责任公司应当置备股东名册，记载下列事项：

（一）股东的姓名或者名称及住所；

（二）股东**认缴和实缴**的出资额、**出资方式和出资日期**；

（三）出资证明书编号；

（四）取得和丧失股东资格的日期。

记载于股东名册的股东，可以依股东名册主张行使股东权利。

> 股东名册：有限责任公司依照法律规定，对本公司股东及其出资情况进行登记的法律文书

> 股东的姓名或者名称及住所：股东为自然人的，应当记载该自然人户口簿或者身份证上登记的姓名、住址；股东为法人的，应当记载该法人营业执照上登记的名称、地址

> 出资额：股东名册记载的注册资本应当与公司章程规定的股东出资额保持一致

> 出资证明书编号：出资证书编号是股东所持出资证书的证明信息

第五十七条　股东知情权

沿革 本条为旧法第33条，修改内容如下：（1）第1款新增股东有权查阅“股东名册”。（2）第2款新增股东可以要求查阅“会计凭证”。（3）第2款修改为，公司拒绝提供查阅的，股东“可以向人民法院提起诉讼”。新增第3~5款。

延伸 《公司法解释四》第7~12条
《会计法》第13、14条

第五十七条　股东有权查阅、复制公司章程、**股东名册**、股东会会议记录、董事会会议决议、监事会会议决议和财务会计报告。

股东可以要求查阅公司会计账簿、**会计凭证**。股东要求查阅公司会计账簿、**会计凭证**的，应当向公司提出书面请求，说明目的。公司有合理根据认为股东查阅会计账簿、**会计凭证**有不正当目的，可能损害公司合法利益的，可以拒绝提供查阅，并应当自股东提出书面请求之日起十五日内书面答复股东并说明理由。公司拒绝提供查阅的，*股东可以向人民法院提起诉讼*。

股东查阅前款规定的材料，可以委托会计师事务所、律师事务所等中介机构进行。

股东及其委托的会计师事务所、律师事务所等中介机构查阅、复制有关材料，应当遵守有关保护国家秘密、商业秘密、个人隐私、个人信息等法律、行政法规的规定。

股东要求查阅、复制公司全资子公司相关材料的，适用前四款的规定。

> 本条规定的知情权主体为股东。无法提供证据对股东身份进行证明的，无本款规定的知情权

> 查阅和复制两种权利均可行使

> 公司章程是公司组织和行为的基本规则，并非每个股东人手一册

> 监事会会议决议是监事会开展监督工作的具体体现，股东可通过其了解监事会的工作情况

> 财务会计报告全面反映公司的财务状况和经营成效

> 股东会会议记录是关于公司重大经营决策的记录，是公司日常经营活动的依据

> 董事会会议决议体现公司日常生产经营活动，股东可以通过其了解公司的生产经营状况

> 会计账簿包括总账、明细账、日记账和其他辅助性账簿

> 不可复制

> 形式要求

> 内容要求

> 公司拒绝的，股东保留诉讼的权利

> 中介机构负有保密义务；其泄露公司商业秘密造成公司损失的，应承担赔偿责任

解读 股东知情权是指公司股东了解公司经营信息的权利。其作为股东的重要权利之一，功能在于解决股东与管理层之间的信息不对称，以便于股东监督管理层，维护股东的合法权益。股东作为公司的出资者，有权决定公司的经营活动，有权了解公司的一切。股东知情权及于公司的全资子公司。

第二节　组织机构

第五十八条　有限责任公司股东会的一般性规定

沿革 本条为旧法第36条，文字无变化。

延伸 《民法典》第85条
《公司法》第59条

第五十八条　有限责任公司股东会由全体股东组成。股东会是公司的权力机构，依照本法行使职权。

不设日常办公机构和办公人员

权力机构是做决定的机构，区别于执行机构（董事会）和监督机构（监事会）

解读 股东会的组成部分是全体股东。参加股东会是股东的法定权利。股东可以亲自出席股东会会议，也可以书面委托他人代为出席。股东会的性质是权力机构，即对公司一切重大问题作出决策的机构。股东会行使职权不应超越法律规定。

图表

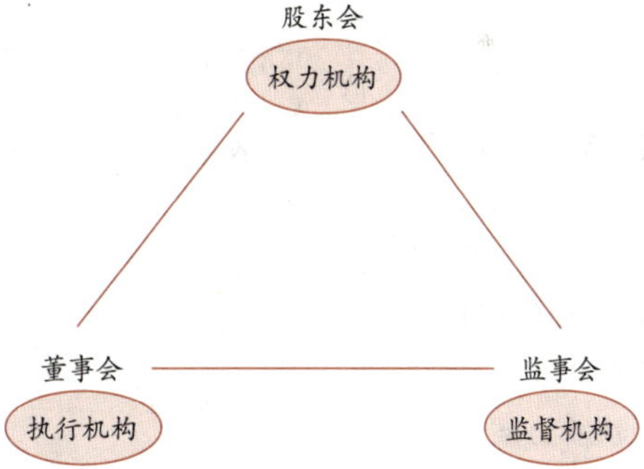

第五十九条　股东会职权及其行使

沿革 本条为旧法第37条。第1款部分措辞调整，主要修改如下：（1）删除了旧法第1项“决定公司的经营方针和投资计划”；（2）新法第1款第1项为选举和更换“董事、监事”，删除了“非由职工代表担任”的限定；（3）新法第3项为审议批准监事会的报告，删除了“监事”；（4）删除了旧法第5项“审议批准公司的年度财务预算方案、决算方案”。新增第2款，赋予董事会对发行公司债券的决议权。

解读 股东会是公司的权力机关，其权力体现在其享有的职权，归纳起来有五个方面：（1）人事权。（2）审批权。（3）决议权。（4）修改公司章程权。（5）公司章程规定的其他职权。本次《公司法》修改的重大变化是，删除了股东会投资经营权（决定公司的经营方针和投资计划，审议批准公司的年度财务预算方案、决算方案）的规定，该权力由董事会行使更加合适。

延伸 《公司法》第67条

第五十九条　股东会行使下列职权：

（一）选举和更换董事、监事，决定有关董事、监事的报酬事项；

（二）审议批准董事会的报告；

（三）审议批准监事会的报告；

（四）审议批准公司的利润分配方案和弥补亏损方案；

（五）对公司增加或者减少注册资本作出决议；

（六）对发行公司债券作出决议；

（七）对公司合并、分立、解散、清算或者变更公司形式作出决议；

（八）修改公司章程；

（九）公司章程规定的其他职权。

股东会可以授权董事会对发行公司债券作出决议。

对本条第一款所列事项股东以书面形式一致表示同意的，可以不召开股东会会议，直接作出决定，并由全体股东在决定文件上签名或者盖章。

人事权：（一）

审批权：（二）至（四）

由董事会制订：利润分配方案和弥补亏损方案

决议权：（五）至（七）

修改公司章程权：（八）

其他职权：（九）

股东会可以自己行使，也可以授权董事会行使

必须为书面形式，其他形式（如口头、电话）达成的一致无效

召开股东会会议是作出决定的一般形式

必须全体股东都对所列事项同意。而且必须以书面的方式表示同意。除此之外，必须召开股东会会议进行表决

第六十条　只有一个股东的有限责任公司股东行使职权的书面形式要求

沿革 本条为旧法第61条，部分措辞调整，增加“盖章”与签名同等效力。

延伸 《公司法》第59、112条

之前《公司法》的表述为“一人有限责任公司”

第六十条 只有一个股东的有限责任公司不设股东会。股东作出前条第一款所列事项的决定时，应当采用书面形式，并由股东签名**或者盖章**后置备于公司。

（1）选举和更换董事、监事，决定有关董事、监事的报酬事项；
（2）审议批准董事会的报告；
（3）审议批准监事会的报告；
（4）审议批准公司的利润分配方案和弥补亏损方案（由董事会制订）；
（5）对公司增加或者减少注册资本作出决议；
（6）对发行公司债券作出决议；
（7）对公司合并、分立、解散、清算或者变更公司形式作出决议；
（8）修改公司章程；
（9）公司章程规定的其他职权

解读 只有一个股东的有限责任公司的投资主体具有唯一性，不存在股东之间的利益冲突问题，不设股东会，在机构设置上更加简化。但是，为了保证交易相对方能够充分了解公司状况，《公司法》规定了相应的公示制度。

图表

本条规定的“决定”的特点：
- 应当采用书面形式
- 由股东签名或者盖章
- 置备于公司

第六十一条　股东会首次会议

沿革 本条为旧法第38条，文字无变化。

延伸 《公司法》第59、63条

有限责任公司第一次召开的有全体股东参加的会议

第六十一条　首次股东会会议由出资最多的股东召集和主持，依照本法规定行使职权。

向公司认缴的出资额最多，就是通常所说的大股东

《公司法》第59条规定的职权，如选举董事、监事，决定有关董事、监事的报酬事项，对公司增加或者减少注册资本作出决议，对发行公司债券作出决议，对公司合并、分立、解散、清算或者变更公司形式作出决议，修改公司章程，公司章程规定的其他职权

解读 通常情况下，股东会由董事会召集，董事长主持。但在首次股东会召开之前，公司还没有选举董事，董事会尚未成立，董事长也没有确定，因此，《公司法》规定，首次股东会会议，由出资最多的股东召集和主持。其主要工作就是负责首次股东会的筹备、组织、会议文件的准备，整体掌控会议的进程，推动有关各项决议的通过等。除了首次股东会之外，日后的股东会都应当按照法律和公司章程规定的其他程序召集和主持。

图表

有限责任公司各种股东会会议对比

会议种类	召集主体	主持主体	何时召开
首次股东会会议	出资最多的股东	出资最多的股东	公司设立后第一次开股东会时
定期会议	董事长 —如果董事会不履行职责→ 监事会 —如果不→ 代表1/10以上表决权的股东	董事长 —如果不→ 副董事长 —如果不→ 推举的董事 —如果不→ 监事会 —如果不→ 代表1/10以上表决权的股东	按公司章程的规定按时召开
临时会议	原则上同定期会议	原则上同定期会议	代表1/10以上表决的股东、1/3以上的董事或监事会提议的

第六十二条　定期会议和临时会议

沿革　本条为旧法第 39 条，部分措辞调整。

延伸　《公司法》第 46 条

第六十二条　股东会会议分为定期会议和临时会议。

定期会议应当按照公司章程的规定按时召开。代表十分之一以上表决权的股东、三分之一以上的董事或者监事会提议召开临时会议的，应当召开临时会议。

- 定期会议：在一定时间内定期召开的会议
- 临时会议：不定期的会议，在公司章程中没有明确规定，当出现法定事项时，应相关人员的提议而召开
- 公司章程的规定：公司章程应当载明公司的机构及其产生办法、职权、议事规则
- 十分之一以上表决权：不是按照持股比例，而是按照表决权比例计算
- 三分之一以上的董事：按照全部董事的人数计算

解读　股东会会议的召开形式有两种：（1）定期会议，《公司法》无强制规定，召开的时间、间隔等由公司章程规定。（2）临时会议，当公司出现重大问题、重大事项时，相关人员可以提议召开。

图表

有限责任公司提议召开股东会临时会议的主体：

- 代表 1/10 以上表决权的股东
- 1/3 以上的董事
- 监事会

第六十三条　股东会会议的召集与主持

沿革 本条为旧法第 40 条第 1 款、第 3 款。不再区分有限责任公司是否董事会、监事会的情况。

延伸 《公司法》第 61 条

第六十三条　股东会会议由董事会召集，董事长主持；董事长不能履行职务或者不履行职务的，由副董事长主持；副董事长不能履行职务或者不履行职务的，由过半数的董事共同推举一名董事主持。

董事会不能履行或者不履行召集股东会会议职责的，由监事会召集和主持；监事会不召集和主持的，代表十分之一以上表决权的股东可以自行召集和主持。

除首次股东会会议外

因生病、出差在外等客观上的原因导致其无法履行职务的情形

不存在上述无法履行的客观原因，但以其他理由或者根本就没有理由而不履行职务

不是按照持股比例，而是按照表决权比例计算

解读 股东会的召集和主持，首次股东会按照本法第 61 条，之后的股东会会议按照本条规定。股东会会议原则上由董事会召集，董事长主持。若上述机构或者人员不能履行职务或者不履行职务的，本法规定了替代的条件和程序。

图表

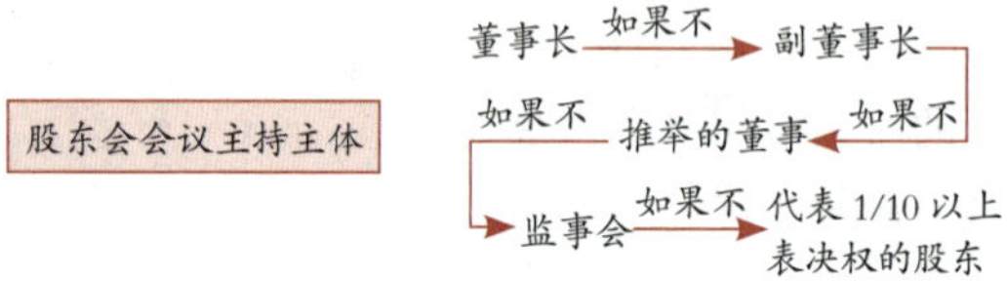

第六十四条　股东会会议的通知期限和记录

沿革　本条为旧法第41条，增加盖章的效力。

延伸　《公司法》第63条

> **第六十四条**　召开股东会会议，应当于会议召开十五日前通知全体股东；但是，公司章程另有规定或者全体股东另有约定的除外。
>
> 股东会应当对所议事项的决定作成会议记录，出席会议的股东应当在会议记录上签名**或者盖章**。

股东名册上记载的全部股东

通知的主体是股东会会议的召集人

可以是书面的，也可以是电话通知、当面口述等口头形式，或者采取邮寄、报纸公告等通知方式，法律没有禁止性规定

所议事项的决定，即会议讨论的议题及其结论性意见

表示出席会议，对于会议记录的真实准确予以认可

解读　召开股东会会议，应当提前通知股东，以便股东提前准备。通知的目的，应当是让股东清楚地了解在什么时间、什么地点召开股东会会议，以及会议的议题和议程安排。本条第1款规定，应在会议召开15日前通知全体股东，但是允许公司章程和全体股东另行约定改变这一时间要求。为了真实、客观地反映股东会的决定，本条第2款规定，股东会应当对所议事项的决定作成会议记录，出席会议的股东应当在会议记录上签名或者盖章。

图表

有限责任公司股东会会议召开通知包含的内容

- 参会人员
- 开会时间 — 具体到“时（分）”
- 开会地点
- 会议内容 — 具体到要讨论、审议的事项
- 会议形式 — 线下，或线上，或线上与线下结合
- 表决方式 — 现场表决、网络表决、传签表决等

第六十五条　股东表决权

沿革　本条为旧法第42条，文字无变化。

延伸　《公司法》第62、63、66、230条

第六十五条　股东会会议由股东按照出资比例行使表决权；但是，公司章程另有规定的除外。

- 出资比例：认缴的出资
- 表决权：股东基于投资人的法律地位对公司的有关事项表示自己同意、不同意或放弃发表意见的权利
- 公司章程：公司章程应该载明，公司的机构及其产生办法、职权、议事规则

解读　股东在股东会会议上行使表决权是其股东权利行使的最重要的方式。本条规定了表决权的计算方式，股东原则上按照认缴出资占公司注册资本的比例行使自己的表决权。有限责任公司具有人合性特征，认缴出资与实际贡献、对公司的实际影响力有可能不同，故本条但书部分允许股东通过公司章程的规定，执行不以出资比例行使表决权的其他表决权计算方式。

图表

- 代表1/10以上表决权的股东
  - 提议召开股东临时会议
  - [董事会、监事会不（能）履行召集股东会会议职责的]自行召集和主持股东会会议
- 代表过半数表决权的股东
  - 股东会决议的作出
- 代表2/3以上表决权的股东
  - 作出修改公司章程的决议
  - 作出增加或减少注册资本的决议
  - 作出公司合并、分立、解散的决议
  - 作出变更公司形式的决议
- 持有公司10%以上表决权的股东
  - （公司经营严重困难，继续存续会使股东利益受到重大损失，通过其他途径不能解决的）请求人民法院解散公司

《公司法》规定的有限责任公司股东表决权相关事项

第六十六条　股东会议事方式和表决程序

沿革 本条第 1 款、第 3 款为旧法第 43 条，仅措辞调整。第 2 款为新增内容。

延伸 《公司法》第 116 条

> **第六十六条**　股东会的议事方式和表决程序，除本法有规定的外，由公司章程规定。
>
> **股东会作出决议，应当经代表过半数表决权的股东通过。**
>
> *股东会作出修改公司章程、增加或者减少注册资本的决议，以及公司合并、分立、解散或者变更公司形式的决议，应当经代表三分之二以上表决权的股东通过。*

- 议事方式和表决程序：股东会以什么方式就公司的重大问题进行讨论并作出决议
- 表决程序：股东在股东会上如何行使表决权，决议产生效力需要多少股东赞成
- 除本法有规定的外：如本法第 65 条规定，股东会会议由股东按照出资比例行使表决权；但是，公司章程另有规定的除外
- 代表过半数表决权的股东：与是否参加股东会无关

解读 股东会是公司的权力机构，股东会的议事方式和表决程序是股东会行使权力的具体体现。有限责任公司具有人合性特征，除本法另有规定的外，股东可以通过公司章程规定股东会的议事方式和表决程序。公司决议事项分为两种，通过条件不同：（1）一般事项，代表过半数表决权的股东通过。（2）特别事项，代表 2/3 以上表决权的股东通过。

图表

- 股东会决议
  - 2/3 以上通过
    - 修改公司章程
    - 增加或者减少注册资本
    - 公司合并、分立、解散、清算或者变更公司形式
  - 过半数通过
    - 选举和更换董事、监事，决定有关董事、监事的报酬事项
    - 审议批准董事会的报告
    - 审议批准监事会的报告
    - 审议批准公司的利润分配方案和弥补亏损方案
    - 对发行公司债券作出决议
      - 股东会可以授权董事会对发行公司债
    - 公司章程规定的其他职权

第六十七条　董事会组成、职权及对外效力

第3章
42~83

沿革 本条第1款为旧法第44条第1款，删除了董事会人数的限制。本条第2款为旧法第46条，删除了董事会"对股东会负责"的表述。删除了旧法第46条第4项的规定"制订公司的年度财务预算方案、决算方案"。第2款第9项增加"股东会授予的其他职权"。本条第3款为新增内容。

解读 原则上有限责任公司应当设董事会，但是，规模较小或者股东人数较少的有限责任公司，可以不设董事会，设一名董事行使本法规定的董事会的职权。新法删除了董事会人数的限制，但一般为单数。董事会是股东会决策的执行机关，是公司的实际管理者。董事会主要职权如本条所规定的，主要涉及向股东会负责的相关事项，制订公司分配利润、弥补亏损方案、增减资、合并与分立方案，决定公司的经营计划和投资方案，内部管理制度和管理人员聘任、报酬，制定公司的基本管理制度等。

召集、主持、通知等

公司的经营决策执行机构，受公司股东会的委托或者委任从事经营管理活动

第六十七条　有限责任公司设董事会，本法第七十五条另有规定的除外。

董事会行使下列职权：

（一）召集股东会会议，并向股东会报告工作；

（二）执行股东会的决议；

（三）决定公司的经营计划和投资方案；

（四）制订公司的利润分配方案和弥补亏损方案；

（五）制订公司增加或者减少注册资本以及发行公司债券的方案；

（六）制订公司合并、分立、解散或者变更公司形式的方案；

（七）决定公司内部管理机构的设置；

（八）决定聘任或者解聘公司经理及其报酬事项，并根据经理的提名决定聘任或者解聘公司副经理、财务负责人及其报酬事项；

（九）制定公司的基本管理制度；

（十）公司章程规定或者**股东会授予的其他职权**。

公司章程对董事会职权的限制不得对抗善意相对人。

延伸 《公司法》第75条

规模较小或者股东人数较少的有限责任公司，可以不设董事会，设一名董事，行使本法规定的董事会的职权。该董事可以兼任公司经理

既是职权，也是义务

董事会负责制订方案，由股东会会议决议

如股东会可以授权董事会对发行公司债券作出决议

第六十八条　董事会及其成员

沿革 本条为旧法第 44 条，部分措辞调整，实质变化为：(1)删除了董事会成员上限。(2)删除了“两个以上的国有企业或者两个以上的其他国有投资主体投资设立的有限责任公司，其董事会成员中应当有公司职工代表”的规定。(3)新增“职工人数三百人以上的有限责任公司，除依法设监事会并有公司职工代表的外，其董事会成员中应当有公司职工代表”。

解读 有限责任公司原则上应当设立董事会。有限责任公司的职工代表分为以下情况：(1)股东自愿选举职工代表作为董事。(2)职工人数 300 人以上的有限责任公司，除依法设监事会并有公司职工代表的外，其董事会成员中应当有公司职工代表。董事会中的职工代表由公司职工通过职工代表大会、职工大会或者其他形式民主选举产生，而非像其他董事那样由股东会选举。董事会行使职权是通过董事会会议的形式进行，故需要一个具体的自然人来负责董事会的日常事务。董事会设董事长一人，可以设副董事长。董事长、副董事长必须是董事会成员，其产生办法由公司章程规定。

延伸 《公司法》第 173 条

职工代表也是董事，也被称为“职工董事”

第六十八条　有限责任公司董事会成员为三人以上，其成员中可以有公司职工代表。**职工人数三百人以上的有限责任公司，除依法设监事会并有公司职工代表的外，其董事会成员中应当有公司职工代表。**董事会中的职工代表由公司职工通过职工代表大会、职工大会或者其他形式民主选举产生。

董事会设董事长一人，可以设副董事长。董事长、副董事长的产生办法由公司章程规定。

非强制要求

强制要求

图表

第六十九条　有限责任公司董事会中的审计委员会

沿革 本条为新法新增内容。

延伸 《民法典》第82条

有限责任公司的章程应当载明公司的机构及其产生办法、职权、议事规则

第六十九条　有限责任公司可以按照公司章程的规定在董事会中设置由董事组成的审计委员会，行使本法规定的监事会的职权，不设监事会或者监事。公司董事会成员中的职工代表可以成为审计委员会成员。

隶属于董事会

（1）检查公司财务；
（2）对董事、高级管理人员执行职务的行为进行监督，对违反法律、行政法规、公司章程或者股东会决议的董事、高级管理人员提出解任的建议；
（3）当董事、高级管理人员的行为损害公司的利益时，要求董事、高级管理人员予以纠正；
（4）提议召开临时股东会会议，在董事会不履行本法规定的召集和主持股东会会议职责时召集和主持股东会会议；
（5）向股东会会议提出提案；
（6）依照本法第189条的规定，对董事、高级管理人员提起诉讼；
（7）公司章程规定的其他职权

解读 为了克服监事会“虚化”，无法发挥应有职能的问题，《公司法》修订新增审计委员会制度，是本次修法的重大亮点之一。有限责任公司按照公司章程的规定设置审计委员会的，可以不设监事会或者监事，由审计委员会行使监事会的职权。职工董事也可以成为审计委员会成员。

图表

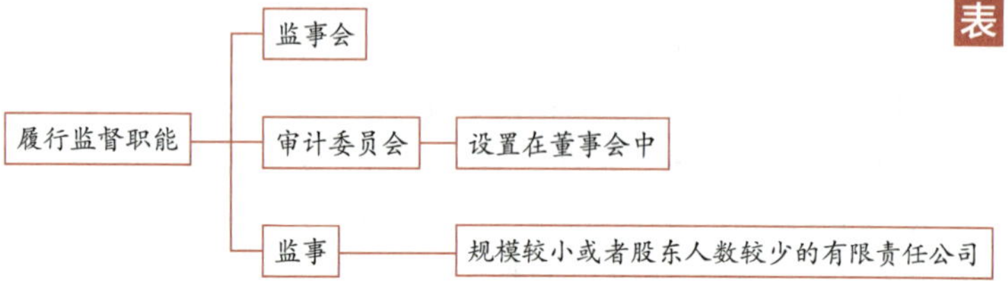

第七十条　董事的任期和辞任

沿革 本条第 1 款、第 2 款为旧法第 45 条，部分措辞调整。本条第 3 款为新增内容。

延伸 《公司法》第 10 条
《公司法解释五》第 3 条

董事担任董事职务的时间限制

董事在这一届的任期届满后，又通过股东会或者职工选举的，可以连续担任下一届的董事。连任没有届数限制

主动辞去董事任职

不是改选之日，而是改选出的董事就任之日，以确保董事会正常运行

此处不是通知发出之日，而是通知送达之日

第七十条　董事任期由公司章程规定，但每届任期不得超过三年。董事任期届满，连选可以连任。

董事任期届满未及时改选，或者董事在任期内辞任导致董事会成员低于法定人数的，在改选出的董事就任前，原董事仍应当依照法律、行政法规和公司章程的规定，履行董事职务。

董事辞任的，应当以书面形式通知公司，公司收到通知之日辞任生效，但存在前款规定情形的，董事应当继续履行职务。

解读 根据本条规定，董事的任期由公司章程规定。公司可以在公司章程中规定董事的具体任期，但每届任期不得超过 3 年。董事任期届满，可以连选连任。董事在两种情形下必须继续履行董事职务，直至改选出的董事就任：（1）任期届满未及时改选。（2）董事在任期内辞任导致董事会成员低于法定人数。董事辞任不需要理由，也不需要经过股东会同意，只要书面通知公司即可，但董事任期内辞任导致董事会成员低于法定人数的除外。

第七十一条　董事的解任

沿革 本条为新法新增内容。

延伸
《公司法》第59、66条
《公司法解释五》第3条
《民法典》第933条

决议不需要正当理由，更不需要以董事有过错为前提

第七十一条　股东会可以决议解任董事，决议作出之日解任生效。

作出决议应当经代表过半数表决权的股东通过

无正当理由，在任期届满前解任董事的，该董事可以要求公司予以赔偿。

董事不能正常履行其职责，给公司造成损害或者有可能给公司造成损害

解读 选举和更换董事是股东会的重要职权之一，股东会通过股东会会议决议的方式解任董事。该决议经代表过半数表决权的股东通过即生效，不需要到达或者经过被解任董事的同意而生效。股东会解任董事，不需要有正当理由。但是，无正当理由在任期届满前解任董事的，该董事可以要求公司予以赔偿。

图表

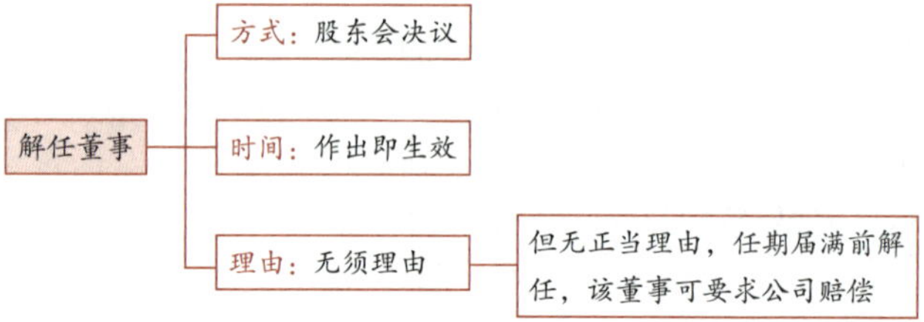

第七十二条　董事会会议的召集和主持

沿革　本条为旧法第 47 条，部分措辞调整。

延伸　《公司法》第 26 条

第七十二条　董事会会议由董事长召集和主持；董事长不能履行职务或者不履行职务的，由副董事长召集和主持；副董事长不能履行职务或者不履行职务的，由过半数的董事共同推举一名董事召集和主持。

不能履行职务：因生病、出差在外等客观上的原因导致其无法履行职务的情形

不履行职务：不存在上述无法履行的客观原因，但以其他理由或者根本就没有理由而不履行职务

图表

股东会会议

董事长召集和主持
↓ 如果不（能）
副董事长主持
↓ 如果不（能）
推举一名董事主持
↓ 如果不（能）
监事会召集和主持
↓ 如果不（能）
代表 1/10 以上表决权的股东召集和主持

董事会会议

董事长召集和主持
↓ 如果不（能）
副董事长召集和主持
↓ 如果不（能）
推举一名董事召集和主持

有限责任公司股东会会议与董事会会议召集和主持职责履行对比

解读　董事会是集体行使权力的机构，需要由具体的自然人负责召集和主持会议。公司董事长一般是由大股东或者大股东推选的人担任，本条规定董事会会议原则上由董事长召集和主持。在董事长不能履行职务或者不履行职务时，法律规定了替代履职的条件、顺序。

第七十三条　董事会议事、表决和会议记录

沿革 本条第1款为旧法第48条第1款。第2款为本法新增内容。第3款为旧法第48条第3款，措辞有所调整。第4款为旧法第48条第2款。

延伸 《企业国有资产法》第46条

第七十三条 董事会的议事方式和表决程序，除本法有规定的外，由公司章程规定。

董事会会议应当有过半数的董事出席方可举行。董事会作出决议，应当经全体董事的过半数通过。

董事会决议的表决，应当一人一票。

董事会应当对所议事项的决定作成会议记录，出席会议的董事应当在会议记录上签名。

- 议事方式：董事会会议采用何种形式来讨论问题
- 表决程序：董事会会议对所议事项作出决定的步骤、方式
- 全体董事：而非出席董事
- 一人一票：全体成员在董事会会议上的地位是平等的，享有相同的权利
- 会议记录：所决议的事项、出席会议董事及表决情况、决议结果
- 签名：既是权利也是义务，董事要对签名的事项承担责任

解读 除本法特别规定的外，董事会的议事方式和表决程序由公司章程根据公司的具体情况规定。本法对于董事会的表决程序的规定主要有：（1）董事会应当对所议事项的决定作成会议记录。（2）出席会议的董事应当在会议记录上签名。

图表

有限责任公司董事会的议事方式的规定
- 举行董事会的条件：有过半数的董事出席
- 董事会作出决议：经全体董事的过半数通过
- 董事会表决一人一票，一票一权

第七十四条　经理的任免和职权

沿革 本条第 1 款为旧法第 49 条第 1 款部分内容。第 2 款为旧法第 49 条的部分内容，旧法详细列举了经理的职权，新法则为“根据公司章程的规定或者董事会的授权行使职权”，变为概括性授权。

延伸
《公司法》第 126 条
《民法典》第 81、170 条
《企业国有资产法》第 22 条

第七十四条　有限责任公司可以设经理，由董事会决定聘任或者解聘。

经理对董事会负责，*根据公司章程的规定或者董事会的授权行使职权*。经理列席董事会会议。

公司具体业务的执行者，辅助董事会执行业务、进行日常经营管理的人员

而非选举

将旧法“法定 + 章定”职权改为“章定 + 授权”职权。董事会的授权相对有不确定性、变动性、私密性，实务中应注意经理的越权行为

（1）组织经营权。
（2）公司内部规章及管理机构的拟订、制定权。
（3）提请人事任免的权利。
（4）其他职权

解读 有限责任公司经理是公司经营管理的执行机构。经理作为公司具体业务的执行者，由董事会决定聘任或者解聘，所以经理对董事会负责，向董事会报告工作。经理行使职权的依据在于公司章程的规定和董事会的授权。经理为了更好地执行董事会的决议，列席董事会会议，这既是经理的权利，也是经理的义务。

图表

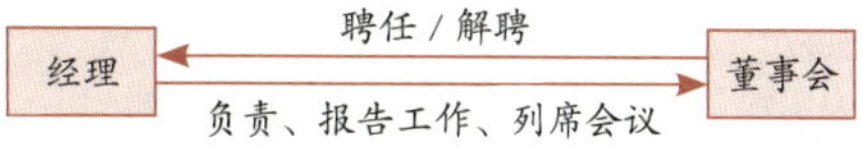

第七十五条　一名董事行使董事会职权

沿革 本条为旧法第 50 条，个别措辞、语序有调整，关于该一名董事的职权，旧法规定“由公司章程规定”，新法规定“本法规定”（第 67 条）。

延伸
《民法典》第 81 条
《公司法》第 67 条

第七十五条 *规模较小或者股东人数较少的有限责任公司，可以不设董事会，设一名董事，行使本法规定的董事会的职权。该董事可以兼任公司经理。*

旧法称“执行董事”

与旧法相比，由公司章程规定其职权改为《公司法》规定，实现了有限责任公司董事会和不设董事会的公司董事职权上的统一

董事会行使下列职权：
（1）召集股东会会议，并向股东会报告工作；
（2）执行股东会的决议；
（3）决定公司的经营计划和投资方案；
（4）制订公司的利润分配方案和弥补亏损方案；
（5）制订公司增加或者减少注册资本以及发行公司债券的方案；
（6）制订公司合并、分立、解散或者变更公司形式的方案；
（7）决定公司内部管理机构的设置；
（8）决定聘任或者解聘公司经理及其报酬事项，并根据经理的提名决定聘任或者解聘公司副经理、财务负责人及其报酬事项；
（9）制定公司的基本管理制度；
（10）公司章程规定或者股东会授予的其他职权

《公司法》规定，法定代表人由代表公司执行公司事务的董事或者经理担任，此时经理也是公司的法定代表人

解读 对于规模较小或者股东人数较少的有限责任公司，可以设立执行董事作为公司的执行机关，而不一定设立董事会。虽然只有一名董事，但其法律地位与董事会相同，是公司的执行机关和业务决策机关，对股东会负责，行使本法规定的董事会的职权。而且，因为公司规模较小或者人数较少，业务相对简单，为了简化机构，该董事可以兼任公司经理。

图表

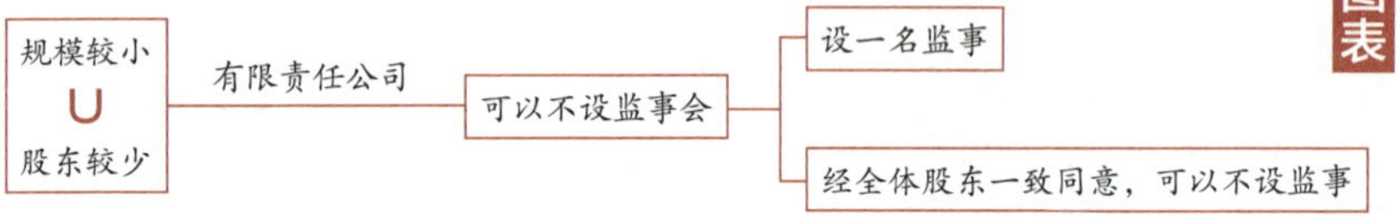

第七十六条　监事会成员及任职

沿革　本法第1款为旧法第51条第1款，所援引本法条款较旧法新增“由董事组成的审计委员会，行使本法规定的监事会的职权，不设监事会或者监事。公司董事会成员中的职工代表可以成为审计委员会成员”（第69条）的规定，以及“设一名监事”或者经全体股东一致同意，也可以不设监事（第83条）的规定。第2款为旧法第51条第1款的部分内容及第2款。第3款、第4款为旧法第3款、第4款，部分措辞调整。

解读　有限责任公司设立监事会，并通过监事会的监督活动，维护公司股东的利益和保护职工的合法权益。监事会对股东会负责并报告工作。本条第1款规定了行使监事职能的三种形式：监事会、监事和审计委员会。监事会的成员分为三类：股东代表、职工代表以及其他人员，其中职工代表的比例不得低于1/3，具体比例由公司章程规定。监事会通过会议的形式行使职权。监事会作为公司执行机构业务活动的专门监督机构，监督的对象主要是公司董事和经理等高级管理人员。因此董事、高级管理人员不得兼任监事。

有限责任公司可以按照公司章程的规定在董事会中设置由董事组成的审计委员会，行使本法规定的监事会的职权，不设监事会或者监事。公司董事会成员中的职工代表可以成为审计委员会成员

依照法律规定和公司章程规定，代表公司股东和职工对公司董事会和经理依法履职情况进行监督的机关

第七十六条　有限责任公司设监事会，本法第六十九条、第八十三条另有规定的除外。

监事会成员为三人以上。监事会**成员**应当包括股东代表和适当比例的公司职工代表，其中职工代表的比例不得低于三分之一，具体比例由公司章程规定。监事会中的职工代表由公司职工通过职工代表大会、职工大会或者其他形式民主选举产生。

监事会设主席一人，由全体监事过半数选举产生。监事会主席召集和主持监事会会议；监事会主席不能履行职务或者不履行职务的，由过半数的监事共同推举一名监事召集和主持监事会会议。

董事、高级管理人员不得兼任监事。

延伸　《公司法》第69、83条

规模较小或者股东人数较少的有限责任公司，可以不设监事会，设一名监事，行使本法规定的监事会的职权；经全体股东一致同意，也可以不设监事

无上限规定。具体人数可由公司根据实际情况在公司章程中规定

监事会中的职工代表，又称职工监事，不由股东会选举

经理、副经理、财务负责人，上市公司董事会秘书和公司章程规定的其他人员

如果出现兼职的情况，则监事职责和监督行为无效

第七十七条　监事的任期

沿革　本条为旧法第 52 条，部分措辞调整。

延伸　《上市公司章程指引》第 138 条

第七十七条　监事的任期每届为三年。监事任期届满，连选可以连任。

监事任期届满未及时改选，或者监事在任期内辞任导致监事会成员低于法定人数的，在改选出的监事就任前，原监事仍应当依照法律、行政法规和公司章程的规定，履行监事职务。

担任监事职务的时间限制

法律对可以连任多少届没有规定

导致监事会无法继续履职

不是改选出新的监事前，而是该新监事就任前

监事的法定义务

解读　监事的任期每届为 3 年，与董事不同的是，并不允许公司章程对此作出修改。监事任期届满，连选可以连任，没有届数的限制。两种情形下监事必须继续履行监事职务，直至改选出的监事就任前：（1）任期届满未及时改选时。（2）任期内提前辞任导致监事会成员低于法定人数的。

图表

有限责任公司董事与监事任期对比

主体	任期	可否连选连任
董事	公司章程规定（不得超过 3 年）	可以
监事	3 年	可以

第七十八条　监事会的职权

沿革 本条为旧法第 53 条，部分措辞调整。删除了“不设监事会的监事”。

延伸 《公司法》第 79、82 条

解读 监事会作为公司三大机构中的监督机构，负责监督公司业务执行情况和财务状况，监督对象是董事和经理等高级管理人员。根据本条规定，监事会具体行使以下职权：（1）财务监督权。（2）对董事、高级管理人员的监督权。一方面，监事会可以提出解任违法、违反公司章程的董事、高级管理人员；另一方面，监事会可要求董事、高级管理人员纠正损害公司利益的行为。（3）提议召开股东会权。一种是召开临时股东会；另一种是召集和主持股东会会议（董事会不履行召集和主持股东会会议职责时）。（4）股东会议提案权。（5）诉讼提起权。对象为董事、高级管理人员。（6）公司章程规定的其他职权。

第七十八条 监事会行使下列职权：

（一）检查公司财务；

（二）对董事、高级管理人员执行职务的行为进行监督，对违反法律、行政法规、公司章程或者股东会决议的董事、高级管理人员提出解任的建议；

（三）当董事、高级管理人员的行为损害公司的利益时，要求董事、高级管理人员予以纠正；

（四）提议召开临时股东会会议，在董事会不履行本法规定的召集和主持股东会会议职责时召集和主持股东会会议；

（五）向股东会会议提出提案；

（六）依照本法第一百八十九条的规定，对董事、高级管理人员提起诉讼；

（七）公司章程规定的其他职权。

> 检查公司财务：主要是审核、查阅公司的财务会计报告和其他财务会计资料

> 要求董事、高级管理人员予以纠正：董事、高级管理人员应及时纠正

> 董事会不履行本法规定的召集和主持股东会会议职责：原则上由董事长召集和主持；董事长不能履职的，由副董事长主持；副董事长不（能）履职的，由推举的一名董事主持。至此，仍不召集和主持的，即董事会不履行召集和主持股东会会议职责

> 第一百八十九条的规定：股东代表诉讼

> 提起诉讼：公司为原告，监事会主席或不设监事会的有限责任公司的监事代表公司诉讼

> 其他职权：可以规定监事对其他事项的监督、检查权

第七十九条　监事的质询建议权与调查权

沿革 本条为旧法第 54 条，第 2 款删除了“不设监事会的监事”的规定。

延伸 《公司法》第 82 条

解读 本条第 1 款明确了监事列席董事会会议并提出质询或者建议的权利。这就意味着，董事会有义务对监事行使此权利进行协助。监事此项权利有助于其了解董事会会议内容，从而更好地行使对董事等行为进行监督的职责。监事会的职责就是监督董事、高级管理人员等人员对公司进行经营管理的行为。法律规定董事会、高级管理人员等应配合监事的工作，但实务中不乏不愿意协助甚至阻挠监事会履行监督职责的行为。在此过程中，监事会发现公司经营情况异常的，有调查权。但监事会行使此权利时应以尽量不影响公司运营效率为原则。此处聘请会计师事务所的行为属于《公司法》第 82 条规定的监事行使职权所必需的费用，故应由公司承担。

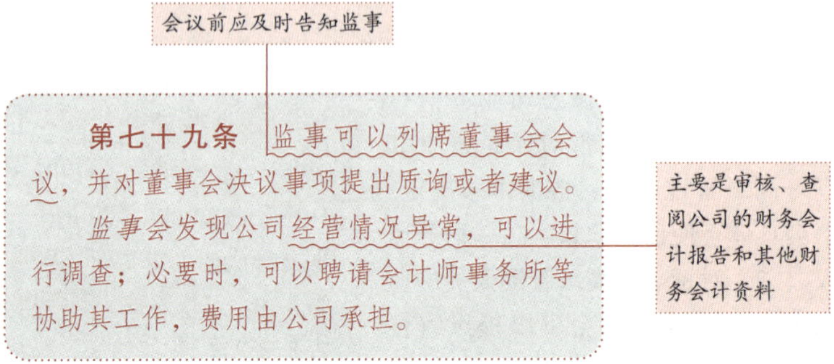

图表

公司经营情况异常的情况

第八十条　监事会权力行使及保障

沿革 本条第1款为新法新增条款。第2款为旧法第150条第2款，部分措辞调整。

延伸 《上市公司章程指引》第140条

第八十条　监事会可以要求董事、高级管理人员提交执行职务的报告。

董事、高级管理人员应当如实向监事会提供有关情况和资料，不得妨碍监事会或者监事行使职权。

> 仅限于提交与执行公司事务有关的报告，不包括个人事务

> 未明确具体报告内容，可由监事会决定

解读 旧法第150条规定了董事、高级管理人员向监事会“提供有关情况和资料，不得妨碍监事会或者监事行使职权”的义务，此处作为监事会的权利列出。监事会负责监督董事、高级管理人员，因为监事会不实际参与公司日常管理，为了更好地保障其监督权的实施，可以要求董事、高级管理人员提交执行职务的报告，作为其行使权力的保障。董事和高级管理人员负有如实提供相关情况和资料的义务，并不得妨碍监事会或者监事行使职权。

图表

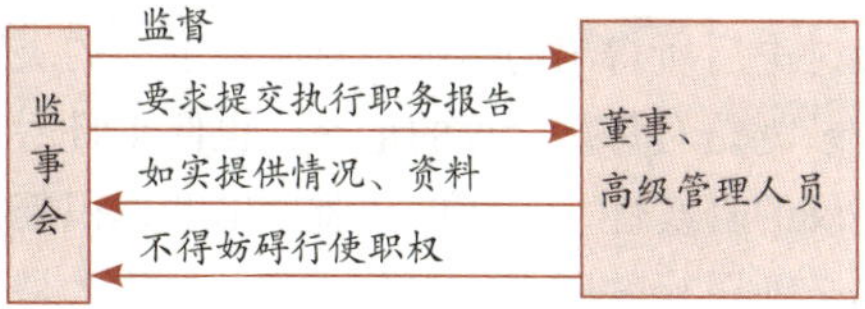

第八十一条　监事会会议的召开及决议

沿革 本条第1、2、3、5款为旧法第55条第1~4款，仅措辞调整。本条第4款为新增内容。

解读 （1）监事会应定期召开会议，至少每年召开一次。公司遇到临时重要情况时，监事可以提议召开临时监事会会议。监事提议召开临时监事会会议的，监事会主席应当及时召集和主持监事会会议；监事会主席不能履行职务或者不履行职务的，由半数以上监事共同推举一名监事召集和主持监事会会议。（2）公司章程可以对监事会会议的议事方式和表决程序进行规定。（3）本条第3款规定了监事会决议应当经全体监事过半数以上通过。此次修法将表决的基数明确为“全体”监事，较旧法更加清晰、准确。（4）本条第4款为新增条款。旧法中对董事会决议表决规定应当“一人一票”，对监事会决议的表决无规定，新法则明确了这一规定。（5）会议记录应当包括监事会会议所议事项及讨论后所得出的结论。对所议事项的决定作成会议记录既是对每次会议的记录，也便于日后审查监事会决议的真实性、合法性。监事出席并积极参与会议是其必须履行的职责。在会议记录上签名是监事的义务也是其权利，应保证每个监事对此权利的行使。

延伸 《上市公司章程指引》第146~148条

图表

每年召开一次是法定最低限度，公司监事会有义务以比此规定更高的频率召开会议。具体召开时间可以在公司章程中规定

第八十一条　监事会每年度至少召开一次会议，监事可以提议召开临时监事会会议。

监事会的议事方式和表决程序，除本法有规定的外，由公司章程规定。

监事会决议应当经**全体**监事的过半数通过。

监事会决议的表决，应当一人一票。

监事会应当对所议事项的决定作成会议记录，出席会议的监事应当在会议记录上签名。

临时会议，是指在正常召开的定期会议之外，临时决定召开的会议

表决程序，是指监事会会议对所议事项作出决议的步骤

议事方式，是指监事会会议讨论问题采用的形式

会议记录内容包括会议召开的时间、地点、出席人员、议题、监事讨论意见、决议通过情况等

- 通知监事参加会议的形式
- 会议的召集和主持
- 讨论问题的方式
- 有效出席人数
- 议事议程的提出和确定
- 议事规则
- 表决方式

公司章程对监事会规定的内容

第八十二条　监事会行使职权费用承担

沿革 本条为旧法第 56 条，部分措辞调整。

延伸 《公司法》第 78、79 条
《公司法解释四》第 23 条

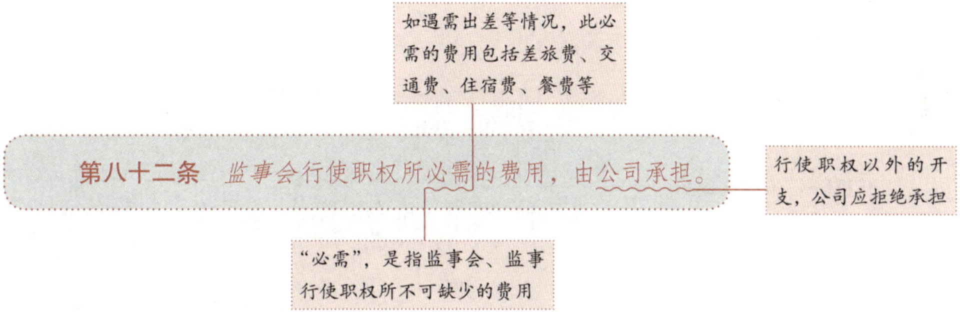

解读 监事会对股东负责，监督董事会的行为，保护股东的合法利益。无论是监事会，还是不设监事会的有限责任公司的监事，在履行监督职责的过程中产生的费用由公司承担。如果不是行使监事职权的行为所花费的费用，公司可以拒绝承担。至于"所必需的费用"究竟包括哪些项目，可在公司章程中进行具体规定。

图表

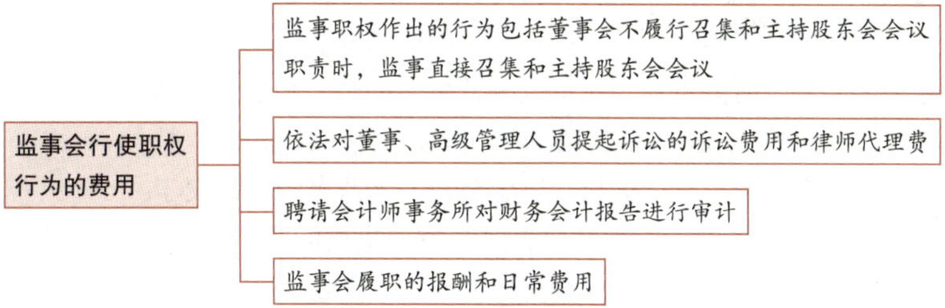

第八十三条　不设监事会

沿革 本法为旧法第51条第1款的部分内容，实质变化：（1）不设监事会的，旧法为“可以设一至二名监事”，新法为一名。（2）新增“经全体股东一致同意，也可以不设监事”。

延伸 《公司法》第78、79条

第八十三条 *规模较小或者股东人数较少的有限责任公司，可以不设监事会，设一名监事，行使本法规定的监事会的职权；***经全体股东一致同意，也可以不设监事。**

非强制要求，由股东会决议

不能有任何一名股东（不论表决权大小）反对

解读 监事会是依照法律规定和公司章程规定，代表公司股东和职工对公司董事会、董事和经理依法履职情况进行监督的机构。监事会对股东会负责并报告工作。作为公司的重要机构，监事会的监督活动有利于防止董事会滥用权力，维护公司股东的利益，保护职工的合法权益。此次修法进一步简化了有限责任公司不设置监事会的结果和条件。结果上，从“可以设一至二名监事”改为“设一名监事”，行使本法规定的监事会的职权。决定只设一名监事的决议属于股东会的一般决议，应当经代表过半数表决权的股东通过。也可以不设监事，但是需要经全体股东一致同意。

图表

有限责任公司股东会、董事会、监事会人数对比

股东会	1~50人
董事会	3人以上（可只有1名董事）
监事会	3人以上（可只有1名监事或不设监事）

第四章　有限责任公司的股权转让

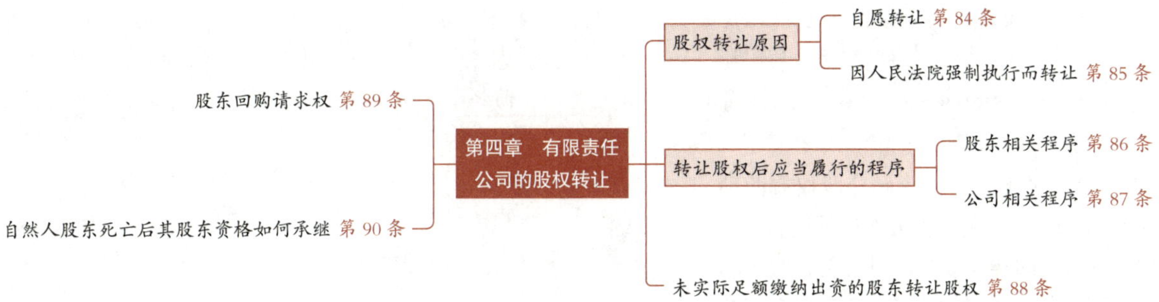

第八十四条　自愿转让有限责任公司股权

沿革 本条为旧法第 71 条，部分措辞调整，实质变化如下：（1）第 2 款明确列举了书面通知的内容“数量、价格、支付方式和期限等”。（2）未答复的，旧法视为“同意转让”，新法视为“放弃优先购买权”。（3）新法删除了旧法“应当经其他股东过半数同意”的规定。

延伸
《时间效力规定》第 1 条
《公司法解释三》第 18、24、25 条
《公司法解释四》第 16~22 条

第八十四条 有限责任公司的股东之间可以相互转让其全部或者部分股权。

股东向股东以外的人转让股权**的**，应当将股权转让**的数量、价格、支付方式和期限等**事项书面通知其他股东，其他股东**在同等条件下有优先购买权**。股东自接到书面通知之日起三十日内未答复的，视为*放弃优先购买权*。两个以上股东*行使*优先购买权的，协商确定各自的购买比例；协商不成的，按照转让时各自的出资比例行使优先购买权。

公司章程对股权转让另有规定的，从其规定。

股权转让事项还可以其他能够确认收悉的合理方式通知其他股东征求同意

股权转让方索取的对价，主要是股权转让的价金，也包括支付方式、期限等其他的附加条件

股权转让时主张行使优先购买权的各股东所认缴的出资份额

优先于其他人购买的权利

解读 有限责任公司的股东向他人转让股权有两种情况：（1）向该公司的其他股东转让股权（本条第 1 款）。股东之间转让股权，只会引起股东间的出资比例变化，不会有新股东的产生，股东间的伙伴关系不会受到影响，一般情况下没有必要对这种转让进行限制。（2）向该公司股东以外的人转让股权（本条第 2 款）。向股东以外的人转让股权将引入新股东，有可能会影响有限责任公司的信任关系，故规定向股东以外的人转让股权的程序。以上是基于有限责任公司的人合性作出的一般安排，公司章程对股权转让另有规定的，从其规定。

图表

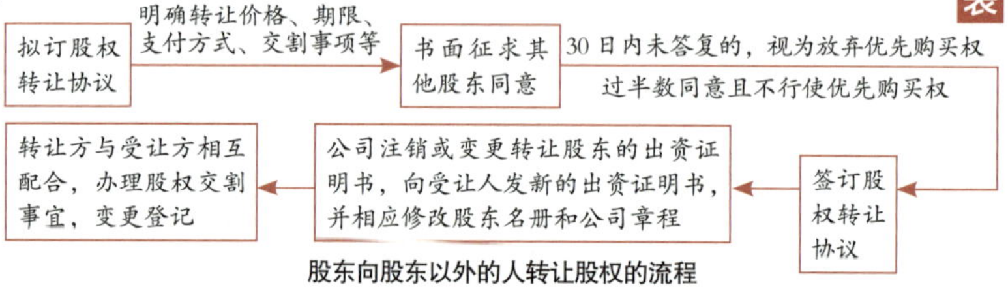

股东向股东以外的人转让股权的流程

第八十五条　有限责任公司的股权因人民法院强制执行而转让

沿革 本条为旧法第 72 条，文字无变化。

延伸
《公司法》第 84 条
《公司法解释四》第 22 条
《执行规定》第 39 条

第八十五条 人民法院依照法律规定的强制执行程序转让股东的股权时，应当通知公司及全体股东，其他股东在同等条件下有优先购买权。其他股东自人民法院通知之日起满二十日不行使优先购买权的，视为放弃优先购买权。

通知公司是为了使其协助执行

包括股权的数量、价款、交易方式等情况，具体可参照法律、司法解释及交易场所等相关规定

通知其他股东则是为了保障其行使优先购买权

解读 股权作为财产权，可以作为强制执行标的。在强制执行程序中转让有限责任公司股权应当遵守法定程序，以便于债权的执行又尽可能维护公司的人合性。适用《公司法》第 84 条第 2 款规定的"通知"时，根据相关法律、司法解释确定。在依法设立的产权交易场所转让有限责任公司国有股权的，适用《公司法》第 84、85 条规定的"书面通知""通知"时，可以参照产权交易场所的交易规则。

图表

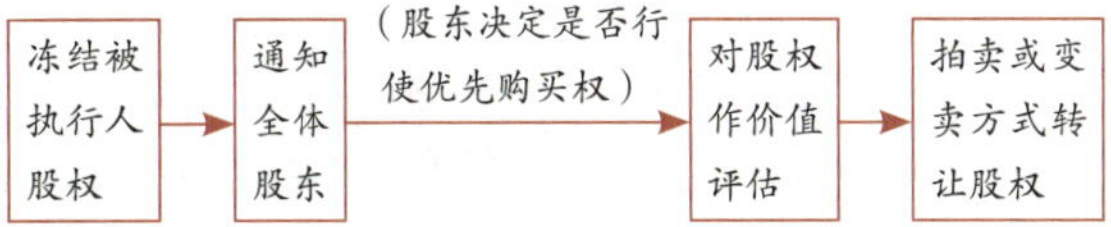

依照执行程序转让股权

第八十六条　转让股权后股东应当履行的程序

沿革　本条为新法新增内容。

延伸
《公司法》第56条
《市场主体登记管理条例》第24条
《市场主体登记管理条例实施细则》第32条

第八十六条　股东转让股权的，应当书面通知公司，请求变更股东名册；需要办理变更登记的，并请求公司向公司登记机关办理变更登记。公司拒绝或者在合理期限内不予答复的，转让人、受让人可以依法向人民法院提起诉讼。

股权转让的，受让人自记载于股东名册时起可以向公司主张行使股东权利。

有限责任公司股东为公司登记事项。向股东之外的人转让股权的，需要变更登记

公司登记事项发生变更的，应当依法办理变更登记

解读　股东转让股权后，应当履行通知义务，因为股东转让股权之前并不需要通知公司，公司也无从了解转让的具体信息，而置备、修改股东名册是公司的行为，所以股东应请求变更。同理，向公司登记机关办理变更登记也是公司的行为，股东仅有请求权。公司拒绝或在合理期限内不答复的，将影响转让人、受让人的权利，二者均可向法院起诉。根据《公司法》第56条，记载于股东名册的股东，可以依股东名册主张行使股东权利。因此，受让人行使股东权利的时点也是记载于股东名册之时。

图表

股权变更登记准备的材料
- 新老股东身份证明（新股东为企业的，提供营业执照）
- 营业执照正副本、公章
- 自然人股东变更完税情况表
- 公司章程
- 股东会决议
- 股权转让协议
- 公司变更登记申请表

第八十七条　转让股权后公司应当履行的程序

沿革 本条为旧法第 73 条，部分措辞调整，新增注销原股东出资证明书应当“及时”。

延伸 《公司法》第 84、85 条
《公司法解释三》第 23 条

第八十七条 *依照本法转让股权后，公司应当及时注销原股东的出资证明书，向新股东签发出资证明书，并相应修改公司章程和股东名册中有关股东及其出资额的记载。对公司章程的该项修改不需再由股东会表决。*

原股东：不再享有公司股权的转让人

及时：由于各公司股权转让的情况各有差异、股权转让的具体交割的时间与方式也可能不尽一致，本条并未规定该两项程序义务的履行时间。该两项义务的履行应当在合理的时间内完成

注销：公司应妥善保管出资证明书，以备注销时使用

新股东：原来不是股东、因购买股权而成为公司新股东的受让人

股东会表决：修改公司章程是股东会的法定审议和表决事项，本条是对此规定的突破和简化

图表

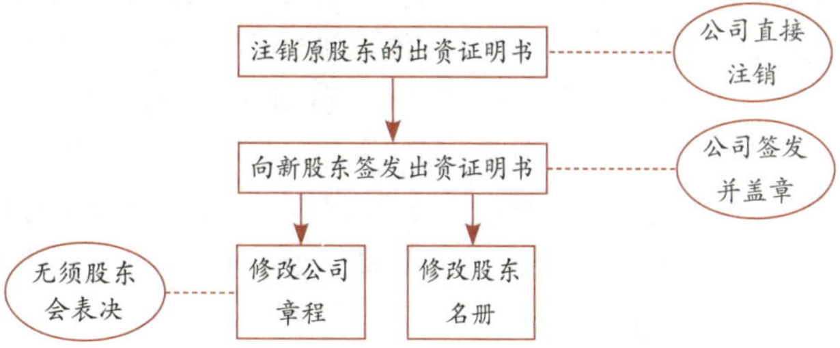

转让股权后公司经历的流程

解读 股东转让股权后，公司应当履行两项程序性义务：（1）注销原股东的出资证明书，向新股东签发出资证明书。（2）修改公司章程、修改股东名册并记载变更后各股东的出资额，以使股权转让后的公司章程和股东名册能够反映公司股东的真实情况，使各股东的合法权益得到保障。

第八十八条　未实际足额缴纳出资的股东转让股权

沿革 本条为新法新增内容。

延伸 《公司法》第 50、54 条
《公司法解释三》第 18 条
《时间效力规定》第 4 条

第八十八条　股东转让已认缴出资但未届出资期限的股权的，由受让人承担缴纳该出资的义务；受让人未按期足额缴纳出资的，转让人对受让人未按期缴纳的出资承担补充责任。

未按照公司章程规定的出资日期缴纳出资或者作为出资的非货币财产的实际价额显著低于所认缴的出资额的股东转让股权的，转让人与受让人在出资不足的范围内承担连带责任；受让人不知道且不应当知道存在上述情形的，由转让人承担责任。

股东的出资额、出资方式和出资日期记载于公司章程

在受让人不能履行按期足额缴纳出资的义务时，才由转让人对于未缴纳部分承担的间接责任

受让人不分份额也没有先后次序地承担缴纳出资的责任

解读 “已认缴出资但未届出资期限”的情况下，股东未缴纳出资并未违反公司章程的规定，其缴纳出资的义务随股权一同转让给受让人。因义务已经随权利转移，原则上出让股东不再承担缴纳义务，但是有限责任公司具有人合性，为了保证其他股东的利益，转让人应当承担补充责任。“未按照公司章程规定的出资日期缴纳出资或者作为出资的非货币财产的实际价额显著低于所认缴的出资额的股东”本身已经违反了公司章程规定的义务，根据《公司法》第 50 条，该股东有补足差额的义务，其他股东承担连带责任。因此，受让人知道或者应当知道上述情形的，应承担与转让人和其他股东同等的责任，即连带责任；受让人不知道且不应当知道的，受让人不承担责任，该责任仍由转让人承担。

图表

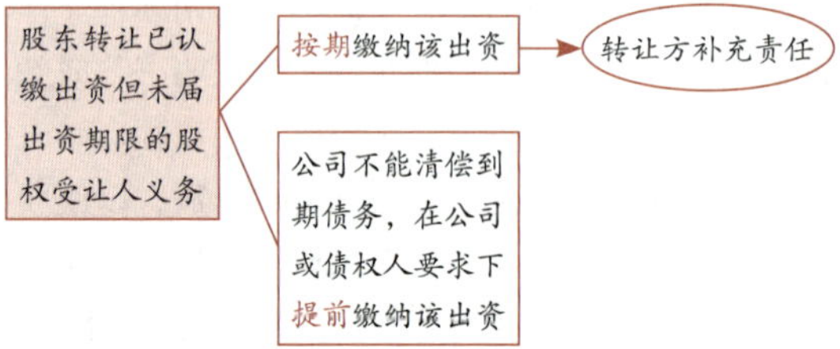

第八十九条　有限责任公司股东回购请求权（第 1、2 款）

沿革 本条第 1、2 款为旧法第 74 条，部分措辞调整。第 3、4 款为新法新增内容。

延伸 《公司法》第 161 条
《公司法解释一》第 3 条
《时间效力规定》第 4 条
指导案例 96 号

解读 有限责任公司具有较强的人合性。有限责任公司设立后，股东不得随意退出公司。但是，为了保护股东的权利，本条规定了股东请求公司按照合理的价格收购其股权从而实现退出公司的目的。分为两种情况：（1）异议股东的回购请求权，分为三种情况：①公司连续 5 年不向股东分配利润，而公司该 5 年连续盈利，并且符合本法规定的分配利润的条件。②公司合并、分立、转让主要财产。③公司章程规定的营业期限届满或章程规定的其他解散事由出现，股东会会议通过修改章程使公司存续。异议股东可以起诉的方式维护自己的权利，但是需遵守流程和时间的规定。

第八十九条　有下列情形之一的，对股东会该项决议投反对票的股东可以请求公司按照合理的价格收购其股权：

（一）公司连续五年不向股东分配利润，而公司该五年连续盈利，并且符合本法规定的分配利润条件；

（二）公司合并、分立、转让主要财产；

（三）公司章程规定的营业期限届满或者章程规定的其他解散事由出现，股东会通过决议修改章程使公司存续。

自*股东会决议作出*之日起六十日内，股东与公司不能达成股权收购协议的，股东可以自*股东会决议作出*之日起九十日内向人民法院提起诉讼。

投同意票和弃权的都不属于此情形

公开市场上一般人认可的价格

三个条件必须同时满足

根据转让财产对公司正常经营和盈利的影响，以及是否导致公司发生根本性变化等判断

提起诉讼的主体是股东，这是股东的一项权利

向人民法院提起诉讼时，超过《公司法》规定期限的，人民法院不予受理

第八十九条　有限责任公司股东回购请求权（第3、4款）

公司的控股股东滥用股东权利，严重损害公司或者其他股东利益的，其他股东有权请求公司按照合理的价格收购其股权。

公司因本条第一款、第三款规定的情形收购的本公司股权，应当在六个月内依法转让或者注销。

> 控股股东：其出资额占有限责任公司资本总额超过50%或者其持有的股份占股份有限公司股本总额超过50%的股东；出资额或者持有股份的比例虽然低于50%，但依其出资额或者持有的股份所享有的表决权已足以对股东会的决议产生重大影响的股东

> 滥用股东权利：如滥用表决权、关联交易、恶意限制其他股东权益

> 严重损害：对损害程度有要求，即“严重”

> 转让：完成转让股权程序

> 注销：注销股东身份

解读　（2）中小股东的回购请求权，仅有一种情况：公司的控股股东滥用股东权利，严重损害公司或者其他股东利益的，其他股东有回购请求权。股东行使回购请求权后，应当办理后续的注销或转让手续。

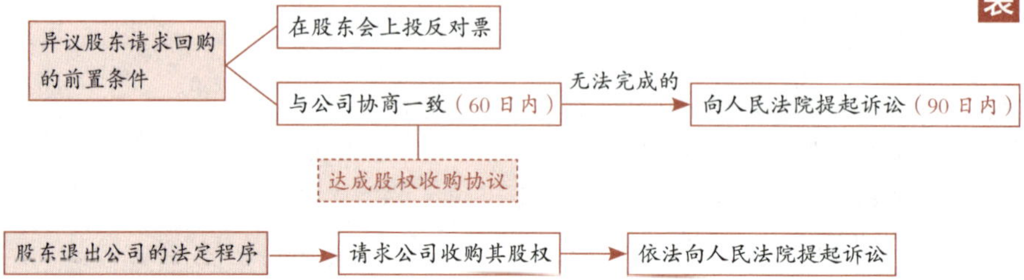

第九十条　自然人股东死亡后其股东资格如何承继

沿革 本条为旧法第 75 条，文字无变化。

延伸 《民法典》第 125、1122 条

第九十条　自然人股东死亡后，其合法继承人可以继承股东资格；但是，公司章程另有规定的除外。

本条所规定为“股东资格”的继承，不得违反《民法典》的基本原则，剥夺继承人获得与股权价值相适应的财产对价的权利

既包括遗嘱继承，也包括法定继承

解读 《民法典》规定，遗产是自然人死亡时遗留的个人合法财产。股权属于自然人的合法财产，应当由他人依法继承。但是，《民法典》规定的继承，仅限于财产权的范围，股东资格的继承由本条规定了两项原则：（1）以自然人股东的合法继承人继承其股东资格为原则。（2）公司章程可以作出除外规定，这也保证了有限责任公司的人合性。为此，从实际出发，应当允许章程规定股东认为切实可行的办法，解决股东资格继承问题。比如，规定当股东不同意某人继承已死亡的股东的资格时，可以采用股权转让的办法处理股权继承问题等。

图表

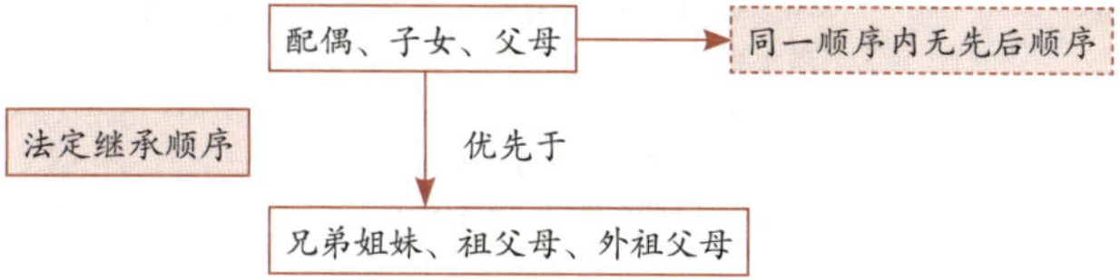

第五章　股份有限公司的设立和组织机构

第五章 股份有限公司的设立和组织机构

- **第一节 设立**
  - 设立方式 第 91 条
  - 发起人的人数及其资格 第 92 条
  - 发起人承担公司筹办事务和应当签订发起人协议 第 93 条
  - 公司章程
    - 由发起人共同制定公司章程 第 94 条
    - 公司章程的内容 第 95 条
  - 注册资本 第 96 条
  - 发起人应认购的股份 第 97 条
  - 发起人出资
    - 足额出资及出资方式 第 98 条
    - 出资不实的法律责任 第 99 条
  - 向社会公开募集股份
    - 公告招股说明书并制作认股书 第 100 条
    - 股款缴足后应验资 第 101 条
  - 股东名册置备和记载事项 第 102 条
  - 公司成立大会
    - 召开和表决程序 第 103 条
    - 职权 第 104 条
    - 股份到期未缴足或者未召开成立大会时如何办理 第 105 条
  - 股份有限公司申请设立登记 第 106 条
  - 股东出资不符合公司章程的规定和抽逃出资时的责任 第 107 条
  - 有限责任公司变更为股份有限公司时的有关问题 第 108 条
  - 股份有限公司有关文件的置备 第 109 条
  - 股份有限公司股东知情权 第 110 条
- **第二节 股东会**
  - 股东会组成、地位以及职权行使 第 111 条
  - 股东会的职权 第 112 条
  - 股东会会议
    - 股东会年会以及临时股东会会议 第 113 条
    - 召集和主持 第 114 条
    - 通知、公告及临时提案 第 115 条
    - 表决权的计算方法以及决议的通过 第 116 条
    - 累积投票制 第 117 条
    - 股东委托代理人出席股东会会议行使表决权 第 118 条
    - 会议记录的要求 第 119 条
- **第三节 董事会、经理**
  - 董事会组成、职权以及董事任职 第 120 条
  - 审计委员会的设置、职权、成员，其他委员会 第 121 条（→ 上市公司的审计委员会 第 137 条）
  - 董事长、副董事长的产生及其职权 第 122 条
  - 董事会会议
    - 类型、通知、召集和主持 第 123 条
    - 表决和会议记录 第 124 条
    - 出席和责任承担 第 125 条
  - 经理
    - 聘任、解聘、行使职权和列席董事会会议 第 126 条
    - 董事会成员兼任经理 第 127 条
  - 不设董事会的情况 第 128 条
  - 公司向股东披露董事、监事、高级管理人员从公司获得报酬情况 第 129 条
- **第四节 监事会**
  - 监事会的设立与组成 第 130 条
  - 监事会职权及其行使 第 131 条
  - 监事会会议 第 132 条
  - 不设监事会的情况 第 133 条
- **第五节 上市公司组织机构的特别规定**
  - 上市公司的定义 第 134 条
  - 上市公司资产负债发生重大变化时应经股东会作出决议 第 135 条
  - 独立董事及公司章程载明事项 第 136 条
  - 上市公司的审计委员会 第 137 条
  - 上市公司董事会秘书及其职责 第 138 条
  - 上市公司董事关联交易回避制度 第 139 条
  - 上市公司信息披露及禁止代持股票 第 140 条
  - 上市公司控股子公司不得取得上市公司的股份 第 141 条

规模较小或者股东人数较少的公司（→ 不设董事会的情况 第 128 条；不设监事会的情况 第 133 条）

第一节　设　　立

第九十一条　股份有限公司的设立方式

沿革　本条为旧法第 77 条，部分措辞调整。

延伸　《公司法解释三》第 1~5 条

为设立公司而签署公司章程、向公司认购股份并履行公司设立职责的人

第九十一条　*设立股份有限公司，可以采取发起设立或者募集设立的方式。*

发起设立，是指由发起人认购设立公司时应发行的全部股份而设立公司。

募集设立，是指由发起人认购设立公司时应发行股份的一部分，其余股份向特定对象募集或者向社会公开募集而设立公司。

特定的机构投资者等

面向广大的社会公众

解读　股份有限公司是资合性公司，本条将股份有限公司的设立分为发起设立和募集设立两种：（1）发起设立，是指由发起人认购公司应发行的全部股份而设立公司。不向发起人之外的任何社会公众发行股份，公司全部股份由发起人持有，公司的全部股东都是设立公司的发起人。此种比较简便，只要发起人认足了股份就可以向公司登记机关申请设立登记。（2）募集设立，是指由发起人认购公司应发行股份的一部分，其余股份向社会公开募集或者向特定对象募集而设立公司。在公司设立时，认购公司应发行股份的人不仅有发起人，而且有发起人以外的人。以募集设立方式设立股份有限公司，发起人只需投入较少的资金，就能够从社会上聚集到较多的资金，法律对募集设立规定了较为严格的程序。

图表

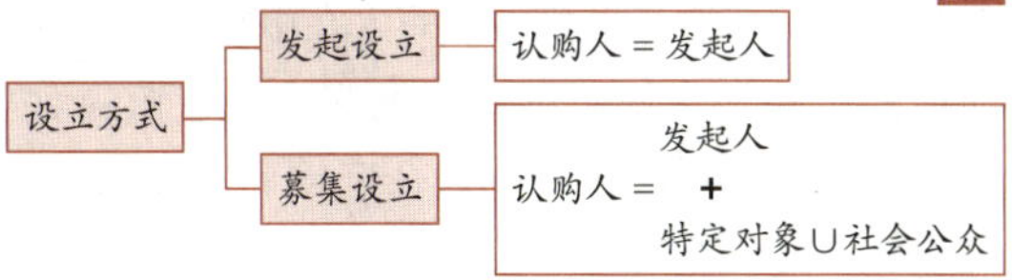

第九十二条　发起人的人数及其资格

沿革 本条为旧法第 78 条，部分措辞调整，发起人下限从二人改为一人。

《公司法》第 42 条 **延伸**

第九十二条　设立股份有限公司，应当有一人以上二百人以下为发起人，其中应当有半数以上的发起人在中华人民共和国境内有住所。

自然人、法人，中国人、外国人、无国籍人，均有资格作为设立股份有限公司的发起人

包括1人，即1人也可以发起设立股份有限公司

就中国公民而言，是指公民以其户籍所在地为居住地或者其经常居住地在中国境内；就外国公民而言，是指其经常居住地在中国境内；就法人而言，是指其主要办事机构所在地在中国境内

解读 本条在历次《公司法》修订中变化较大，新法规定 1 人即可发起设立股份有限公司（下限），发起人不应当超过 200 人（上限）。本条并未限制发起人必须是自然人还是法人、中国人还是外国人，但必须是具有完全行为能力的人，无行为能力或者限制行为能力的人不得作为发起人。发起人必须有半数以上的人在中华人民共和国境内有住所，便于国家对发起人进行监督管理，维护经济秩序。发起人在中国境内有住所，而不是具有中国国籍。

图表

设立人员	下限 / 人	上限 / 人
有限责任公司	1	50
股份有限公司	1	200

第九十三条　发起人承担公司筹办事务和应当签订发起人协议

沿革 本条为旧法第 79 条，文字无变化。

延伸 《公司法》第 94、103 条

第九十三条　股份有限公司发起人承担公司筹办事务。

发起人应当签订发起人协议，明确各自在公司设立过程中的权利和义务。

> 发起人协议约定内容仅限于股份有限公司成立前

> 公司发起人之间签订的、明确规定各个发起人在公司设立过程中的权利和义务的协议

解读 筹办事务包括：（1）发起设立股份有限公司的，发起人应当签订发起人协议，制定公司章程，认缴并及时缴纳出资，选举董事会和监事会，办理有关行政审批和设立登记等；（2）募集设立股份有限公司的，除与发起设立类似的事务外，还要办理涉及对外募集股份的大量事务，如申请公开发行股票核准，履行信息披露义务，依法公告招股说明书、制作认股书，与证券公司签订承销协议，与银行签订代收股款协议，让法定的验资机构验资并出具证明，依法召开公司成立大会。由于设立股份有限公司的发起人为多人，需要签订协议，明确各自在公司设立过程中的权利和义务，如发起人各自认购的股份数、发起人的出资方式、不按约定出资的违约责任。

图表

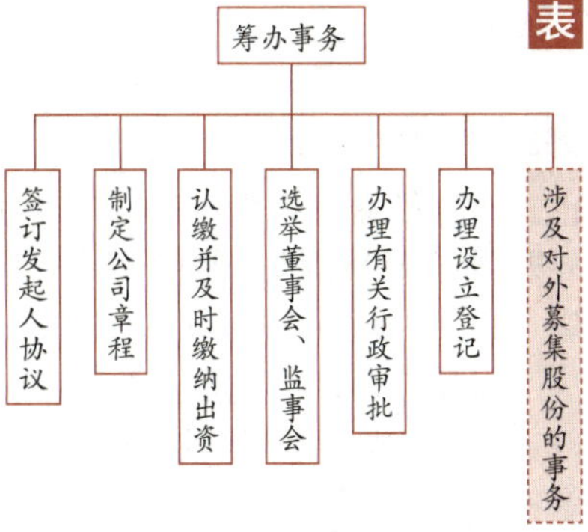

募集设立股份有限公司的专有事项

第九十四条　由发起人共同制定公司章程

沿革 本条为旧法第76条第4项，部分措辞调整，新增“共同”制定公司章程的要求。

延伸 《公司法》第5、104条

设立公司应当依法制定公司章程

第九十四条　设立股份有限公司，应当由发起人共同制订公司章程。

股份有限公司应当载明的事项见第95条

解读 《公司法》第5条规定，设立公司应当依法制定公司章程。在公司正式设立之前，筹办创立股份有限公司事务的人是发起人，所以，在设立股份有限公司的过程中，公司章程应当由发起人共同制定。《公司法》第104条规定，公司成立大会行使的职权包括通过公司章程，成立大会对公司章程作出决议，应当经出席会议的认股人所持表决权过半数通过。

图表

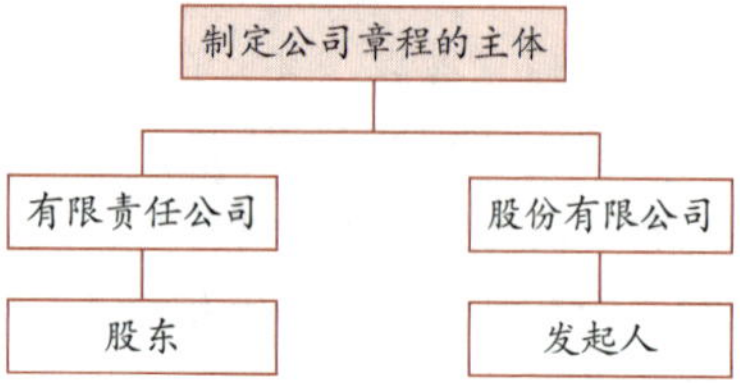

第九十五条　股份有限公司章程的内容（第1~6项）

沿革 本条为旧法第81条，部分措辞调整，实质变化如下：（1）第4项改为“公司注册资本、已发行的股份数和设立时发行的股份数，面额股的每股金额”。（2）第5项增加“发行类别股的，每一类别股的股份数及其权利和义务”。（3）第8项将“公司法定代表人的产生、变更办法”而非旧法的公司法定代表人作为公司章程应载明事项。（4）删除旧法第5项“出资时间”。

延伸
《上市公司章程指引》
《国有企业公司章程制定管理办法》
《到境外上市公司章程必备条款》

第九十五条　股份有限公司章程应当载明下列事项：

（一）公司名称和住所；

（二）公司经营范围；

（三）公司设立方式；

（四）公司注册资本、*已发行的股份数和设立时发行的股份数*，面额股的每股金额；

（五）**发行类别股的，每一类别股的股份数及其权利和义务；**

（六）发起人的姓名或者名称、认购的股份数、出资方式；

- 公司名称：在公司名称中标明股份有限公司或者股份公司字样
- 住所：主要办事机构所在地
- 公司经营范围：公司可以从事哪些经营活动的界限
- 设立方式：发起设立还是募集设立
- 面额股：在票面上注明金额的股票
- 每股金额：每一股所代表的资本数额，每一股为多少元
- 类别股：在公司的股权设置中，存在两个以上不同种类、不同权利的股份
- 每一类别股的股份数及其权利和义务：在类别股中，相同股份在流通性、价格、权利及义务上有所不同，故需在章程中载明

解读 股份有限公司的章程是记载有关公司组织和行动基本规则的文件，被称为公司的“宪章”，它对公司、股东、董事、监事、高级管理人员都有约束力。

第九十五条　股份有限公司章程的内容（第7~13项）

（七）董事会的组成、职权和议事规则；

（八）公司法定代表人的产生、变更办法；

（九）监事会的组成、职权和议事规则；

（十）公司利润分配办法；

（十一）公司的解散事由与清算办法；

（十二）公司的通知和公告办法；

（十三）股东会认为需要规定的其他事项。

由代表公司执行公司事务的董事或者经理担任

公司对其弥补亏损和提取公积金后所余利润

可以导致公司解散的事件、情况

如邮寄、专程送达、在某份报纸或者杂志上登载，或者在国家企业信用信息公示系统公告

董事会召集、举行会议以及作出决议应当遵守的准则

不列具体法定代表人，仅列明产生、变更办法

监事会召集、举行会议以及作出决议应当遵守的准则

公司在解散后，具体如何进行清算

除上述事项以外，股东会根据公司的具体情况，认为还有需要规定在公司章程中的事项，还可以在公司章程中予以规定

图表

公司章程内容对比

有限责任公司	股份有限公司
公司名称和住所 公司经营范围 公司注册资本 股东的姓名或者名称 股东的出资额、出资方式和出资日期 公司的机构及其产生办法、职权、议事规则 公司法定代表人的产生、变更办法 股东会会议认为需要规定的其他事项	公司名称和住所 公司经营范围 公司设立方式 公司注册资本、已发行的股份数和设立时发行的股份数，面额股的每股金额 发行类别股的，每一类别股的股份数及其权利和义务 发起人的姓名或者名称、认购的股份数、出资方式 董事会的组成、职权和议事规则 公司法定代表人的产生、变更办法 监事会的组成、职权和议事规则 公司利润分配办法 公司的解散事由与清算办法 公司的通知和公告办法 股东会认为需要规定的其他事项

第九十六条　股份有限公司注册资本

沿革 本条第1款为旧法第80条第1款、第2款的合并。旧法区分发起设立（第1款）和募集设立（第2款）的情况，分别规定注册资本为“在公司登记机关登记的全体发起人认购的股本总额”“在公司登记机关登记的实收股本总额”；新法则统一规定注册资本为“已发行股份的股本总额”。本条第2款为旧法第80条第3款，删除了“注册资本实缴”的例外规定。

延伸 国务院《关于印发注册资本登记制度改革方案的通知》

第九十六条 股份有限公司的注册资本为在公司登记机关登记的已发行股份的股本总额。在发起人认购的股份缴足前，不得向他人募集股份。

法律、行政法规以及国务院决定对股份有限公司注册资本最低限额另有规定的，从其规定。

注册资本为公司登记的法定项目

公司发行时登记的股份，并不要求实缴

股本的全部数额

常见于特殊行业等的特殊规定

解读 股份有限公司的注册资本不需要一次性缴足，与旧法区分发起设立、募集设立的规定相比构成重大修改。如果发起人尚未缴足注册资本，就允许其向他人募集股份，一些人就可能利用这一途径进行投机活动，损害其他投资者的利益。为此，本条禁止在发起人将注册资本全部缴纳给公司以前向他人募集股份。《公司法》取消了对于最低注册资本的规定，留待其他法律、行政法规以及国务院决定作出相关规定。

图表

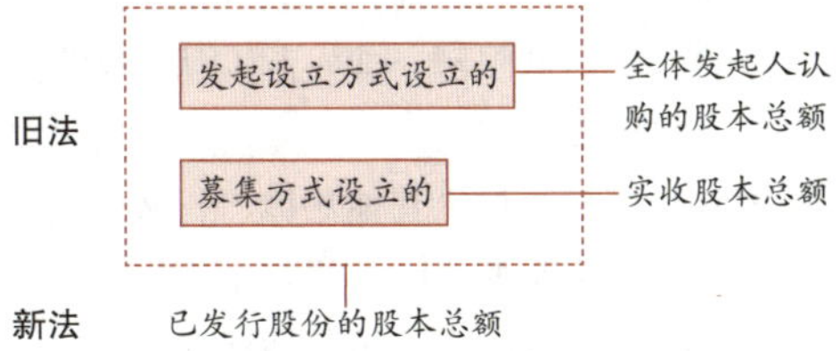

新旧法规定的注册资本

第九十七条　发起人应认购的股份

沿革 本条第1款为旧法83条第1款的部分内容，认足的要求由“其认购的股份”改为“公司设立时应发行的股份”，删除了“书面认足”中的“书面”二字。本条第2款为旧法第84条，对于认购股份总数的基准由旧法的公司股份总数，改为“公司章程规定的公司设立时应发行的”股份总数。

解读 以发起设立方式设立的股份有限公司，全体发起人首先应当认购公司应发行的全部股份。对于每个发起人而言，应按照公司章程规定认购其股份，承诺予以全部购买。以募集设立方式设立的股份有限公司，发起人认购设立公司时应发行股份的一部分，其余股份向特定对象募集，但为了加重发起人的责任，本条规定了发起人认购股份的法定最低限额，即发起人认购的股份不得少于公司章程规定的公司设立时应发行股份总数的35%。但是，如果其他法律、行政法规根据其调整的社会关系的不同，规定了不同于本条规定的最低限额，则应当按照其他法律、行政法规的规定执行。

发起人认购的股份等于公司章程规定的公司设立时应发行的股份

全体发起人

第九十七条 以发起设立方式设立股份有限公司的，发起人应当认足公司章程规定的公司设立时应发行的股份。

以募集设立方式设立股份有限公司的，发起人认购的股份不得少于公司章程规定的公司设立时应发行股份总数的百分之三十五；但是，法律、行政法规另有规定的，从其规定。

全体发起人

图表

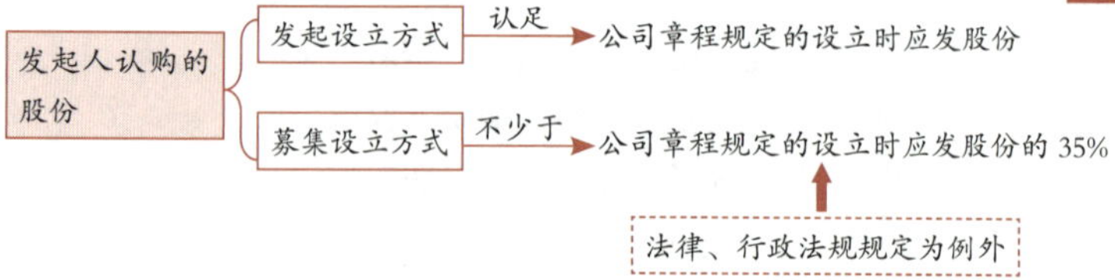

第九十八条　发起人足额出资及出资方式

沿革 本条第1款为旧法第83条第1款的一部分，旧法规定“按照公司章程规定缴纳出资”，新法则规定“在公司成立前按照其认购的股份全额缴纳股款”。本条第2款为旧法第82条的规定，并新增货币出资及非货币出资需要履行的法定程序部分的援引内容。

延伸 《公司法解释三》第6、9、15条

第九十八条　发起人应当**在公司成立前**按照其认购的股份全额缴纳股款。

发起人的出资，适用本法第四十八条、第四十九条第二款关于有限责任公司股东出资的规定。

通常所说的实际缴纳

非货币财产出资的相关内容

货币出资及非货币出资需要履行的法定程序

解读 发起人认足公司章程规定其认购的股份后，对于公司章程规定一次缴纳的，应当立即缴纳出资；对于公司章程规定分期缴纳的，应当根据公司章程规定的期次和数额分期缴纳。发起人可以用货币出资，也可以用实物、知识产权、土地使用权、股权、债权等可以用货币估价并可以依法转让的非货币财产作价出资；但是，法律、行政法规规定不得作为出资的财产除外。对作为出资的非货币财产应当评估作价，核实财产，不得高估或者低估作价。法律、行政法规对评估作价有规定的，从其规定。

图表

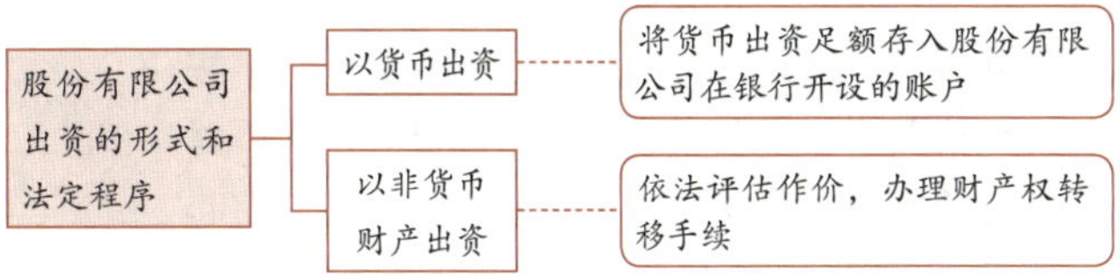

第九十九条　发起人出资不实的法律责任

沿革 本条为旧法第93条，部分措辞调整。

延伸 《公司法解释三》第9、13、15条

货币出资

非货币出资

第九十九条 *发起人不按照其认购的股份缴纳股款，或者作为出资的非货币财产的实际价额显著低于所认购的股份的，其他发起人与该发起人在出资不足的范围内承担连带责任。*

无论发起人对此结果的发生是否有主观过错，均须承担违约责任

解读 发起人应当签订发起人协议，明确各自在公司设立过程中的权利和义务。缴纳出资是发起人的重要义务，发起人在签订发起人协议时应当予以明确，并规定不缴纳出资时应当承担的责任。不按照其认购的股份缴纳股款或者作为出资的非货币财产的实际价额显著低于所认购的股份的，其他发起人与该发起人在出资不足的范围内承担连带责任。

图表

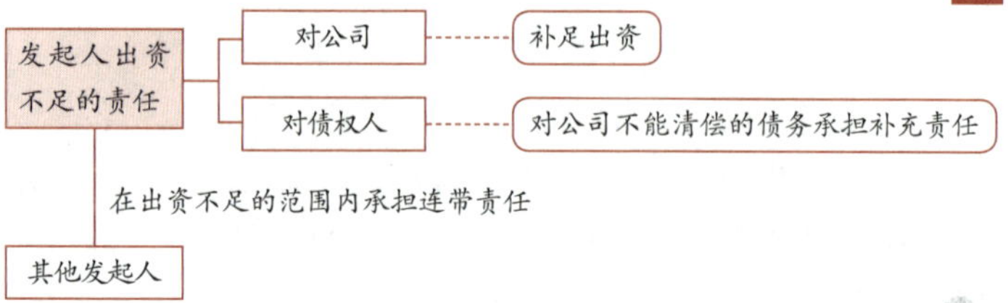

第一百条　向社会公开募集股份的发起人必须公告招股说明书并制作认股书

沿革 本条为旧法第 85 条，部分措辞调整，对“缴纳股款”新增“足额”缴纳的要求。所援引条款较旧法有所变化。

延伸 《公司法》第 154 条

第一百条　发起人向社会公开募集股份，应当公告招股说明书，并制作认股书。认股书应当载明本法第一百五十四条第二款、第三款所列事项，由认股人填写认购的股份数、金额、住所，并签名或者盖章。认股人**应当**按照所认购股份**足额**缴纳股款。

招股说明书：专门表达募集股份的意思并载明有关信息的书面文件

认股书：认股人对依法采取募集设立方式设立的股份有限公司参股的书面认购方式

第一百五十四条第二款、第三款所列事项：（1）发起人认购的股份数；（2）面额股的票面金额和发行价格或者无面额股的发行价格；（3）募集资金的用途；（4）认股人的权利和义务；（5）股份种类及其权利和义务；（6）本次募股的起止日期及逾期未募足时认股人可以撤回所认股份的说明

解读 发起人向社会公开募集股份，必须公告招股说明书，以便使社会公众了解公司的真实情况，保护广大投资者的利益。为了便于社会公众认购所发行的股份，发起人还应当制作认股书。认股书是发起人向社会公众发出的要约，认股人填写认股书是一种承诺的行为。认购人负有按照所认购股数足额缴纳股款的义务，如果认股人未足额缴纳股款，就应当依法承担相应的违约责任。

图表

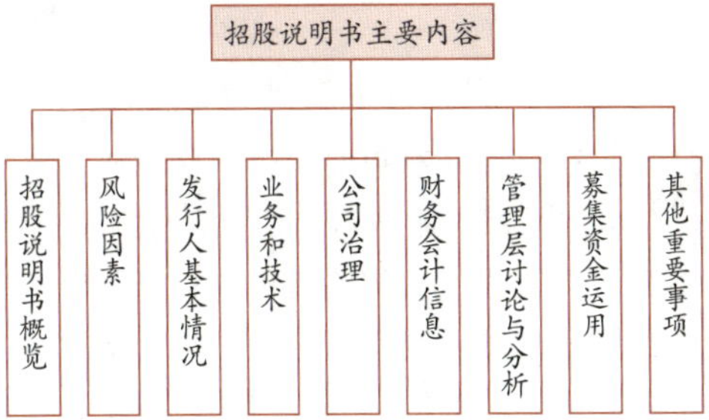

第一百零一条　向社会公开募集股份的股款缴足后应验资

沿革 本条为旧法第 89 条第 1 款的一部分，部分措辞调整。

延伸 《证券法》第 11 条
《市场主体登记管理条例实施细则》第 26 条

第一百零一条 *向社会公开募集股份的股款缴足后，应当经依法设立的验资机构验资并出具证明。*

非货币出资的，须向验资机构提供产权转移手续和相应的出资评价报告书

会计师事务所和审计事务所

包括：名称；类型；发起人、认股人的名称或者姓名，发起人、认股人的出资额和出资方式；发起人认购的股份和该股份占公司股份总数的比例；发起人、认股人实际缴纳出资情况

解读 向社会公开募集股份缴足后，所有的股款都应缴纳到代收股款的银行，还必须经依法设立的验资机构验资并出具验资情况的证明，以保证公司资本的足额、真实、合法，防止虚假出资。

图表

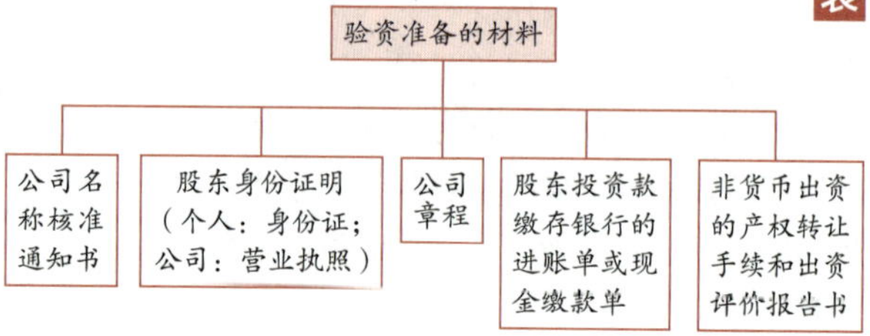

第一百零二条　股东名册置备和记载事项

沿革 本条为旧法第 130 条，旧法为两款，区分“记名股票”和“无记名股票”，对于股东名册和记录事项要求不同，新法不再区分。

延伸 《公司法》第 110、159 条

第一百零二条 股份有限公司应当制作股东名册并置备于公司。股东名册应当记载下列事项：

（一）股东的姓名或者名称及住所；

（二）各股东所认购的股份种类及股份数；

（三）发行纸面形式的股票的，股票的编号；

（四）各股东取得股份的日期。

股东名册：股份有限公司置备的记载股东姓名或者名称以及持股种类和数量等情况的簿册

股东的姓名或者名称：自然人股东记载姓名，非自然人股东记载名称

股份种类：针对发行类别股的情况

纸面形式：股票采用纸面形式或者国务院证券监督管理机构规定的其他形式

解读 股东名册是确认记名股票股东身份的根据，也是记名股票股东向公司主张行使股东权利的依据，还是公司向记名股票股东履行各项义务的依据。

图表

股份有限公司股东名册格式（参考）

序号	股东姓名或名称	证件类型	证件号码	住所	认购股份		出资方式	纸面股票编号	取得股份的日期	备注
					种类	数量				
1										
2										
…										

第一百零三条　成立大会的召开和表决程序

沿革 本条第1款为旧法第89条第1款的部分内容、第90条第1款。本条第2款为新增内容。新法区分募集设立股份有限公司（第1款）和以发起设立方式设立股份有限公司（第2款），对成立大会提出不同要求。主要修改：（1）新增“自公司设立时应发行股份的股款”缴足的要求。（2）股份由旧法的“股份总数”变为“持有表决权”的股份总数。

《公司法》第114条 **延伸**

法定验资机构出具验资证明之日

第一百零三条 募集设立股份有限公司的发起人应当**自公司设立时应发行股份的股款**缴足之日起三十日内召开公司成立大会。发起人应当在成立大会召开十五日前将会议日期通知各认股人或者予以公告。成立大会应当有持有表决权过半数的认股人出席，方可举行。

以发起设立方式设立股份有限公司成立大会的召开和表决程序由公司章程或者发起人协议规定。

按照认股人在认股书中所填写的住所，通知各个认股人

认股人的表决权相加过表决权的半数

股东权利义务、对社会公众利益的影响等与募集设立方式不同，故成立大会的召开和表决程序相对没那么严格，可自治规定

解读 募集设立的股份有限公司，除了发起人之外还有其他认股人，所以成立大会的程序更加严格。发起人在公司设立时应发行股份的股款缴足之日起30日内即应召开公司成立大会。发行人应当履行通知和公告的义务。以发起方式设立的股份有限公司，认股人即发起人，人数相对固定、封闭，所以召开成立大会和表决程序可以由公司章程或者发起人协议约定。

图表

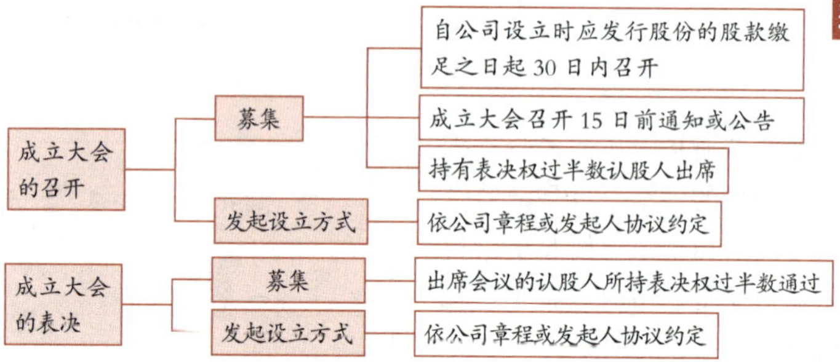

第一百零四条　股份有限公司成立大会职权

沿革　本条为旧法第 90 条第 2、3 款，新法将原第 3 项、第 4 项合并，均仅为措辞调整。

第一百零四条　公司成立大会行使下列职权：

（一）审议发起人关于公司筹办情况的报告；

> 说明发起人筹办公司设立的各项事务是如何进行的

（二）通过公司章程；

> 经成立大会通过的公司章程方为有效

（三）选举董事、监事；

（四）对公司的设立费用进行审核；

> 发起人为了设立公司而支付的、应当由成立后的公司负担的费用

（五）对发起人非货币财产出资的作价进行审核；

> 对作为出资的非货币财产的评估作价

（六）发生不可抗力或者经营条件发生重大变化直接影响公司设立的，可以作出不设立公司的决议。

> 不能预见、不能避免且不能克服的客观情况

成立大会对前款所列事项作出决议，应当经出席会议的认股人所持表决权过半数通过。

> 以出席会议的认股人为基数，而非所有认股人

延伸　《公司法》第 59、103、112 条

解读　成立大会是股份有限公司设立过程中的决议机关，对于本条第 1 款所列公司成立前发起人的相关工作进行审核、确认，体现所有认股人的共同意志。出席会议的认股人，按照其所持表决权而非股份数量对法定事项进行表决。凡成立大会上表决的事项，必须经出席会议的认股人所持表决权的过半数通过，方具有法律约束力。

图表

- 成立大会
  - 成立大会决议内容
    - 审议发起人关于公司筹办情况的报告
    - 通过公司章程
    - 选举董事、监事
    - 对公司的设立费用进行审核
    - 对发起人非货币财产出资的作价进行审核
    - 发生不可抗力或者经营条件发生重大变化直接影响公司设立的，可以作出不设立公司的决议
  - 成立大会决议程序
    - 持有表决权过半数认股人出席
    - 出席认股人所持表决权过半数通过

第一百零五条　股份到期未缴足或者未召开成立大会时如何办理

沿革 本条第1款为旧法第89条第2款，就未募足的限定，旧法为“发行的股份超过招股说明书规定的截止期限”，新法限定为“公司设立时应发行的股份”。第2款为旧法第91条，仅措辞调整。

延伸
《公司法》第103条
《公司法解释三》第6条

应发行股份的股款缴足是召开公司成立大会的前提，未募足则不能召开成立大会

违反《公司法》第103条

按照银行同期存款利率计算利息＝认股人所缴股款×时间×利率

第一百零五条 公司设立时应发行的股份未募足，或者发行股份的股款缴足后，发起人在三十日内未召开成立大会的，认股人可以按照所缴股款并加算银行同期存款利息，要求发起人返还。

发起人、认股人缴纳股款或者交付非货币财产出资后，除未按期募足股份、发起人未按期召开成立大会或者成立大会决议不设立公司的情形外，不得抽回其股本。

解读 公司设立时应发行的股份未募足，或者发行股份的股款缴足后发起人在30日内未召开成立大会的，该股份有限公司尚不能成立，认股人出资的目标无法实现，有权要求发起人返还其股款及利息。未按期募足股份、发起人未按期召开成立大会或者成立大会决议不设立公司的，认股人的出资目标落空，可以要求返还出资。除此之外，发起人、认股人缴纳股款或者交付非货币财产在出资后不能抽回其资本，否则将导致公司不能成立。

图表

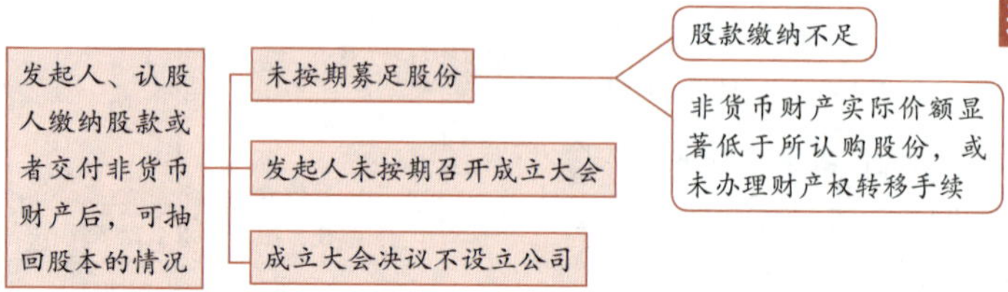

第一百零六条　股份有限公司申请设立登记

沿革 本条为旧法第 92 条第 1 款，主要变化：（1）旧法为董事会申请登记，新法为“董事会应当授权代表”申请登记。（2）旧法罗列了 7 项报送文件，新法删除。

延伸 《市场主体登记管理条例》第 21 条
《市场主体登记管理条例实施细则》第 6、25~30 条

申请设立登记的权利归属于董事会，董事会授权代表办理

第一百零六条　董事会应当授权代表，于公司成立大会结束后三十日内向公司登记机关申请设立登记。

设立公司，应当依法向公司登记机关申请设立登记

图表

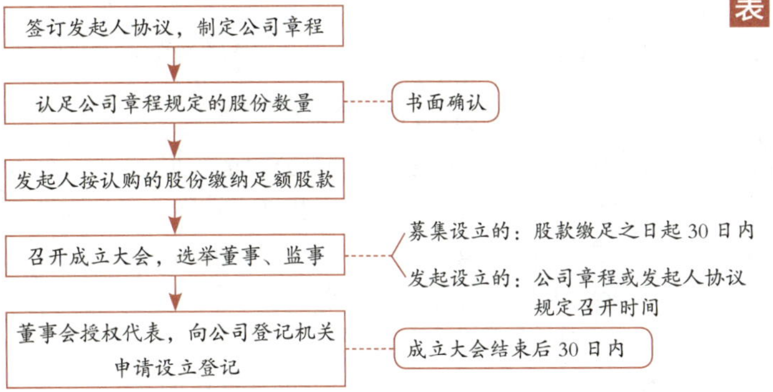

股份有限公司申请设立登记的流程

解读 董事会是公司的业务执行机关，董事会有权向公司登记机关申请设立登记，以使公司最终成立。董事会于公司成立大会结束后 30 日内向公司登记机关申请设立登记，申请设立公司，应当提交设立登记申请书、公司章程等文件，提交的相关材料应当真实、合法和有效。

第一百零七条　股东出资不符合公司章程的规定和抽逃出资时的责任

沿革 本条所援引第 49 条第 3 款、第 50 条内容为在旧法第 28 条基础上扩充，第 51 条、第 57 条第 2 款为新增内容，第 57 条第 1 款为旧法第 35 条。

延伸 《公司法》第 44、49、53 条
《公司法解释三》第 7~20 条

图表

第一百零七条　本法**第四十四条**、第四十九条第三款、第五十一条、**第五十二条**、第五十三条的规定，适用于股份有限公司。

- 第四十四条：股东为设立公司从事民事活动的责任归属
- 第四十九条第三款：股东未按期足额缴纳出资给公司造成损失的，应当承担赔偿责任
- 第五十一条：有限责任公司成立后，董事会应当对股东的出资情况进行核查，发现股东未按期足额缴纳公司章程规定的出资的，应当由公司向该股东发出书面催缴书，催缴出资。未及时履行前款规定的义务，给公司造成损失的，负有责任的董事应当承担赔偿责任
- 第五十二条：催缴出资的宽限期及其法律效果
- 第五十三条：公司成立后，股东不得抽逃出资。违反前款规定的，股东应当返还抽逃的出资；给公司造成损失的，负有责任的董事、监事、高级管理人员应当与该股东承担连带赔偿责任

解读 股东出资不符合公司章程的规定：（1）股东本人承担的责任：①补足差额。②给公司造成损失的，承担赔偿责任。（2）其他股东承担连带责任。（3）董事会承担核查、催缴责任。未履行该义务的，负有责任的董事承担赔偿责任。股东抽逃出资的：（1）股东本人承担的责任：①返还抽逃的出资。②给公司造成损失的，承担赔偿责任。（2）负有责任的董事、监事、高级管理人员，承担连带赔偿责任。

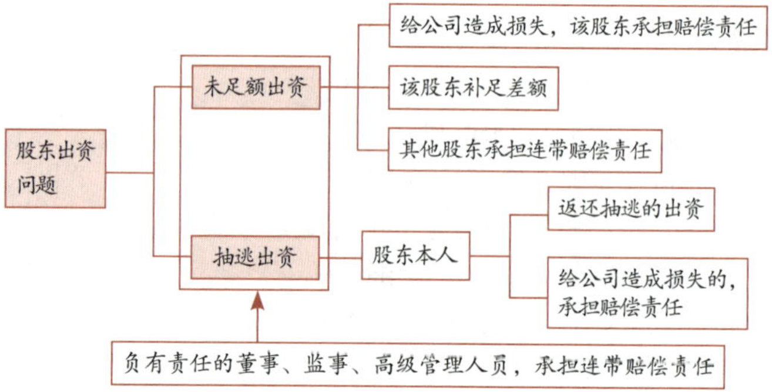

第一百零八条　有限责任公司变更为股份有限公司时的有关问题

沿革 本条为旧法第 95 条，仅措辞有调整。

延伸 《公司法》第 12 条

第一百零八条　有限责任公司变更为股份有限公司时，折合的实收股本总额不得高于公司净资产额。有限责任公司变更为股份有限公司，为增加注册资本公开发行股份时，应当依法办理。

- 公司净资产额：其资产总额减去其负债的部分
- 增加注册资本：公司融资
- 依法：主要是《公司法》《证券法》

图表

有限公司变更为股份有限公司相关事项：

- 向国务院证券监督管理机构报送募股申请及有关文件
- 公告招股说明书并制作认股书
- 签订承销协议
- 同银行签订代收股款的协议
- 发行股份的股款缴足后，必须经依法设立的验资机构验资并出具证明
- 将股份发行情况报国务院证券监督管理机构备案

解读 有限责任公司变更为股份有限公司以后，其资产就成为股份有限公司的资产，其资产在计入股份有限公司实际收到的股本总额时，应当是有限责任公司的净资产额，以反映公司财产的真实状况。

第一百零九条　股份有限公司有关文件的置备

沿革 本条为旧法第 96 条，部分措辞调整。

延伸 《公司法》第 5、102、119、124、132、208 条

第一百零九条 股份有限公司应当将公司章程、股东名册、股东会会议记录、董事会会议记录、监事会会议记录、财务会计报告、债券持有人名册置备于本公司。

- 公司章程：公司章程是公司的行为准则
- 股东名册：股东名册应当记载：股东的姓名或者名称及住所；各股东所认购的股份种类及股份数；发行纸面形式的股票的，股票的编号；各股东取得股份的日期
- 股东会会议记录：股东会对所议事项及结果所作成的并由主持人和出席会议的董事签名的会议记录
- 董事会会议记录：董事会对所议事项及结果作成的并由出席会议的董事和记录员签名的会议记录
- 监事会会议记录：监事会对所议事项及结果作成的并由出席会议的监事签名的会议记录
- 财务会计报告：公司每一年度终了时制作的包括资产负债表、损益表、财务状况变动表、财务情况说明书、利润分配表及附属明细表在内的报告

解读 将必要的文件置备于公司，一方面是为了保障股东的查阅、复制权，另一方面也是公司管理的需要。本法对需要置备的七类文件做了规定，并没有用“等”的表述。

图表

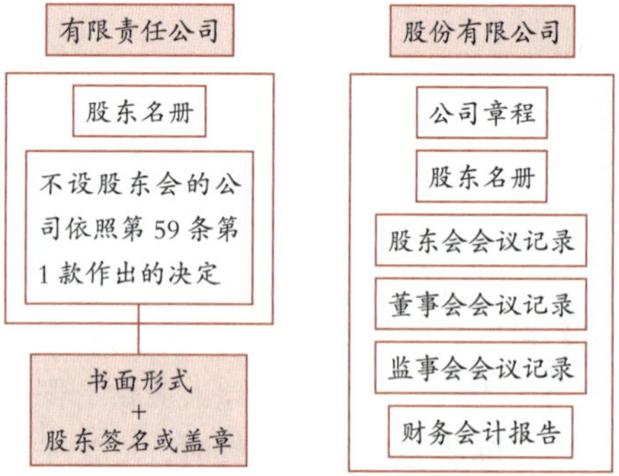

有限责任公司与股份有限公司
应当置备文件对比

第一百一十条　股份有限公司股东知情权

沿革 本条第1款为旧法第97条，除措辞调整外，新增“复制”权，删除“公司债券存根”。第2~4款为新增。

延伸 《民法典》第125条
《公司法解释四》第7~12条

第一百一十条 股东有权查阅、**复制**公司章程、股东名册、股东会会议记录、董事会会议决议、监事会会议决议、财务会计报告，对公司的经营提出建议或者质询。

连续一百八十日以上单独或者合计持有公司百分之三以上股份的股东要求查阅公司的会计账簿、会计凭证的，适用本法第五十七条第二款、第三款、第四款的规定。公司章程对持股比例有较低规定的，从其规定。

股东要求查阅、复制公司全资子公司相关材料的，适用前两款的规定。

上市公司股东查阅、复制相关材料的，应当遵守《中华人民共和国证券法》等法律、行政法规的规定。

> 股东会对所议事项及结果所作成的并由主持人和出席会议的董事签名的会议记录

> 董事会对所议事项及结果作成的并由出席会议的董事和记录员签名的会议记录

> 监事会对所议事项及结果作成的并由出席会议的监事签名的会议记录

> 公司每一年度终了时制作的包括资产负债表、损益表、财务状况变动表、财务情况说明书、利润分配表及附属明细表在内的报告

> 股东及其委托的会计师事务所、律师事务所等中介机构查阅、复制有关材料，应当遵守有关保护国家秘密、商业秘密、个人隐私、个人信息等法律、行政法规的规定

> 股东查阅前款规定的材料，可以委托会计师事务所、律师事务所等中介机构进行

> 股东可以要求查阅公司会计账簿、会计凭证。股东要求查阅公司会计账簿、会计凭证的，应当向公司提出书面请求，说明目的。公司有合理根据认为股东查阅会计账簿、会计凭证有不正当目的，可能损害公司合法利益的，可以拒绝提供查阅，并应当自股东提出书面请求之日起15日内书面答复股东并说明理由。公司拒绝提供查阅的，股东可以向人民法院提起诉讼

解读 所有股东都可以查阅并复制的文件，一般为可以公开置备于公司的文件，股东有权查阅相关文件，了解公司经营状况，从而对公司的经营提出建议或者质询。因为会计账簿、会计凭证是企业经营的重要信息，涉及商业秘密，所以股东对其行使知情权需满足以下条件：（1）连续180日以上单独或者合计持有公司3%以上股份（或者公司章程规定的更低的持股比例）的股东；（2）只能查阅，不能复制；（3）要遵循法定的程序。股东上述权利及于公司全资子公司。上市公司股东行使上述权利还应遵守《证券法》等的规定。

第二节　股东会

第一百一十一条　股份有限公司股东会组成、地位以及职权行使

沿革 本条为旧法第 98 条，部分措辞调整。

延伸 《民法典》第 80 条
《公司法》第 112 条

每一个持有公司股份的人，无论其所持有的股份多少，都是股东会成员

第一百一十一条 股份有限公司股东会由全体股东组成。股东会是公司的权力机构，依照本法行使职权。

宏观的决策权、监督权

法律和公司章程规定的职权

解读 股东出资后，并不一定实际从事公司的经营管理，股东行使股东权利最重要的方式就是召开股东会。股东会是股份有限公司形成公司团体意志的重要机构。股东会是公司的权力机构，体现在：（1）有权决定公司的重大事项。（2）股东会选举产生公司其他机构，其他机构对它负责。（3）股东会作出的决议，其他机构必须执行。（4）其他机构的决定不能与股东会决议抵触。股东会应当按照法律和公司章程规定的内容和程序行使职权。

图表

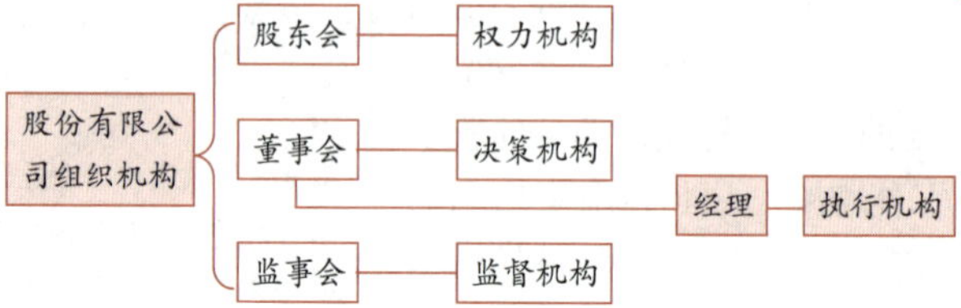

第一百一十二条　股东会的职权

沿革 本条第 1 款为旧法第 99 条。
本条第 2 款为新增内容。

延伸 《民法典》第 80 条
《公司法》第 59、60 条

第一百一十二条 本法第五十九条第一款、第二款关于有限责任公司股东会职权的规定，适用于股份有限公司股东会。

本法第六十条关于只有一个股东的有限责任公司不设股东会的规定，适用于只有一个股东的股份有限公司。

> 股东会行使下列职权：
> 选举和更换董事、监事，决定有关董事、监事的报酬事项；
> 审议批准董事会的报告；
> 审议批准监事会的报告；
> 审议批准公司的利润分配方案和弥补亏损方案；
> 对公司增加或者减少注册资本作出决议；
> 对发行公司债券作出决议；
> 对公司合并、分立、解散、清算或者变更公司形式作出决议；
> 修改公司章程；
> 公司章程规定的其他职权

> 股东会可以授权董事会对发行公司债券作出决议

> 只有一个股东的有限责任公司不设股东会。股东作出前条第一款所列事项的决定时，应当采用书面形式，并由股东签名或者盖章后置备于公司

解读 股东会职权具体包括：（1）选举和更换董事、监事，决定有关董事、监事的报酬事项；（2）审议批准董事会、监事会的报告，公司的利润分配方案和弥补亏损方案；（3）对重大事项进行决策：对公司增加或者减少注册资本，发行公司债券，公司合并、分立、解散、清算或者变更公司形式作出决议；（4）修改公司章程；（5）公司章程规定的其他职权；（6）授权董事会对发行公司债券作出决议。只有一个股东的股份有限公司，不设立股东会，对上述事项由股东一个人作出决议即可，但需要履行法定的程序：（1）应当采用书面形式；（2）由股东签名或者盖章；（3）置备于公司。

图表

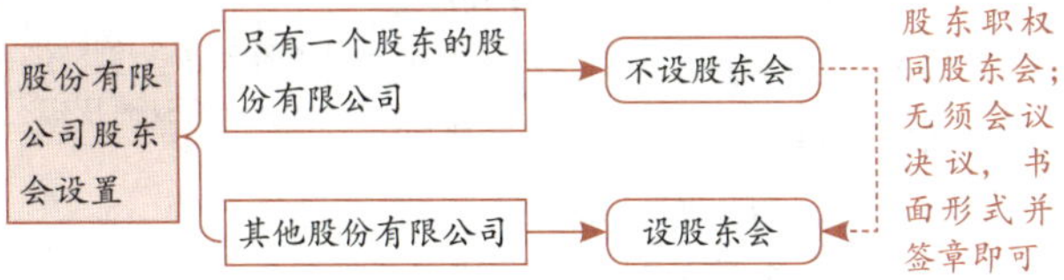

第一百一十三条　股东会年会以及临时股东会会议

沿革 本条为旧法第100条，部分措辞调整，第2项将旧法的“实收股本总额”改为“股本总额”。

延伸 《公司法》第115、135、151、161条

第一百一十三条 股东会应当每年召开一次年会。有下列情形之一的，应当在两个月内召开临时股东会会议：

（一）董事人数不足本法规定人数或者公司章程所定人数的三分之二时；

（二）公司未弥补的亏损达股本总额三分之一时；

（三）单独或者合计持有公司百分之十以上股份的股东请求时；

（四）董事会认为必要时；

（五）监事会提议召开时；

（六）公司章程规定的其他情形。

年会：依照法律和公司章程的规定每年按时召开的股东会

临时股东会会议：根据法定的事由在两次股东年会之间临时召集的不定期的股东大会

人数的三分之二时：部分公司经营事项要求经全体董事的2/3以上通过，若人数不足2/3，则无法决议

未弥补的亏损达股本总额三分之一时：可能导致公司难以继续经营，影响股东和债权人的利益

单独或者合计持有公司百分之十以上股份的股东请求时：保证股东权利的需要

董事会认为必要时：公司遇到重大经营决策需要

监事会提议召开时：监事在行使监督权过程中认为必要

解读 股份有限公司的股东会分为股东年会和临时股东会会议两种。由于预算、决算、利润分配、亏损弥补等一年进行一次，股东年会应当每年召开一次。但是，遇到法定情形时，可以召开临时股东会会议，对重要事项及时作出决议。

图表

其他可以召开临时股东会会议的情形：

- 公司为股东或实际控制人提供担保（本法第15条）
- 上市公司1年内购买、出售重大资产或担保金额超过公司资产总额30%（本法第135条）
- 公司发行新股的相关事项（本法第151条）
- 需收购公司股份（本法第162条）
  - 因公司减少注册资本的
  - 与持有本公司股份的其他公司合并的
- 改变招股说明书中资金用途（《证券法》第14条）

第一百一十四条　股东会会议的召集和主持

沿革 本条第1、2款为旧法第101条，部分措辞调整。新增第3款股东请求召开临时股东会会议的处理。

负责掌握和处理会议的有关事项

全体董事人数过半数

第一百一十四条 *股东会会议由董事会召集，董事长主持；董事长不能履行职务或者不履行职务的，由副董事长主持；副董事长不能履行职务或者不履行职务的，由过半数的董事共同推举一名董事主持。*

董事会不能履行或者不履行召集股东会会议职责的，监事会应当及时召集和主持；监事会不召集和主持的，连续九十日以上单独或者合计持有公司百分之十以上股份的股东可以自行召集和主持。

单独或者合计持有公司百分之十以上股份的股东请求召开临时股东会会议的，董事会、监事会应当在收到请求之日起十日内作出是否召开临时股东会会议的决定，并书面答复股东。

由董事会依法决定股东会的举行及有关会议召开的各具体事项，如决定召开的时间、地点，将要作出决议的事项等，并依法通知各股东

自行召集须同时具备三个条件：（1）单独或者合计持有公司10%的股份；（2）连续90日以上；（3）出现应当召开股东会的情形，而董事会、监事会均不履行其召集股东会会议的义务

解读 股东会会议的召集和主持：（1）正常情况下：董事会是公司的经营决策和业务执行机构，所以，股东会会议应当由董事会召集。由于股东会会议由董事会召集，故应由董事长主持。（2）董事长不能履行职务或者不履行职务的情况下：由副董事长主持。（3）副董事长不能履行职务或者不履行职务的情况下：过半数的董事共同推举一名董事主持。（4）董事会不能履行或者不履行召集股东会会议职责的情况下：监事会应当及时召集和主持。（5）监事会不召集和主持的情况下：连续90日以上单独或者合计持有公司10%以上股份的股东可以自行召集和主持。对此，董事会、监事会应在10日内书面答复股东。

图表

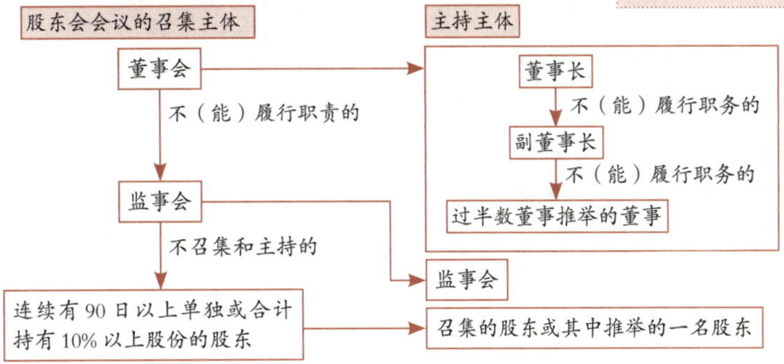

第一百一十五条　召开股东会会议的通知、公告以及临时提案

沿革 本条第1款为旧法第102条第1款的部分内容，删除无记名股的情况。第2款为旧法第102条第2款，修改如下：（1）此处临时提案的股东的百分比由旧法的3%降低到1%。（2）临时提案应当排除的条件增加“违反法律、行政法规或者公司章程的规定”。（3）新增“公司不得提高提出临时提案股东的持股比例”。第3款为新增。第4款为旧法第102条第3款。

第一百一十五条　召开股东会会议，应当将会议召开的时间、地点和审议的事项于会议召开二十日前通知各股东；临时股东会会议应当于会议召开十五日前通知各股东。

单独或者合计持有公司百分之一以上股份的股东，可以在股东会会议召开十日前提出临时提案并书面提交董事会。临时提案应当有明确议题和具体决议事项。董事会应当在收到提案后二日内通知其他股东，并将该临时提案提交股东会审议；但临时提案**违反法律、行政法规或者公司章程的规定，或者**不属于股东会职权范围的除外。**公司不得提高提出临时提案股东的持股比例。**

公开发行股份的公司，应当以公告方式作出前两款规定的通知。

股东会不得对通知中未列明的事项作出决议。

延伸 《上市公司股东大会规则》第14条

股东会年会

有下列情形之一的，在两个月内召开临时股东会会议：（1）董事人数不足本法规定人数或者公司章程所定人数的2/3时；（2）公司未弥补的亏损达股本总额1/3时；（3）单独或者合计持有公司10%以上股份的股东请求时；（4）董事会认为必要时；（5）监事会提议召开时；（6）公司章程规定的其他情形

与《上市公司股东大会规则》第14条相比，由3%降低到1%

解读 股东会会议的通知和公告必须符合法定要求。通知的事项包括会议召开的时间、地点和审议的事项。通知的时间为：（1）股东会会议，会议召开20日前；（2）临时股东会会议，会议召开15日前。对未在通知中列明的事项，不得作出决议。

图表

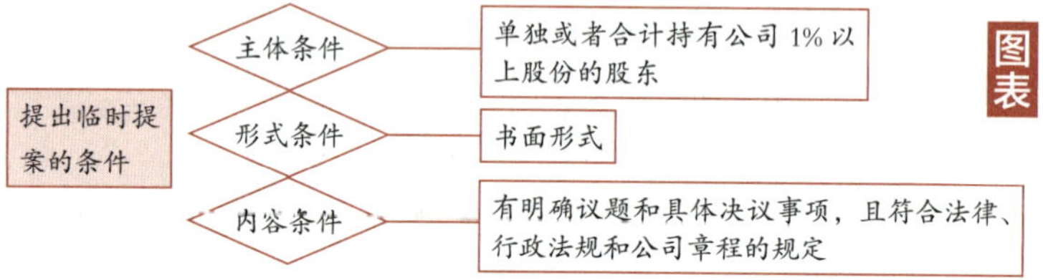

第一百一十六条　股份有限公司股东表决权的计算方法以及股东会决议的通过

沿革　本条为旧法第 103 条，部分措辞调整，旧法 2 款拆分为 3 款，新增“类别股股东除外”的规定。

> 股东对于股东会决议事项表达赞成或否决的意思表示而参与决议的权利

延伸　《公司法》第 59、112、144 条

第一百一十六条　股东出席股东会会议，所持每一股份有一表决权，**类别股股东除外**。公司持有的本公司股份没有表决权。

股东会作出决议，应当经出席会议的股东所持表决权过半数通过。

股东会作出修改公司章程、增加或者减少注册资本的决议，以及公司合并、分立、解散或者变更公司形式的决议，应当经出席会议的股东所持表决权的三分之二以上通过。

> 公司可以按照公司章程的规定发行下列与普通股权利不同的类别股：（1）优先或者劣后分配利润或者剩余财产的股份；（2）每一股的表决权数多于或者少于普通股的股份；（3）转让须经公司同意等转让受限的股份；（4）国务院规定的其他类别股

> 自然人股东的股权可以自己行使，也可以委托其他人行使

解读　股份有限公司为资合公司，股东会的表决权不是按参加会议的股东人数来计算，而是以股东所持股份数来计算。每一股份的表决权不同：普通股同股同权，类别股按照公司章程的规定享有表决权。公司为独立法人，其股东应为公司以外的第三人，否则会导致公司与其股东之间人格难以区分。因此，公司不能依其所持股份享有表决权。不同的决议事项有不同的程序要求。

图表

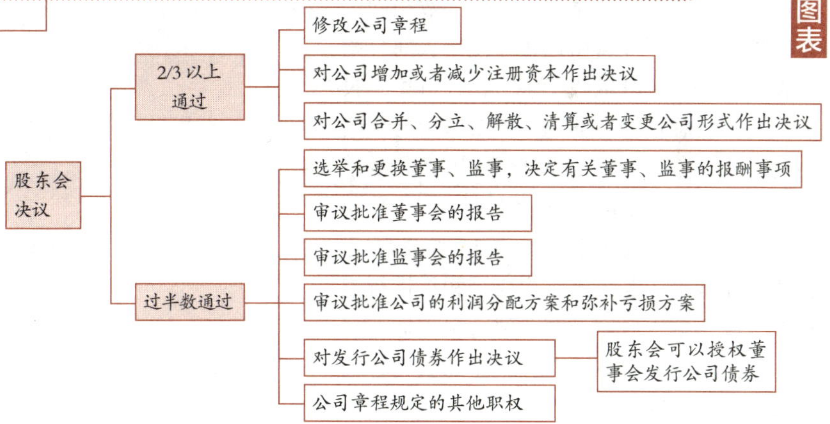

第一百一十七条　股份有限公司累积投票制

沿革 本条为旧法第 105 条，部分措辞调整。

延伸 《上市公司治理准则》第 17 条

非强制主义

第一百一十七条 *股东会*选举董事、监事，可以按照公司章程的规定或者*股东会*的决议，实行累积投票制。

本法所称累积投票制，是指*股东会*选举董事或者监事时，每一股份拥有与应选董事或者监事人数相同的表决权，股东拥有的表决权可以集中使用。

可以集中投给一个候选人

解读 在累积投票制下，每一有表决权的股份享有与拟选出的董事、监事人数相同的表决权，股东可以自由地在各候选人间分配其表决权，既可分散投于多人，也可集中投于一人，然后根据各候选人得票多少的顺序决定董事、监事人选。累积投票制所适用的事项是选举董事、监事，适用条件是：（1）公司章程规定；（2）股东会决议；（3）特殊规定：股东会在董事、监事选举中应当积极推行累积投票制。单一股东及其一致行动人拥有权益的股份比例在 30% 及以上的上市公司，应当采用累积投票制。

图表

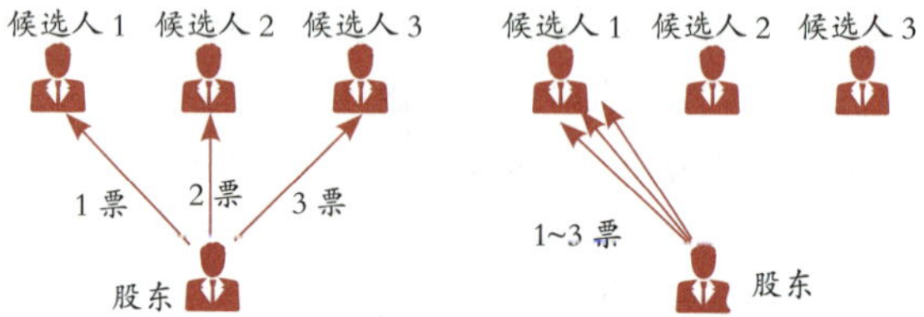

第一百一十八条　股东委托代理人出席股东会会议行使表决权

沿革 本条为旧法第106条，新增“应当明确代理人代理的事项、权限和期限”的规定。

延伸 《民法典》第919~936条

须符合《民法典》等相关规定

第一百一十八条　股东委托代理人出席股东会会议的，**应当明确代理人代理的事项、权限和期限**；代理人应当向公司提交股东授权委托书，并在授权范围内行使表决权。

不得超出授权的事项、权限和期限，否则表决内容无效

仅仅是表决权，不包括质询等权利

书面形式。其他委托方式（如口头委托、电话委托）均无效

解读 出席股东会会议并行使表决权是股东的权利，股东无法出席股东会会议时，可以委托代理人出席股东会会议，并在授权范围内行使表决权。需提交股东授权委托书：（1）提交的对象是公司。（2）提交人是代理人而非委托人。（3）新《公司法》规定，委托书应当明确代理的事项、权限和期限。

图表

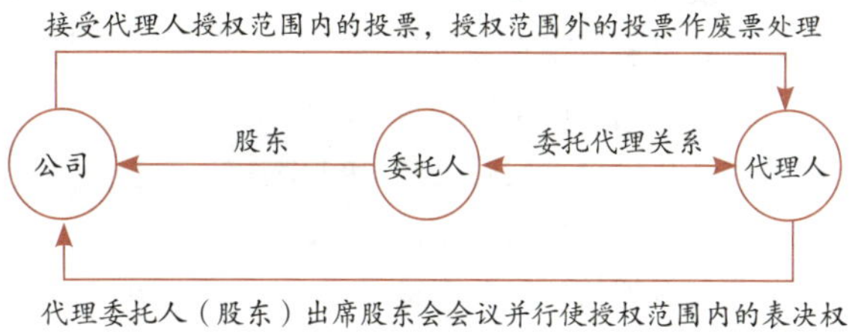

第一百一十九条　股东会会议记录的要求

沿革　本条为旧法第107条，部分措辞调整。

延伸　《公司法》第109、118条
《上市公司股东大会规则》第41条

第一百一十九条　*股东会应当对所议事项的决定作成会议记录，主持人、出席会议的董事应当在会议记录上签名。会议记录应当与出席股东的签名册及代理出席的委托书一并保存。*

- 会议记录：载明股东会对所议事项作出的决定的书面文件
- 签名：表示签名人保证会议记录内容真实、准确和完整
- 委托书：委托书应当明确代理人代理的事项、权限和期限
- 保存：保存期限不少于10年

解读　股东会在举行会议时，负责召集会议的董事会以及主持会议的董事长应当安排人员如董事会秘书，详细记录会议的情况。主持人、出席会议的董事应当在会议记录上签名，表示他们出席了股东会会议，并对自己在会议上的行为负责。形成的会议记录、出席股东的签名册（代理人参加的，提交委托书）一起置备于公司保存。

图表

股东会会议记录内容要求：
- 会议时间、地点、议程和召集人姓名或名称
- 会议主持人以及出席或列席会议的董事、监事、董事会秘书、经理和其他高级管理人员姓名
- 出席会议的股东和代理人人数、所持有表决权的股份总数及占公司股份总数的比例
- 对每一提案的审议经过、发言要点和表决结果
- 股东的质询意见或建议以及相应的答复或说明
- 律师及计票人、监票人姓名
- 公司章程规定应当载入会议记录的其他内容
- 程序要求

第三节 董事会、经理

第一百二十条 股份有限公司董事会组成、职权以及董事任职

沿革 本条为旧法第108条，本条所援引条款对应如下：新法第128条→新增；新法第67条→旧法第108条第4款；新法第68条第2款→旧法第108条第2款；新法第70条→旧法第108条第3款；新法第71条→新增。重大变化如下：(1)旧法"五人至十九人"改为"三人以上"。(2)股份有限公司可以不设董事会。(3)新增"公司章程对董事会权力的限制不得对抗善意相对人"。(4)细化了职工代表的规定。(5)新增董事辞任和解任的规定。

延伸 《公司法》第67、68、70、71、128条

规模较小或者股东人数较少的股份有限公司，可以不设董事会，设一名董事，行使本法规定的董事会的职权

第一百二十条 股份有限公司设董事会，本法第一百二十八条另有规定的除外。

本法第六十七条、第六十八条第一款、第七十条、第七十一条的规定，适用于股份有限公司。

有限责任公司设董事会以及董事会的职权

董事的任期、改选及辞任

董事的解任

有限责任公司董事会成员为3人以上，其成员中可以有公司职工代表。职工人数300人以上的有限责任公司，除依法设监事会并有公司职工代表的外，其董事会成员中应当有公司职工代表。董事会中的职工代表由公司职工通过职工代表大会、职工大会或者其他形式民主选举产生

解读 董事会是公司的执行机构，一般情况下股份有限公司设董事会，成员为3人以上。规模较小或者股东人数较少的股份有限公司，可以不设董事会，设1名董事，行使本法规定的董事会的职权。在董事的职权、成员、职工代表、任期、改任、辞任、解任等方面参照适用《公司法》关于有限责任公司的相关规定。

第一百二十一条　审计委员会的设置、职权、成员，其他委员会

沿革 本条是新法新增内容。

延伸 《公司法》第78条
《上市公司治理准则》第38~43条

第一百二十一条　股份有限公司可以按照公司章程的规定在董事会中设置由董事组成的审计委员会，行使本法规定的监事会的职权，不设监事会或者监事。

审计委员会成员为三名以上，过半数成员不得在公司担任除董事以外的其他职务，且不得与公司存在任何可能影响其独立客观判断的关系。公司董事会成员中的职工代表可以成为审计委员会成员。

审计委员会作出决议，应当经审计委员会成员的过半数通过。

审计委员会决议的表决，应当一人一票。

审计委员会的议事方式和表决程序，除本法有规定的外，由公司章程规定。

公司可以按照公司章程的规定在董事会中设置其他委员会。

隶属于董事会

如根据需要设立战略、提名、薪酬与考核等相关专门委员会

仅担任审计委员会成员、董事

解读 《公司法》修订新增审计委员会制度。股份有限公司按照公司章程的规定设置审计委员会的，可以不设监事会或者监事，由审计委员会行使监事会的职权。审计委员会隶属于董事会，其成员为3名以上。为了保证审计委员会独立行使监督权，法律要求过半数成员不得在公司担任除董事以外的其他职务，且不得与公司存在任何可能影响其独立客观判断的关系。除审计委员会外，董事会中还可以设置其他委员会。审计委员会的表决一人一票，半数通过即为通过。

图表

监事会职权
- 检查公司财务
- 对董事、高级管理人员执行职务的行为进行监督，对违反法律、行政法规、公司章程或者股东会决议的董事、高级管理人员提出解任的建议
- 当董事、高级管理人员的行为损害公司的利益时，要求董事、高级管理人员予以纠正
- 提议召开临时股东会会议，在董事会不履行本法规定的召集和主持股东会会议职责时召集和主持股东会会议
- 向股东会会议提出提案
- 依照《公司法》第189条的规定，对董事、高级管理人员提起诉讼
- 公司章程规定的其他职权

第一百二十二条　董事长、副董事长的产生及其职权

沿革 本条为旧法第 109 条，仅部分措辞调整。

延伸 《公司法》第 63、123、173 条

第一百二十二条　董事会设董事长一人，可以设副董事长。董事长和副董事长由董事会以全体董事的过半数选举产生。

董事长召集和主持董事会会议，检查董事会决议的实施情况。副董事长协助董事长工作，董事长不能履行职务或者不履行职务的，由副董事长履行职务；副董事长不能履行职务或者不履行职务的，由过半数的董事共同推举一名董事履行职务。

应当设置

可以设置

与出席董事会人数无关

由全体董事选举，而非股东会等指定

解读 董事会是股份有限公司常设的集体行使公司经营决策权的机构，采取会议体制，为了保证其有效运行，《公司法》规定了相应设置：（1）设置董事长，召集和主持董事会会议，检查董事会决议的实施情况。（2）可设副董事长，协助董事长工作；在董事长不能履行职务或者不履行职务时履行董事长职务。（3）由过半数的董事共同推举一名董事，在副董事长不能履行职务或者不履行职务时履行职务。

图表

董事长的职责

- 主持股东会
- 召集、主持董事会会议
- 检查董事会决议的实施情况，并向董事会提出报告
- 召集和主持公司管理委员会议，组织讨论和决定公司的发展规划、经营方针、年度计划以及日常经营工作中的重大事项
- 提名公司总经理和其他高层管理人员的聘用、决定报酬、待遇以及解聘，并报董事会批准和备案
- 定期审阅公司的财务报表和其他重要报表，对企业的重大财务活动进行监督
- 处理企业的重大对外关系，参加重大公关活动
- 签署公司股票、公司债券
- 由董事会授权董事长在董事会闭幕期间行使董事会的部分职权
- 提议召开临时董事会
- 除章程规定须由股东会和董事会决定的事项外，董事长对公司重大业务和行政事项有权作出决定

第一百二十三条　董事会会议的类型、通知、召集和主持

沿革 本条为旧法第 110 条，仅部分措辞调整。

延伸 《公司法》第 73 条

公司章程规定的董事会的定期会议，不包括临时会议

人数标准

股份有限公司章程应当载明公司的通知和公告办法

没有持股连续时间的规定，没有人数要求

监事会整体，而非监事个人

第一百二十三条　董事会每年度至少召开两次会议，每次会议应当于会议召开十日前通知全体董事和监事。

代表十分之一以上表决权的股东、三分之一以上董事或者监事会，可以提议召开临时董事会会议。董事长应当自接到提议后十日内，召集和主持董事会会议。

董事会召开临时会议，可以另定召集董事会的通知方式和通知时限。

解读 董事会行使其职权的方式之一就是举行董事会会议并作出决议。《公司法》规定董事会会议可以分为例行董事会会议和临时董事会会议。董事会每年度至少召开两次例行会议，例行董事会之间，公司的经营活动可能发生重大变化，特定主体可以提议召开临时董事会会议。例行董事会会议和临时董事会会议都由董事长召集和主持。

图表

董事会会议通过对比

会议类型	通知对象	通知方式	通知时间
定期会议	全体董事和监事	公司章程规定的方式	会议召开 10 日以前
临时会议	全体董事和监事	公司章程规定的方式或董事会确定的方式	公司章程规定的或董事会确定的时间

第一百二十四条　董事会会议的表决和会议记录

沿革　本条第 1、2 款为旧法第 111 条，本条第 3 款为旧法第 112 条第 2 款，仅措辞调整。

延伸　《公司法》第 73 条

第一百二十四条　董事会会议应当有过半数的董事出席方可举行。董事会作出决议，应当经全体董事的过半数通过。

董事会决议的表决，应当一人一票。

董事会应当对所议事项的决定作成会议记录，出席会议的董事应当在会议记录上签名。

- 全体董事：而非出席董事
- 一人一票：全体成员在董事会会议上的地位是平等的，享有相同的权利
- 会议记录：所决议的事项、出席会议董事及表决情况、决议结果
- 签名：既是权利也是义务，董事要对签名的事项承担责任

解读　董事会是以会议的方式行使职权的。《公司法》对于董事会的议事方式的规定主要有：（1）举行董事会的条件：有过半数的董事出席。（2）董事会作出决议：经全体董事的过半数通过。（3）董事会表决一人一票，一票一权。《公司法》对于董事会的表决程序的规定主要有：（1）董事会应当将所议事项的决定作成会议记录。（2）出席会议的董事应当在会议记录上签名。

图表

股份有限公司涉及“过半数董事”的情况

情况	过半数董事	结果
董事长、副董事长均不能主持股东会	推举	一名董事主持
董事长、副董事长的产生	选举	
董事长、副董事长均不能召集和主持董事会	推举	一名董事履行董事长职务
董事会会议的举行	出席	
董事会决议	通过	

第一百二十五条　董事会会议的出席和责任承担

沿革 本条为旧法第112条第1款、第3款，部分措辞调整。

解读 董事是受股东会信任而被选举出来经营公司财产的，所以，董事本人应当出席董事会。如果董事因故无法出席董事会会议，在符合两个条件的情况下可以委托他人代为出席董事会会议：（1）受委托人是本公司董事。（2）出具书面委托书，并载明授权范围并在委托书上签名盖章。董事会作出决议，应当经全体董事的过半数通过。董事应当对董事会的决议承担责任。同时具有以下三种情况的，董事对公司负赔偿责任：（1）董事会的决议违反了法律、行政法规或者公司章程、股东会决议。（2）董事会的决议致使公司遭受严重损失。（3）该董事参与了董事会的决议。而对该决议持相反意见的董事，则不承担赔偿责任。

延伸 《民法典》第919~936条

疾病、临时在外地等原因

须为书面形式，其他方式（如口头授权、电话授权）无效

只能委托具有本公司董事身份的人

第一百二十五条 董事会会议，应当由董事本人出席；董事因故不能出席，可以书面委托其他董事代为出席，委托书应当载明授权范围。

董事应当对董事会的决议承担责任。董事会的决议违反法律、行政法规或者公司章程、股东会决议，给公司造成严重损失的，参与决议的董事对公司负赔偿责任；经证明在表决时曾表明异议并记载于会议记录的，该董事可以免除责任。

委托哪位董事代为就哪些事项履行哪些职责，超出授权范围的代理行为无效

一般损失不承担赔偿责任

仅限参与决议的董事，而非全体董事

会议记录是唯一的证明文件

图表

股份有限公司委托代理人出席股东会会议与董事会会议的对比

会议类型	委托人	代理人	委托方式	委托书内容
股东会会议	股东	无身份限制	书面（股东授权委托书）	代理人代理的事项、权限和期限
董事会会议	董事	其他董事	书面（委托书）	授权范围

第一百二十六条　经理的聘任、解聘、行使职权及列席董事会会议

沿革

本条第1款为旧法第113条第1款。

本条第2款为旧法第113条第2款，新法未列明经理职权，而是概括性规定“根据公司章程的规定或者董事会的授权行使职权”。

延伸

《公司法》第74条

公司具体业务的执行者，辅助董事会执行业务、进行日常经营管理的人员

而非选举

（1）组织经营权。（2）公司内部规章及管理制度的拟订、制定权。（3）提请人事任免的权利。（4）其他职权

第一百二十六条　股份有限公司设经理，由董事会决定聘任或者解聘。

经理对董事会负责，根据公司章程的规定或者董事会的授权行使职权。经理列席董事会会议。

解读

股份有限公司董事会是公司经营管理的执行机构。经理是公司具体业务的执行者，由董事会决定聘任或者解聘，所以经理对董事会负责，向董事会报告工作。经理行使职权的依据在于公司章程的规定和董事会的授权。经理为了更好地执行董事会的决议，列席董事会会议，这既是经理的权利，也是经理的义务。本条与《公司法》第74条有限责任公司经理的相关规定措辞一致。

图表

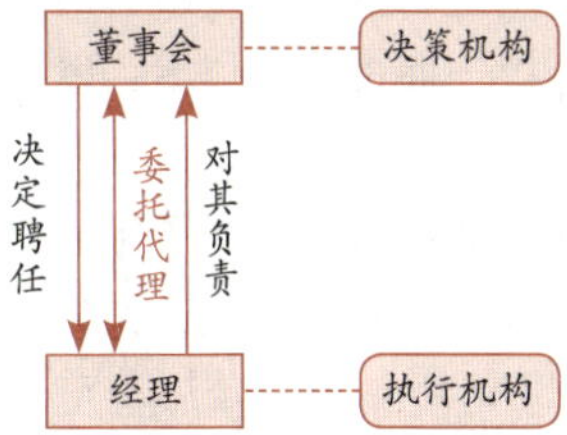

董事会与经理的关系

第一百二十七条　董事会成员兼任经理

沿革　本条为旧法第 114 条，文字无变化。

延伸　《公司法》第 124 条

董事会作出决议，应当经全体董事的过半数通过

第一百二十七条　公司董事会可以决定由董事会成员兼任经理。

既作为董事参与董事会行使职权，又实际执行公司业务

图表

股份有限公司经理层组织结构（举例）

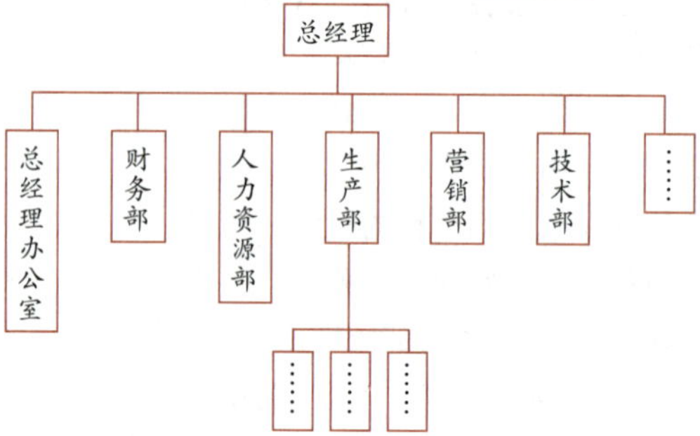

解读　股份有限公司的经营决策机构董事会是集体议事并作出决定的机构，董事会的成员只能在董事会会议上通过提出议案、发表意见、行使表决权等方式履行职责，发挥作用，而不具有公司业务执行权。为了保证董事会在公司经营管理中的核心地位，充分发挥董事的作用，《公司法》规定董事会可以决定由董事会成员兼任经理。

第一百二十八条　不设董事会的情况

沿革　本条为本法新增内容。

延伸　《公司法》第67、75条

对比：规模较小或者股东人数较少的有限责任公司，可以不设董事会，设一名董事，行使本法规定的董事会的职权。该董事可以兼任公司经理

第一百二十八条　规模较小或者股东人数较少的股份有限公司，可以不设董事会，设一名董事，行使本法规定的董事会的职权。该董事可以兼任公司经理。

召集股东会会议，并向股东会报告工作；
执行股东会的决议；
决定公司的经营计划和投资方案；
制订公司的利润分配方案和弥补亏损方案；
制订公司增加或者减少注册资本以及发行公司债券的方案；
制订公司合并、分立、解散或者变更公司形式的方案；
决定公司内部管理机构的设置；
决定聘任或者解聘公司经理及其报酬事项，并根据经理的提名
决定聘任或者解聘公司副经理、财务负责人及其报酬事项；
制定公司的基本管理制度；
公司章程规定或者股东会授予的其他职权

解读　本条的措辞与《公司法》第75条一致，即无论是有限责任公司还是股份有限公司都可以不设董事会，设一名董事。本条规定突破了旧《公司法》“股份有限公司设董事会，其成员为五人至十九人”的规定，使股份有限公司的董事会组织也更加简化、灵活。股份有限公司董事会的职权参照有限责任公司董事会的职权，由一名董事行使。

图表

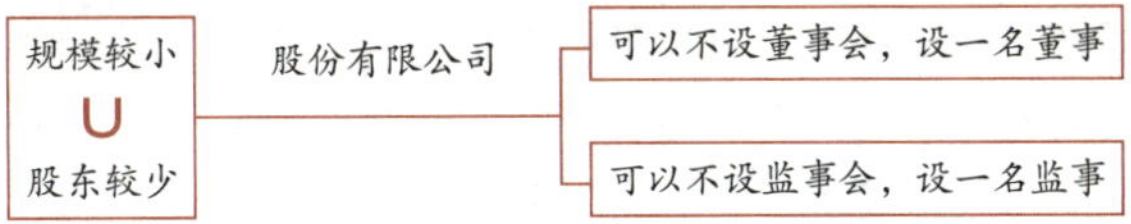

第一百二十九条　公司向股东披露董事、监事、高级管理人员从公司获得报酬情况

沿革 本法为旧法第116条，文字无变化。

延伸 《公司法》第59、67、112、120条

第一百二十九条 公司应当定期向股东披露董事、监事、高级管理人员从公司获得报酬的情况。

《公司法》未规定披露期限及披露方式，可由公司章程或股东会决议规定。通常情况下，披露期限以一年一次为宜，公司可采取直接向股东告知或者由董事会在股东会上报告等方式向股东进行披露

股东而非股东会，股东个人也可以要求披露

一般包括经理、副经理、财务负责人等

如报酬的决策程序、报酬确定依据以及实际支付情况

图表

报酬情况披露表（供参考）

姓名	职务	任职起止时间	××××年度获得税前薪酬情况			是否在股东单位或其他关联方领取薪酬	在关联方领取的税前薪酬总额
			应付薪酬	社会保险、企业年金、补充医疗保险、住房公积金的单位缴纳（存）部分	其他货币性收入		

解读 公司董事、监事的报酬由股东会决定，经理的报酬事项由董事会决定。董事、监事、高级管理人员的报酬披露，是维护公司股东利益的需要，因此，本条要求公司定期向股东披露相关情况。

第四节 监事会

第一百三十条 监事会的设立、组成及任期（第1、2款）

沿革 本条第1款为旧法第117条第1款的部分内容，新法援引为不设立监事会的两种情况：（1）设立审计委员会（新法第121条）。（2）设一名监事（新法第133条）。第2款为旧法第117条第1款的部分内容及第2款。第3~5款为旧法第117条第3~5款，仅部分措辞调整，无实质变化。

解读 （1）股份有限公司设立监事会，并通过监事会的监督活动，维护公司股东的利益和保护职工的合法权益。监事会对股东会负责并报告工作。本条第1款规定了行使监事职能的三种形式：监事会、监事和审计委员会。（2）监事会成员为三人以上，具体人数可由公司根据实际情况在公司章程中进行规定。监事会的成员分三类：股东代表、职工代表以及其他人员，其中职工代表的比例不得低于1/3，具体比例由公司章程规定。监事会中的职工代表由公司职工通过职工代表大会、职工大会或者其他形式民主选举产生，而非由股东会选举产生。

延伸 《公司法》第77、121、133条

第一百三十条 股份有限公司设监事会，本法第一百二十一条第一款、第一百三十三条另有规定的除外。

监事会成员为三人以上。监事会成员应当包括股东代表和适当比例的公司职工代表，其中职工代表的比例不得低于三分之一，具体比例由公司章程规定。监事会中的职工代表由公司职工通过职工代表大会、职工大会或者其他形式民主选举产生。

> 股份有限公司可以按照公司章程的规定在董事会中设置由董事组成的审计委员会，行使本法规定的监事会的职权，不设监事会或者监事

> 规模较小或者股东人数较少的股份有限公司，可以不设监事会，设一名监事，行使本法规定的监事会的职权

> 无上限规定

> 监事会中的职工代表，又称职工监事，不由股东会选举

第一百三十条　监事会的设立、组成及任期（第3~5款）

解读（3）监事会通过会议的形式行使职权。监事会应设主席一人，可设副主席，由全体监事过半数选举产生，负责召集和主持监事会会议。监事会主席不能履行职务或者不履行职务的，由监事会副主席召集和主持。监事会副主席不能履行职务或者不履行职务的，由半数以上监事共同推举一名监事召集和主持监事会会议。（4）监事会作为公司执行机构业务活动的专门监督机构，监督的对象主要是公司董事和经理等高级管理人员。因此，董事、高级管理人员不得兼任监事。（5）监事的任期每届为3年，且不允许公司章程对此作出修改。监事任期届满，连选可以连任，没有届数的限制。两种情形下监事必须继续履行监事职务，直至改选出的监事就任：①任期届满未及时改选时；②任期内提前辞任导致监事会成员低于法定人数的。

必须设

无人数规定

监事会设主席一人，可以设副主席。监事会主席和副主席由全体监事过半数选举产生。监事会主席召集和主持监事会会议；监事会主席不能履行职务或者不履行职务的，由监事会副主席召集和主持监事会会议；监事会副主席不能履行职务或者不履行职务的，由*过半数的*监事共同推举一名监事召集和主持监事会会议。

董事、高级管理人员不得兼任监事。

本法*第七十七条*关于有限责任公司监事任期的规定，适用于股份有限公司监事。

经理、副经理、财务负责人，上市公司董事会秘书和公司章程规定的其他人员

监事的任期每届为3年。监事任期届满，连选可以连任。监事任期届满未及时改选，或者监事在任期内辞任导致监事会成员低于法定人数的，在改选出的监事就任前，原监事仍应当依照法律、行政法规和公司章程的规定，履行监事职务

如果出现兼职的情况，则监事职责和监督行为无效

第一百三十一条　监事会职权及其行使

沿革 本条为旧法第 118 条，所援引新法第 78、79 条与旧法第 53、54 条对应，新法第 80 条为新增内容。

延伸 《公司法》第 78~80 条

第 78 条监事会的职权，第 79 条监事的质询建议权与调查权，第 80 条监事会要求董事、高级管理人员提交执行职务报告的权利

第一百三十一条 本法第七十八条至第八十条的规定，适用于股份有限公司监事会。

监事会行使职权所必需的费用，由公司承担。

如聘请会计师事务所等协助工作

解读 监事会作为公司三大机构中的监督机构，负责监督公司业务执行情况和财务状况，监督对象是董事和经理等高级管理人员。根据本条的规定，监事会具体行使以下职权：（1）财务监督权。（2）对董事、高级管理人员的监督权。一方面，监事会可以提出解任违法、违反公司章程的董事、高级管理人员；另一方面，监事会可要求董事、高级管理人员纠正损害公司利益的行为。（3）提议召开股东会权。一种是召开临时股东会，另一种是召集和主持股东会会议（董事会不履行召集和主持股东会会议职责时）。（4）股东会议提案权。（5）诉讼提起权。对象为董事、高级管理人员。（6）公司章程规定的其他职权。（7）质询建议权。监事可以列席董事会会议，并对董事会决议事项提出质询或者建议。（8）调查权。监事会发现公司经营情况异常，可以进行调查；必要时，可以聘请会计师事务所等协助其工作，费用由公司承担。（9）要求董事、高级管理人员提交执行职务的报告的权利。监事会在行使上述职权过程中所产生的必要费用由公司承担。

图表

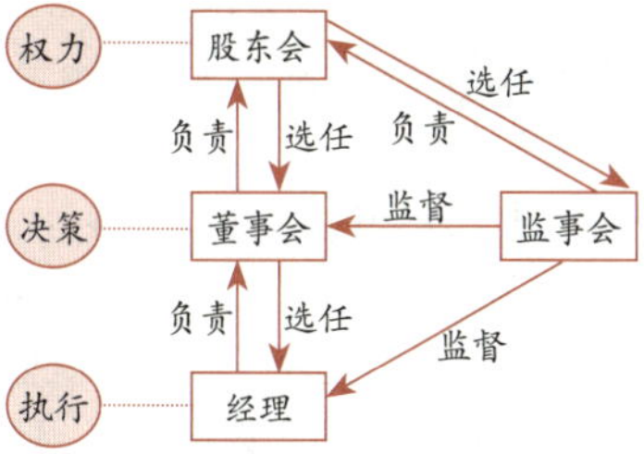

股份公司各机构间的关系

第一百三十二条　监事会会议

沿革　本条第 1、2、3、5 款为旧法第 119 条 1~4 款，仅措辞调整。本条第 4 款为新增内容。

延伸　《公司法》第 24、62 条

解读　（1）监事会应定期召开会议，至少每半年召开一次。公司遇到临时重要情况时，监事可以提议召开临时监事会会议。监事提议召开临时监事会会议的，监事会主席应当及时召集和主持监事会会议；监事会主席不能履行职务或者不履行职务的，由半数以上监事共同推举一名监事召集和主持监事会会议。（2）公司章程可以对监事会会议的议事方式和表决程序进行规定。具体可以规定的内容包括通知监事参加会议的形式、会议的召集和主持、讨论问题的方式、有效出席人数、议事议程的提出和确定、议事规则、表决方式等。（3）本条第 3 款规定了监事会决议应当经全体监事过半数以上通过。此次修法将表决的基数明确为“全体”监事，较旧法更加清晰、准确。（4）本条第 4 款为新增条款。旧法中对董事会决议表决规定应当“一人一票”，对监事会决议的表决无规定，新法则明确了这一规定。（5）会议记录应当包括监事会会议所议事项及讨论后所得出的结论。对所议事项的决定作成会议记录既是对每次会议的记录，也便于日后审查监事会决议的真实性、合法性。监事出席并积极参与会议是其必须履行的职责。在会议记录上签名是监事的义务也是其权利，应保证每个监事对此权利的行使。

第一百三十二条　监事会每六个月至少召开一次会议。监事可以提议召开临时监事会会议。

监事会的议事方式和表决程序，除本法有规定的外，由公司章程规定。

监事会决议应当经全体监事的过半数通过。

监事会决议的表决，应当一人一票。

监事会应当对所议事项的决定作成会议记录，出席会议的监事应当在会议记录上签名。

> 每6个月召开一次是法定最低限度，公司监事会有义务以比此规定更高的频率召开会议。具体召开时间可以在公司章程中规定

> 监事会会议讨论问题采用的形式

> 监事会会议对所议事项作出决议的步骤

> 会议记录内容包括会议召开的时间、地点、出席人员、议题、监事讨论意见、决议通过情况等

第一百三十三条　不设监事会的情况

沿革 本条为新法新增内容。

延伸 《公司法》第78~80、131条

第一百三十三条　规模较小或者股东人数较少的股份有限公司，可以不设监事会，设一名监事，行使本法规定的监事会的职权。

非强制要求，由股东会决议

由股东会选举，确认产生

主要可参见本法第131条

解读 监事会是依照法律规定和公司章程规定，代表公司股东和职工对公司董事会、董事和经理依法履职情况进行监督的机构。监事会对股东会负责并报告工作。作为公司的重要机构，监事会的监督活动有利于防止董事会滥用权力，维护公司股东的利益，保护职工的合法权益。旧法没有规定股份有限公司可以不设监事会，新法则规定可以不设监事会，由一名监事行使监事会的职权。

图表

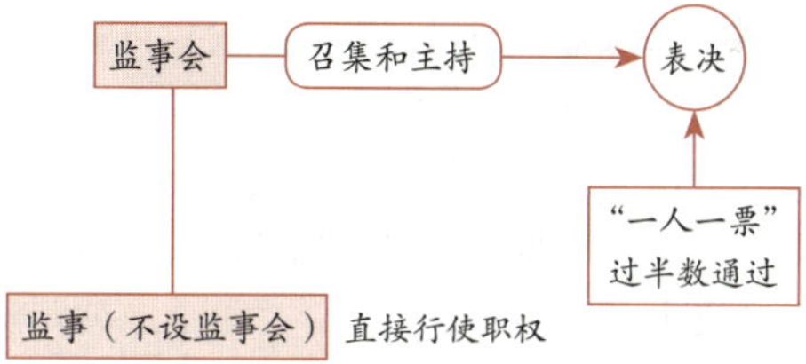

监事会与监事行使职权的流程对比

第五节　上市公司组织机构的特别规定

第一百三十四条　上市公司的定义

沿革 本条为旧法第 120 条，无文字变化。

延伸
《证券法》
《上海证券交易所股票上市规则》
《深圳证券交易所股票上市规则》
《北京证券交易所股票上市规则（试行）》

第一百三十四条　本法所称上市公司，是指其股票在证券交易所上市交易的股份有限公司。

上海证券交易所、深圳证券交易所、北京证券交易所

解读 上市公司具有以下两个特征：一是上市公司必须是已向社会发行股票的股份有限公司。以募集设立方式成立的股份有限公司，可以依照法律规定的条件，申请其股票在证券交易所内进行交易，成为上市公司。以发起设立方式成立的股份有限公司，在公司成立后，经过批准向社会公开发行股份后，又达到上市条件的，也可以依法申请为上市公司。二是上市公司的股票必须在证券交易所公开竞价交易。上市公司的股票，依照有关法律、行政法规及证券交易所业务规则上市交易。

第一百三十五条　上市公司资产负债发生重大变化时应经股东会作出决议

沿革　本条为旧法第 121 条，仅措辞调整。

延伸　《上市公司章程指引》第 42 条
《上市公司重大资产重组管理办法》第 12 条

第一百三十五条　上市公司在一年内购买、出售重大资产或者向他人提供担保的金额超过公司资产总额百分之三十的，应当由股东会作出决议，并经出席会议的股东所持表决权的三分之二以上通过。

（1）**资产总额**占上市公司最近一个会计年度经审计的合并财务会计报告期末资产总额的比例达到 50% 以上；
（2）资产在最近一个会计年度所产生的**营业收入**占上市公司同期经审计的合并财务会计报告营业收入的比例达到 50% 以上，且超过 5000 万元人民币；
（3）购买、出售的**资产净额**占上市公司最近一个会计年度经审计的合并财务会计报告期末净资产额的比例达到 50% 以上，且超过 5000 万元人民币

公司最近一期经审计总资产

基数是出席而非所有股东

按照表决权计算，而非人数或股份数

解读　上市公司购买、出售资产或者对外提供担保，属于公司业务经营事项，本可以由董事会决定。但是，如果公司购买重大资产，可能导致公司资金大量流出；公司出售重大资产，可能导致公司事实上被出售；公司对外提供保的金额超过公司资产总额 30% 的，可能导致公司债务大量增加。对于上市公司而言，上述情况可能给公司的长期经营和广大股东的长远利益造成重大影响，甚至影响经济社会安定。因此，有必要对其规定特别严格的程序：（1）决议由股东会作出，而非董事会。（2）需要特别决议的通过，即经出席会议的股东所持表决权的 2/3 以上通过。

图表

资产总额、营业收入、资产净额计算标准

项目	股权		非股权	
	购买	出售	购买	出售
资产总额	乘以股权比例与成交金额中高者	乘以股权比例	资产账面值成交金额中高者	资产账面金额
营业收入	乘以股权比例	乘以股权比例	—	—
资产净额	乘以股权比例与成交金额中高者	乘以股权比例	资产与负债的账面值差额与成交金额中高者，如无负债则不适用该指标	资产与负债的账面值差额

第一百三十六条　独立董事及公司章程载明事项

沿革　本条为旧法第 122 条，明确了管理办法的制定机构为“国务院证券监督管理机构”。第 2 款新增上市公司公司章程应载明董事会专门委员会相关事项的规定。

延伸　《上市公司治理准则》第 34~43 条
国务院办公厅《关于上市公司独立董事制度改革的意见》

应当设立

第一百三十六条　上市公司设独立董事，具体管理办法由国务院证券监督管理机构规定。

上市公司的公司章程除载明本法第九十五条规定的事项外，还应当依照法律、行政法规的规定载明董事会专门委员会的组成、职权以及董事、监事、高级管理人员薪酬考核机制等事项。

不在公司担任董事外的其他职务，并与受聘的公司及其主要股东不存在妨碍其进行独立客观判断关系的董事

解读　证监会于 2001 年发布了《关于在上市公司建立独立董事制度的指导意见》，要求上市公司建立独立董事制度。独立董事对上市公司及全体股东负有诚信与勤勉义务。独立董事应当按照相关法律法规、该指导意见和公司章程的要求，认真履行职责，维护公司整体利益，尤其要关注中小股东的合法权益不受损害。独立董事应当独立履行职责，不受上市公司主要股东、实际控制人或者其他与上市公司存在利害关系的单位或个人的影响。证监会于 2018 年发布的《上市公司治理准则》对独立董事提出了进一步的要求。《公司法》于 2005 年修改时增加了独立董事制度，但是具体管理办法由国务院规定，新法则改为由国务院证券监督管理机构规定。本条还对上市公司章程应当载明的事项作出更多规定。

图表

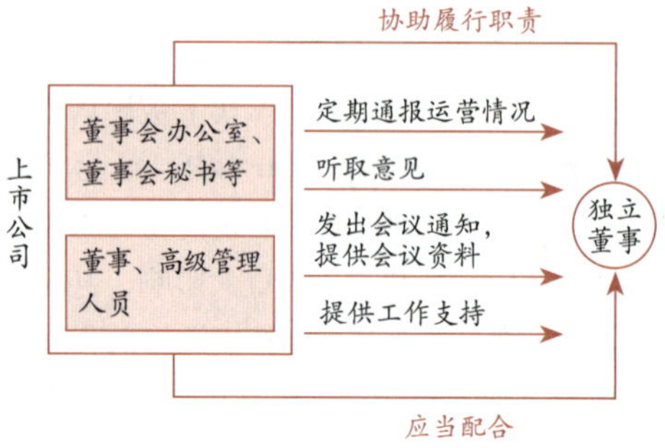

第一百三十七条　上市公司审计委员会

沿革 本条为新法新增内容。

延伸 《上市公司治理准则》第 38、39 条
《公司法》第 121 条

第一百三十七条　上市公司在董事会中设置审计委员会的，董事会对下列事项作出决议前应当经审计委员会全体成员过半数通过：

（一）聘用、解聘承办公司审计业务的会计师事务所；

（二）聘任、解聘财务负责人；

（三）披露财务会计报告；

（四）国务院证券监督管理机构规定的其他事项。

审计委员会通过是前置程序

隶属于董事会

解读 上市公司应当在董事会中设立审计委员会，在《上市公司治理准则》中已有明确规定，此次修法将这一规定上升为法律。本条所述审计委员会与股份有限公司中替代监事会履行职权的审计委员会不同，其功能主要为上市公司董事会内部审计领域的专门委员会。其职权表现为，在董事会作出特定决议之前，提前作出是否通过的决议。如果审计委员会不通过，则董事会无法作出相关决议。对于上述事项的最终决议权仍然归属于董事会。《公司法》并未对上市公司的审计委员会的职权做具体规定。

图表

审计委员会的主要职责

- 监督及评估外部审计工作，提议聘请或者更换外部审计机构
- 监督及评估内部审计工作，负责内部审计与外部审计的协调
- 审核公司的财务信息及其披露
- 监督及评估公司的内部控制
- 负责法律法规、公司章程和董事会授权的其他事项

第一百三十八条　上市公司董事会秘书及其职责

沿革 本条为旧法第 123 条，仅措辞调整。

延伸 《上市公司治理准则》第 28 条

第一百三十八条　上市公司设董事会秘书，负责公司股东会和董事会会议的筹备、文件保管以及公司股东资料的管理，办理信息披露事务等事宜。

> 董事会秘书：掌管董事会文书并协助董事会成员处理日常事务的人

> 等事宜：《上市公司治理准则》列举的还有投资者关系工作

解读 董事会秘书是上市公司的高级管理人员，应当满足法律、行政法规以及公司章程对公司高级管理人员的资格和义务等方面的要求。董事会秘书协助董事会成员处理日常事务，其主要职责包括：负责公司股东会和董事会会议的筹备、文件保管以及公司股东资料的管理，办理信息披露事务等事宜。董事会秘书作为上市公司高级管理人员，为履行职责有权参加相关会议，查阅有关文件，了解公司的财务和经营等情况。董事会及其他高级管理人员应当支持董事会秘书的工作。任何机构及个人不得干预董事会秘书的正常履职行为。

图表

董事会秘书的产生流程

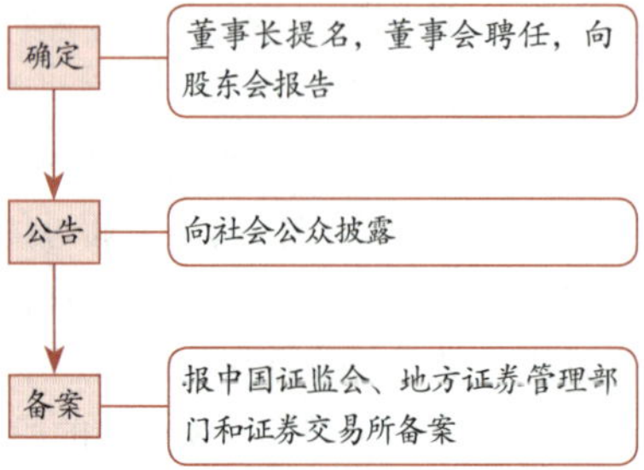

第一百三十九条　上市公司董事关联交易回避制度

沿革 本条为旧法第 124 条，部分措辞调整，实质变化：（1）决议涉及事项增加“个人”。（2）新增“该董事应当及时向董事会书面报告”。

延伸 《上市公司章程指引》第 119 条

第一百三十九条　上市公司董事与董事会会议决议事项所涉及的企业**或者个人**有关联关系的，**该董事应当及时向董事会书面报告。**有关联关系的董事不得对该项决议行使表决权，也不得代理其他董事行使表决权。该董事会会议由过半数的无关联关系董事出席即可举行，董事会会议所作决议须经无关联关系董事过半数通过。出席董事会**会议**的无关联关系董事人数不足三人的，应当将该事项提交上市公司股东会审议。

关联关系：公司董事与其直接或者间接控制的企业之间的关系，以及可能导致公司利益转移的其他关系

解读 关联交易可以降低交易成本、优化资源配置、实现公司利润最大化，《公司法》并不禁止上市公司关联交易。但是，关联交易容易产生利益输送等损害上市公司利益的结果。因此，本条规定了上市公司董事关联交易回避制度。首先，董事有及时向董事会书面报告的忠实义务。关联董事对该事项不得行使或代理其他董事行使表决权。其次，从董事会层面，对于该关联事项的决议，只要符合过半数的无关联关系董事出席董事会和所作决议须经无关联关系董事过半数通过，即可通过。出席董事会的无关联关系董事人数不足 3 人时，董事会已无法进行表决。由于董事会是由公司股东会选举产生的，对股东会负责，此时上市公司董事会应将该事项提交上市公司股东会审议。

图表

- 关联董事
  - 交易对方
  - 在交易对方任职，或者在能直接或者间接控制该交易对方的法人（或者其他组织）、该交易对方直接或者间接控制的法人（或者其他组织）任职
  - 拥有交易对方的直接或者间接控制权
  - 交易对方或者其直接、间接控制人的关系密切的家庭成员
  - 交易对方或者其直接、间接控制人的董事、监事和高级管理人员的关系密切的家庭成员
  - 中国证监会、证券交易所或者上市公司认定的因其他原因使其独立的商业判断可能受到影响的董事

第一百四十条　上市公司信息披露及禁止代持股票

沿革　本条为本法新增内容。

延伸　《上市公司信息披露管理办法》
《时间效力规定》第 3 条

第一百四十条　上市公司应当依法披露股东、实际控制人的信息，相关信息应当真实、准确、完整。

禁止违反法律、行政法规的规定代持上市公司股票。

股东：持股 5% 以上股东、控股股东

实际控制人：通过投资关系、协议或者其他安排，能够实际支配公司行为的人

图表

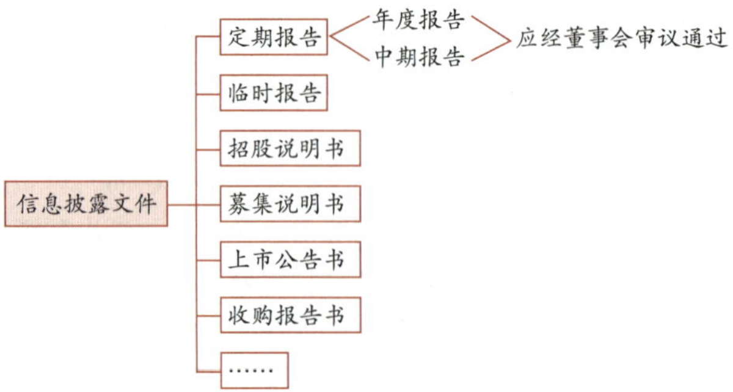

解读　《上市公司信息披露管理办法》对于上市公司应当披露信息的内容、程序等有详细的规定，《公司法》仅要求对其中的股东、实际控制人的信息进行披露，对披露程序没有严格要求，仅规定相关信息应当真实、准确、完整。代持上市公司股票在实践中是较为普遍的现象，《公司法》仅规定禁止违反法律、行政法规的代持行为。

第一百四十一条　上市公司控股子公司不得取得该上市公司的股份

沿革　本条为本法新增内容。

延伸
《时间效力规定》第 3 条
《上海证券交易所股票上市规则》第 3.4.15 条
《深圳证券交易所股票上市规则》第 3.4.15 条
《北京证券交易所股票上市规则（试行）》第 4.1.12 条

第一百四十一条　上市公司控股子公司不得取得该上市公司的股份。

上市公司控股子公司因公司合并、质权行使等原因持有上市公司股份的，不得行使所持股份对应的表决权，并应当及时处分相关上市公司股份。

持有的股份占子公司股本总额超过 50%，或者持有股份的比例虽然低于 50%，但依其持有的股份所享有的表决权已足以对股东会的决议产生重大影响

证券交易所交易规则普遍规定时间为 1 年

解读　上市公司控股子公司反过来取得该上市公司的股份，会导致上市公司交叉持股的情况，可能会稀释公司其他股东的股权，损害其利益。因此，《上海证券交易所股票上市规则》《深圳证券交易所股票上市规则》《北京证券交易所股票上市规则（试行）》均规定，上市公司控股子公司不得取得该上市公司发行的股份。确因特殊原因持有股份的，应当在 1 年内消除该情形。前述情形消除前，相关子公司不得行使所持股份对应的表决权。本次《公司法》的规定将这一制度上升到法律规定层面。

图表

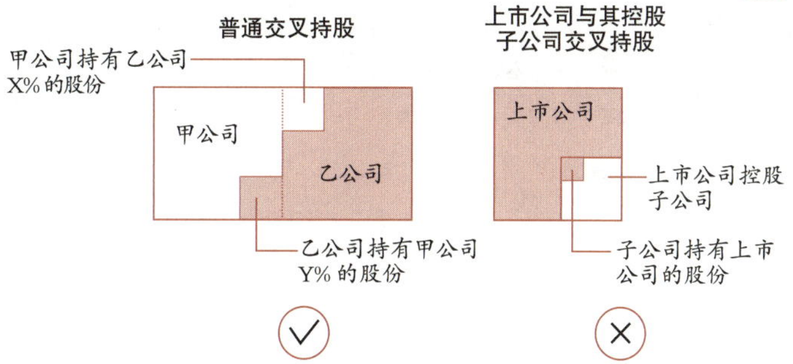

第六章　股份有限公司的股份发行和转让

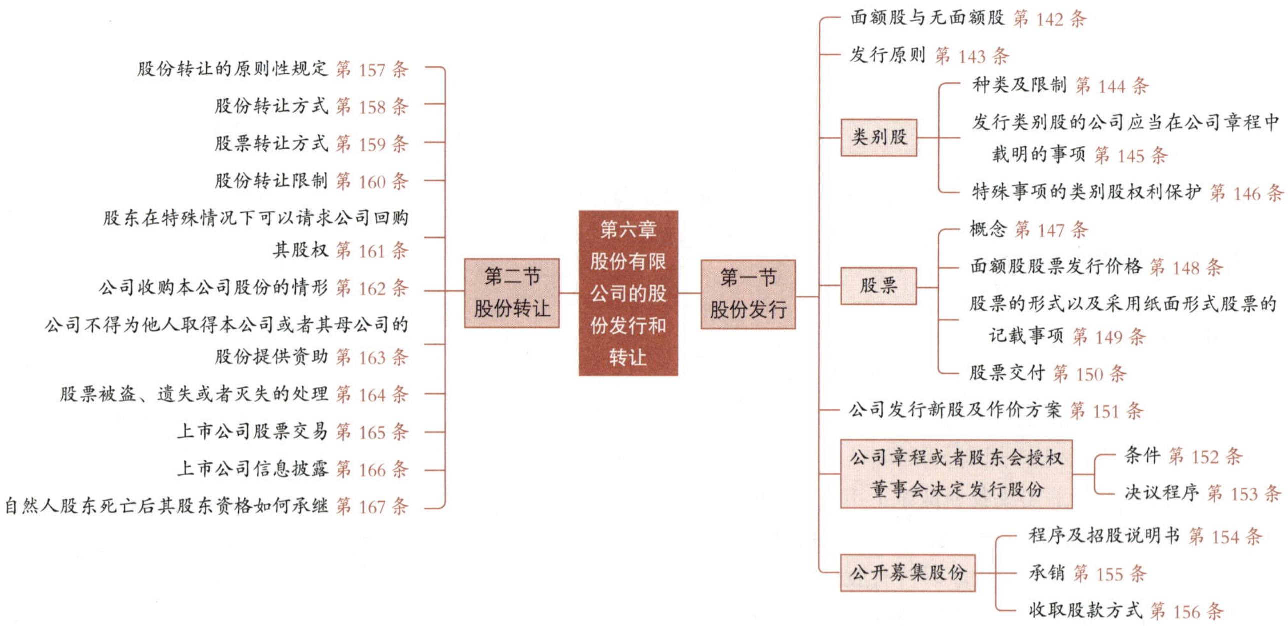

第一节　股份发行

第一百四十二条　面额股与无面额股

沿革 本条第1款为旧法第125条第1款。新增无面额股规定：第1款，新增“公司的全部股份，根据公司章程的规定择一采用面额股或者无面额股”；对于“采用面额股的”，与旧法一样“每一股的金额相等”。第2款、第3款为新增条款。

延伸 《公司法》第96、213条

第一百四十二条 公司的资本划分为股份。公司的全部股份，根据公司章程的规定择一采用面额股或者无面额股。采用面额股的，每一股的金额相等。

公司可以根据公司章程的规定将已发行的面额股全部转换为无面额股或者将无面额股全部转换为面额股。

采用无面额股的，应当将发行股份所得股款的二分之一以上计入注册资本。

按照公司的章程规定在票面上注明金额的股票

所有资本，而非注册资本

不允许一部分用面额股，一部分用无面额股

为了保证转化后，仍然是全部采用面额股或者无面额股

在票面上不记载金额，只注明股份数量或占总股本比例的股票

解读 《公司法》首次引入“无面额股”制度，之前法律仅允许“面额股”存在。公司的资本被化为股份之后，根据公司章程的规定，可以选择发行面额股或者无面额股，并可以相互全部转化。采用面额股发行股份的，注册资本为在已发行股份的股本总额，即注册资本＝每股面额×股份数量。采用无面额股发行股份的，注册资本为发行股份所得股款的1/2以上。

图表

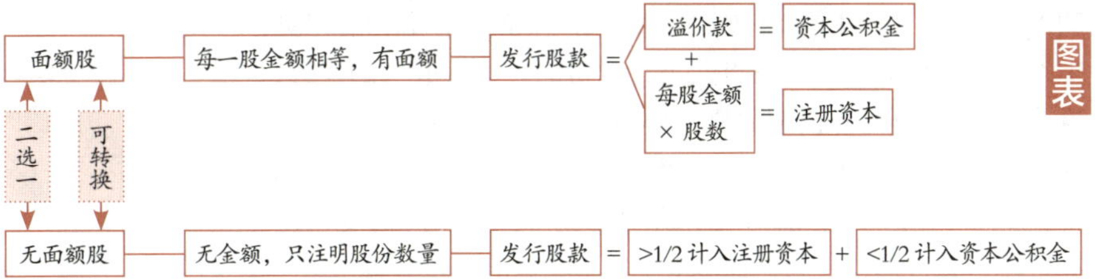

第一百四十三条　发行原则

沿革 本条为旧法第 126 条，主要措辞变化：（1）旧法的“同种类”的每一股份改为“同类别”。（2）“任何单位或者个人”改为“认购人”。

延伸 《公司法》第 144 条

公开发行和非公开发行

同类股“同股同权”“同股同价”

第一百四十三条 股份的发行，实行公平、公正的原则，同类别的每一股份应当具有同等权利。

同次发行的同类别股份，每股的发行条件和价格应当相同；认购人所认购的股份，每股应当支付相同价额。

分配利润权、表决权等

在股份的发行过程中，不得允许任何人利用股份发行进行欺诈、内幕交易、操纵市场等损害投资者利益的不公正的交易行为

解读 股份有限公司股份的发行，包括公司募集设立发行和公司发行新股两种情况。公司募集设立发行，是由发起人认购部分股份后，向社会公开募集或者向特定对象募集股份的发行行为。公司发行新股，是公司在设立后为增加公司资本通过公开或者非公开的方式发行股份的行为。股份的发行，应当实行公平、公正的原则，体现在：（1）同类别的股份，同股同权；（2）同次发行的同类别股份，每股的发行条件和价格应当相同；（3）认购人所认购的股份，每股应当支付相同价额。发行类别股的，按照本法第 144 条的规定处理。

图表

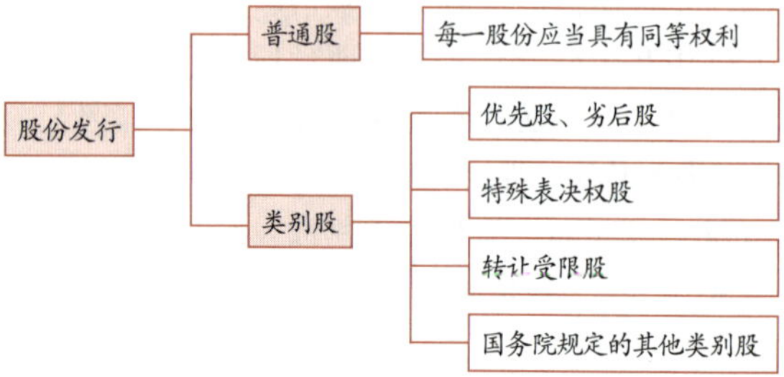

第一百四十四条　类别股的种类及限制

沿革 本条为新法新增内容。

延伸 《公司法》第 95 条
国务院《关于开展优先股试点的指导意见》

解读 旧法规定原则上股份有限公司发行的股票应为普通股，以国务院对公司发行其他种类股份为例外。本次修订规定公司可以按照章程的规定自主选择发行普通股还是类别股，扩大了对于类别股的保护，赋予了公司股权结构更大的灵活性。《公司法》规定的类别股包括：（1）优先股或者劣后股。（2）特殊表决权股。（3）转让受限股。（4）国务院规定的其他类别股。本条还规定了类别股发行的两种例外：（1）公开发行股份的公司不能发行特殊表决权股和转让受限股。（2）在监事或者审计委员会成员的选举和更换事项上，优先股、劣后股和特殊表决权股与普通股的表决权数相同。

第一百四十四条　公司可以按照公司章程的规定发行下列与普通股权利不同的类别股：

（一）优先或者劣后分配利润或者剩余财产的股份；

（二）每一股的表决权数多于或者少于普通股的股份；

（三）转让须经公司同意等转让受限的股份；

（四）国务院规定的其他类别股。

公开发行股份的公司不得发行前款第二项、第三项规定的类别股；公开发行前已发行的除外。

公司发行本条第一款第二项规定的类别股的，对于监事或者审计委员会成员的选举和更换，类别股与普通股每一股的表决权数相同。

> 此类类别股不可由公司章程设定

> 受限的条件可以是转让须经公司同意，也可以是公司设置的其他转让受限条件

> 股东会有权选举和更换监事

> 审计委员会成员均应为董事，公司法并没有规定审计委员会成员的产生办法，但股东会有权选举董事

第一百四十五条　发行类别股的公司应当在公司章程中载明的事项

沿革 本条为新法新增内容。

延伸 《公司法》第95、144条
《优先股试点办法》第10条

第一百四十五条　发行类别股的公司，应当在公司章程中载明以下事项：

（一）类别股分配利润或者剩余财产的顺序；

（二）类别股的表决权数；

（三）类别股的转让限制；

（四）保护中小股东权益的措施；

（五）股东会认为需要规定的其他事项。

股份有限公司章程应当载明类别股股东的股份数及其权利和义务

解读 本条是《公司法》第95条关于股份有限公司公司章程规定的补充，本条特别明确，发行类别股应当在公司章程中载明的事项：（1）针对优先股和类别股：类别股分配利润或者剩余财产的顺序。（2）特殊表决权股：类别股的表决权数。（3）转让受限股：类别股的转让限制。（4）针对所有类别股：保护中小股东权益的措施以及股东会会议认为需要规定的其他事项。

图表

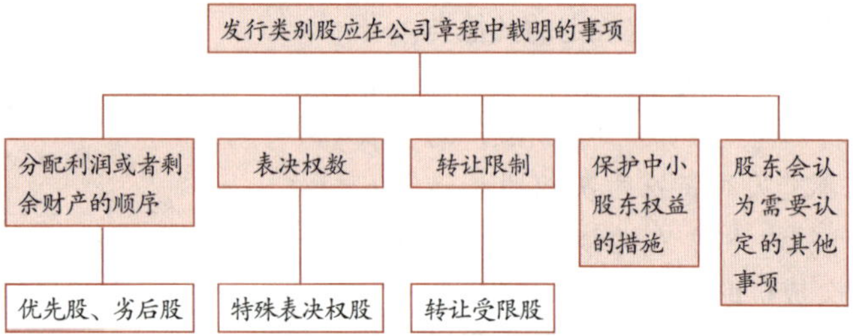

第一百四十六条　特殊决议事项的类别股权利保护

沿革 本条为新法新增内容。

延伸 《公司法》第 116 条

> 第一百四十六条　发行类别股的公司，有本法第一百一十六条第三款规定的事项等可能影响类别股股东权利的，除应当依照第一百一十六条第三款的规定经股东会决议外，还应当经出席类别股股东会议的股东所持表决权的三分之二以上通过。
>
> 公司章程可以对需经类别股股东会议决议的其他事项作出规定。

注释：

- 第一百一十六条第三款规定的事项：股东会作出修改公司章程、增加或者减少注册资本的决议，以及公司合并、分立、解散或者变更公司形式的决议，应当经出席会议的股东所持表决权的 2/3 以上通过
- 等：上述事项之外的其他事项，而非上述事项中
- 出席类别股股东会议：另行召开类别股股东会议，而不是在一般的股东会中由类别股股东表决
- 所持表决权：表决权而非人数或股份数量
- 其他事项：对应上一款中的“等”

解读 股东会会议由普通股股东和类别股股东参加，在特殊决议事项表决中，为了避免普通股股东损害类别股股东利益的情况，《公司法》规定，对于特殊决议事项，除经股东会决议外，还需要召开类别股股东会，并经出席类别股股东会的股东所持表决权的 2/3 以上通过。法律允许公司章程对上述事项之外的其他事项经类别股股东会决议作出规定。

图表

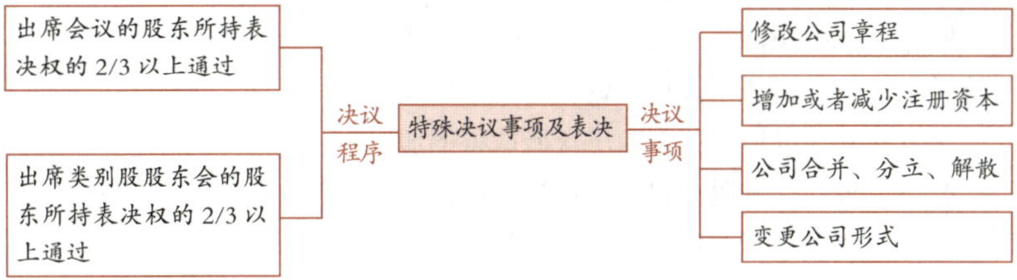

第一百四十七条　股票的概念

沿革　本条第1款为旧法第125条第2款，文字无变化。本条第2款为旧法第129条第1款，旧法规定可以发行记名股票和无记名股票，新法规定应当为记名股票。

延伸　《证券法》第11~14条

第一百四十七条　公司的股份采取股票的形式。股票是公司签发的证明股东所持股份的凭证。

公司发行的股票，应当为记名股票。

（公司签发：由法定代表人签名，公司盖章）

（记名股票：股票上记载有股东姓名或者名称的股票）

解读　股票是股份的表现和存在形式，股份是股票的价值内容。股票是股东对公司出资的凭证。股东对公司进行出资，需要由公司依法签发股票，以证明股东因出资所取得的股份。股票记载并代表股东权益，包括从股份有限公司取得股息或者红利、获取投资收益、参与公司重大决策等。本次《公司法》修订删除了公司可以发行无记名股票的规定。

图表

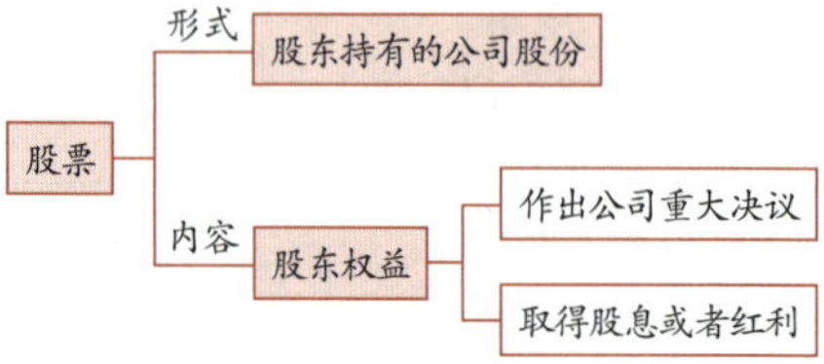

第一百四十八条　面额股股票发行价格

沿革 本条为旧法第 127 条。较旧法增加“面额股”的限定。

延伸 《证券法》第 32 条

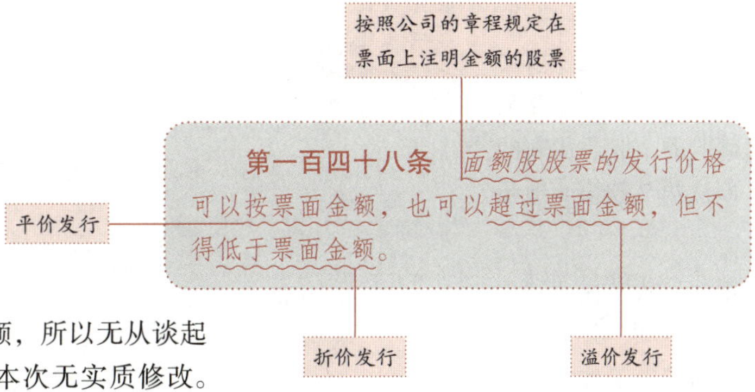

解读 无面额股因为不记载票面金额，所以无从谈起按照票面金额发行，故本条本次无实质修改。本条也被通俗地称为“禁止折价发行股票”，因为股份有限公司通过发行股票的形式来募集资本。每一面额股股票的票面价值是相同的，所有发行的股票的票面价值总额就等同于股份有限公司设立或者增资所需要的资本总额。股票只有按票面金额发行或者超过票面金额发行，股份发行所募集到的资金才能够等于或者高于公司所需要的资本。而低于股票的票面价值发行股票，即使股份全部得以发行，所筹集到的资金也必然低于公司所需资本总额，违反了资本充实原则，故被法律所禁止。

图表

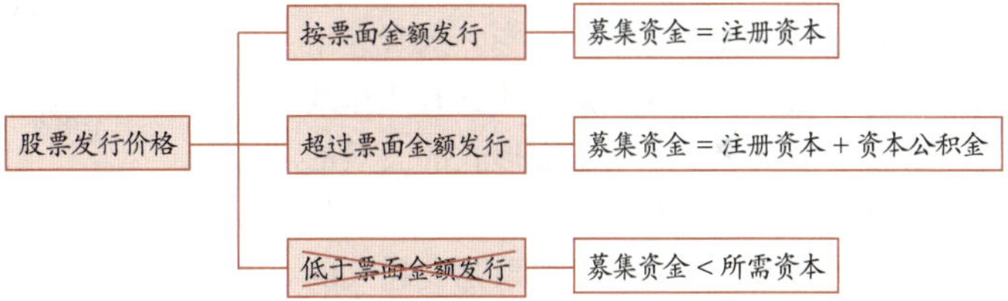

第一百四十九条　股票的形式以及采用纸面形式股票的记载事项

沿革 本条为旧法第 128 条。主要修改如下：（1）新法第 2~4 款较旧法增加了"股票采用纸面形式"的限定。（2）新法第 2 款第 2 项增加"股票发行的时间"。（3）新法第 2 款第 3 项增加"发行无面额股的，股票代表的股份数"的规定。（4）旧法第 2 款第 4 项新法融入第 3 款。

解读 传统的股票多采取纸面形式，在纸制品上载明股票应当记载的事项，并将该纸制品作为股东权利凭证。随着电子技术在证券业务领域的运用，出现了簿记形式的股票，以登记结算机构所记载的电子信息作为股权凭证。股票是一种要式有价证券，只有其记载内容和形式符合法律规定，才具有法律效力。根据本条规定，采用纸面形式的股票的记载事项应当包括：（1）公司的基本情况。（2）股票的基本情况。（3）如果是发起人的股票，应当标明发起人股票的字样。股票是一种公司签发的要式证券，股票必须由代表公司的法定代表人签名，并由公司盖章。

延伸 《证券法》第 39 条

> **第一百四十九条** 股票采用纸面形式或者国务院证券监督管理机构规定的其他形式。
>
> **股票采用纸面形式的**，应当载明下列主要事项：
>
> （一）公司名称；
>
> （二）公司成立日期**或者股票发行的时间**；
>
> （三）股票种类、票面金额及代表的股份数，**发行无面额股的，股票代表的股份数**。
>
> 股票**采用纸面形式的，还应当载明股票的编号**，由法定代表人签名，公司盖章。
>
> 发起人**股票采用纸面形式**的，应当标明发起人股票字样。

普通股股票还是特别股股票，特别股的具体种类

实物券式的股票

股票的票面价值

公司的法定代表人按照公司章程的规定，由代表公司执行公司事务的董事或者经理担任

第一百五十条　股票交付

沿革 本条为旧法第 132 条，文字无变化。

延伸 《公司法》第 102 条

第一百五十条 股份有限公司成立后，即向股东正式交付股票。公司成立前不得向股东交付股票。

（成立：公司营业执照签发日期为公司成立日期）

（股票：股东持有公司股份的凭证）

解读 股份有限公司的股票是代表股东权利的有价证券，具有流通性，可以自由转让。因此，股票的交付应当与股份有限公司的成立同步。一方面，防止迟延交付，损害股东利益。另一方面，股票应当具有确定性，如果公司在登记成立前就向股东交付股票，该股票就可以在市场上流通，一旦公司最终没有成立，该股票所代表的股东权利就不复存在，围绕该股票已经发生的交易都会受到影响，将会严重影响市场的交易秩序，故禁止提前交付。

第一百五十一条　公司发行新股及作价方案

沿革 本条第1款为旧法第133条第1~4项，仅措辞调整。本条第1款第5项为新增内容。本条第2款为旧法第135条。

延伸 《公司法》第142、148条
《证券法》第13条

第一百五十一条 公司发行新股，股东会应当对下列事项作出决议：

（一）新股种类及数额；

（二）新股发行价格；

（三）新股发行的起止日期；

（四）向原有股东发行新股的种类及数额；

（五）发行无面额股的，新股发行所得股款计入注册资本的金额。

公司发行新股，可以根据公司经营情况和财务状况，确定其作价方案。

> 发行新股：公司成立以后再次发行股份的行为

> 新股种类：普通股还是特别股；如果是特别股，属于什么类型的特别股

> 新股发行的起止日期：发行期限

解读 公司发行新股，属于公司的自治范畴，应当由股东会会议作出决议。决议的事项由《公司法》明确规定。除依照本条的规定由股东会对相关事项作出决议外，还应当符合法律规定的条件和程序。本法新增无面额股制度，首次发行无面额股的，应当将发行股份所得股款的1/2以上计入注册资本，新股发行无面额股的，则由股东会决议所得股款计入注册资本的金额。公司发行新股，可以自行确定作价方案，属于公司自治范畴，但应当遵守本法第148条不得低于票面金额的规定。

图表

公司公开发行新股应当报送的材料：

- 募股申请
- 公司营业执照
- 股东会决议
- 招股说明书或者其他公开发行募集文件
- 财务会计报告
- 代收股款银行的名称及地址

第一百五十二条　公司章程或者股东会授权董事会决定发行股份

沿革　本条为新法新增内容。

延伸　《公司法》第151、153条

第一百五十二条　公司章程或者股东会可以授权董事会在三年内决定发行不超过已发行股份百分之五十的股份。但以非货币财产作价出资的应当经股东会决议。

董事会依照前款规定决定发行股份导致公司注册资本、已发行股份数发生变化的，对公司章程该项记载事项的修改不需再由股东会表决。

授权期限不超过3年

简化了该情形下修改公司章程的程序

解读　本条是此次《公司法》修订重要的新增制度。发行新股是股东会的重要职权，本条允许公司章程和股东会授权董事会自主决定发行新股，提高了公司融资的灵活性。但是，为了保护股东的权利，本条对董事会经授权发行新股作出限制：（1）授权期限为3年。（2）发行股份不超过已发行股份的50%。（3）必须是以现金支付方式支付股款。发行股份将导致公司注册资本、已发行股份数变化，这些属于公司章程记载事项，而公司章程应由股东会决议修改，本条简化了流程，规定这种情况不需要再由股东会决议。

图表

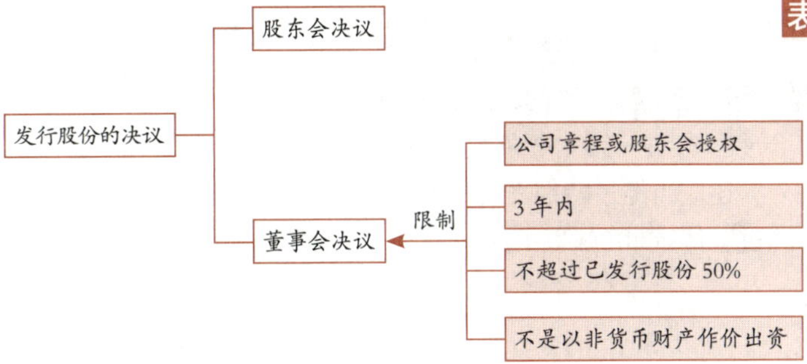

第一百五十三条　公司章程或者股东会授权董事会决定发行新股的决议程序

沿革　本条为新法新增内容。

延伸　《公司法》第152条

第一百五十三条　公司章程或者股东会授权董事会决定发行新股的，董事会决议应当经全体董事三分之二以上通过。

而非出席董事

图表

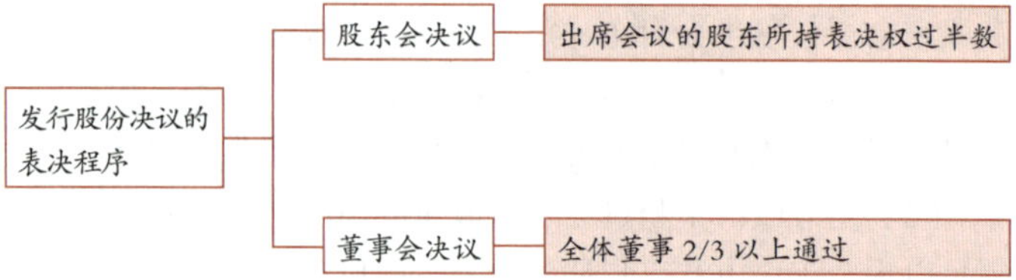

解读　公司章程或者股东会授权董事会决定发行新股的，除了应当符合《公司法》第152条规定的条件外，还应当经过特别表决权程序，即经过全体董事2/3以上通过。

第一百五十四条　公开募集股份的程序及招股说明书

沿革 本条第1款为旧法第134条第1款、第85条的部分内容，部分措辞调整。本条第2款为旧法第86条的部分内容，其第2项增加无面额股的情况，第1、5项为新增内容。本条第3款为旧法第86条第1项，措辞不同。

延伸 《公司法》第100条
《证券法》第11、13、14条

第一百五十四条 *公司向社会公开募集股份，应当经国务院证券监督管理机构注册，公告招股说明书。*

招股说明书应当附有公司章程，并载明下列事项：

（一）发行的股份总数；

（二）面额股的票面金额和发行价格**或者无面额股的发行价格；**

（三）募集资金的用途；

（四）认股人的权利和义务；

（五）股份种类及其权利和义务；

（六）本次募股的起止日期及逾期未募足时认股人可以撤回所认股份的说明。

公司设立时发行股份的，还应当载明发起人认购的股份数。

包括新股发行和公募增发等

证券法注册制改革之后，由原来的“核准”改为“注册”

应当在证券交易场所的网站和符合国务院证券监督管理机构规定条件的媒体发布，同时将其置备于公司住所、证券交易场所，供社会公众查阅

专门表达募集股份的意思并载明有关信息的书面文件

股票上所载明的每一份额的股份所代表的货币数额

发行股票时每一股的价格

所募资金用于什么事项

按照所认股数缴纳股款的义务、不得擅自抽回其股本的义务等

一般包括要求代收股款的银行或者其他金融机构出具收款单据的权利、参加成立大会并依法行使表决权的权利、要求未按期募足股份或者未按期召开成立大会的发起人依法返还其股款及同期银行存款利息的权利等

解读 旧法第134~136条规定了“发行新股”的相关内容，本次《公司法》修订则相应改为“向社会公开募集股份”，扩大了范围。向社会公开募集股份，必须公告招股说明书，以便社会公众知道募集股份的意图并了解相关信息，从而达到吸引社会公众认购股份的目的。本条明确规定，招股说明书应当附有公司章程全文，并载明本法规定的内容。在公司设立时发行股份的情况下，应当载明发起人认购的股份数。

第一百五十五条　公开募集股份的承销

沿革 本条为旧法第 87 条，旧法为“发起人”，新法为“公司”。

延伸 《证券法》第 26 条

经国务院证券监督管理机构审查批准、可以经营证券承销与保荐业务的证券公司

第一百五十五条 公司向社会公开募集股份，应当由依法设立的证券公司承销，签订承销协议。

证券公司在规定的期限内将发行人发行的股票销售出去，承销的证券公司按照约定收取一定的佣金或者约定的报酬

载明下列事项：（1）当事人的名称、住所及法定代表人姓名；（2）代销、包销证券的种类、数量、金额及发行价格；（3）代销、包销的期限及起止日期；（4）代销、包销的付款方式及日期；（5）代销、包销的费用和结算办法；（6）违约责任；（7）国务院证券监督管理机构规定的其他事项

解读 根据本条规定，公司向社会公开募集股份，只能采取由证券公司承销的方式。这样规定，主要是因为向社会公开募集股份涉及人数众多，由公司自己发行股票，工作量太大，不利于其足额募集股份；同时，通过证券公司承销证券，可以通过证券公司对发行文件的真实性、准确性、完整性进行核查，有利于保护公众投资者的合法权益。公司可以自主选择证券公司进行承销，并与其签订承销协议。

图表

- 证券承销
  - 证券代销：证券公司代发行人发售证券，在承销期结束时，将未售出的证券全部退还给发行人的承销方式
  - 证券包销：证券公司将发行人的证券按照协议全部购入或者在承销期结束时将售后剩余证券全部自行购入的承销方式

第一百五十六条　公开募集股份的收取股款方式

沿革　本条第1款、第2款为旧法第88条，仅措辞变化。本条第3款为旧法第136条，主要变化：（1）旧法为“发行新股”，新法为“发行股份”。（2）删除旧法“必须向公司登记机关办理变更登记”的规定。

延伸　《证券法》第11、13条

第一百五十六条　公司向社会公开募集股份，应当同银行签订代收股款协议。

代收股款的银行应当按照协议代收和保存股款，向缴纳股款的认股人出具收款单据，并负有向有关部门出具收款证明的义务。

公司发行股份募足股款后，应予公告。

代发起人收取其向社会公开募集股份所得的股款

证明认股人已经缴纳股款的书面文件

解读　公司向社会公开募集股份，虽然是通过证券公司承销，但证券公司并不直接收取发售股份所得的股款。证券公司承销股票所得的股款，应当通过银行代收。因此，公司应当同银行签订代收股款的协议，由银行代发起人收取其向社会公开募集股份所得的股款。根据代收股款协议，银行的义务包括：（1）按照协议代收和保存股款。（2）向缴纳股款的认股人出具收款单据。（3）向有关部门出具收款证明。公司发行股份募足股款后，涉及公司注册资本变化，应依法向公司登记机关办理变更登记，还要将有关情况进行公告，以便于公司股东及社会公众了解公司资本的变动情况。

图表

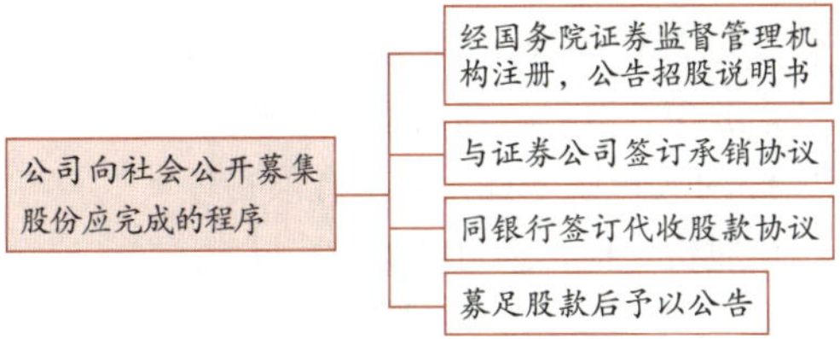

第二节　股份转让

第一百五十七条　股份有限公司股份转让的原则性规定

沿革 本条为旧法第137条，有措辞调整，主要变化：（1）旧法仅规定“依法转让”，新法区分“可以向其他股东转让，也可以向股东以外的人转让”，并删除“依法转让”。（2）新增“公司章程对股份转让有限制的，其转让按照公司章程的规定进行”。

延伸 《公司法》第144、160、162条
《时间效力规定》第5条

外部转让，有新增股东。但是，无须经其他股东同意，其他股东也无优先购买权

第一百五十七条 股份有限公司的股东持有的股份可以向其他股东转让，也可以向股东以外的人转让；公司章程对股份转让有限制的，其转让按照公司章程的规定进行。

内部转让，不涉及新增股东

转让须经公司同意等转让股份的限制

解读 股份有限公司作为资合性公司，其股东原则上可自由转让股份。同时，股份有限公司的股份即股票，属于财产的一种，本身也应具有可转让性。股东转让股份，既可以向其他股东转让，也可以向股东以外的人转让，且无须像有限责任公司股东对外转让股份一样，经过其他股东同意，其他股东也没有优先购买权。例外情况是，本法新增规定的类别股中有转让受限股，对于该类别股的转让应当依据公司章程的特殊规定。

图表

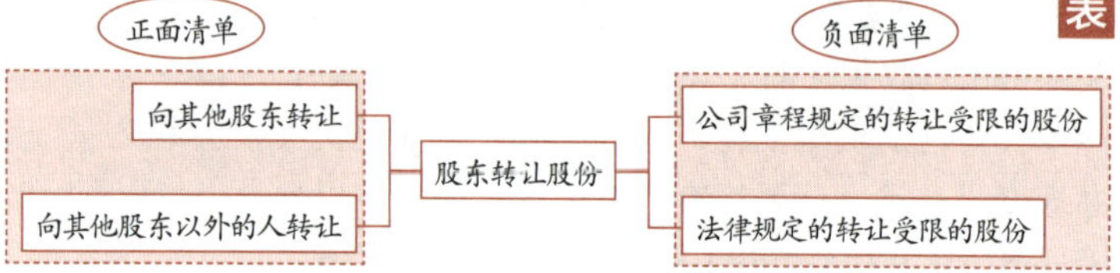

第一百五十八条　股份有限公司股份转让方式

沿革 本条为旧法第 138 条，无文字变化。

延伸 《证券法》第 37 条

并未区分内部转让还是外部转让

第一百五十八条　股东转让其股份，应当在依法设立的证券交易场所进行或者按照国务院规定的其他方式进行。

证券交易所、国务院批准的其他全国性证券交易场所

解读 本条规定了股东转让股份的两种方式：（1）在依法设立的证券交易场所交易。（2）按照国务院规定的其他方式交易。《证券法》第 37 条规定，公开发行的证券，应当在依法设立的证券交易所上市交易或者在国务院批准的其他全国性证券交易场所交易。非公开发行的证券，可以在证券交易所、国务院批准的其他全国性证券交易场所、按照国务院规定设立的区域性股权市场转让。

图表

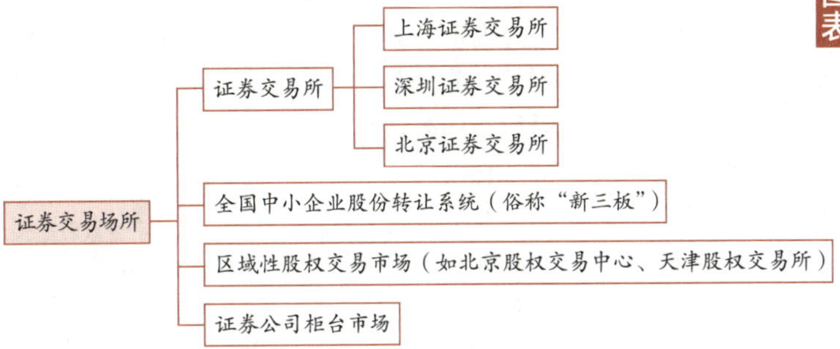

第一百五十九条　股票转让方式

沿革 本条为旧法第 139 条，部分措辞调整，主要变化：（1）旧法为股东名册的“变更登记”，新法为“变更”。（2）新增“行政法规或者国务院证券监督管理机构”另有规定。

延伸 《公司法》第 102、115、164 条

记名股票上所记载的股东作为背书人，在股票签章，并在股票背面或者股票所黏附的粘单上记载受让人即被背书人的名称或者姓名，以表示将该股票所代表的股东权利转让给受让人的行为

第一百五十九条 *股票的转让*，由股东以背书方式或者法律、行政法规规定的其他方式*进行*；转让后由公司将受让人的姓名或者名称及住所记载于股东名册。

股东会会议召开前二十日内或者公司决定分配股利的基准日前五日内，不得*变更股东名册*。法律、**行政法规或者国务院证券监督管理机构**对上市公司股东名册变更另有规定的，从其规定。

股东名册应当记载下列事项：（1）股东的姓名或者名称及住所；（2）各股东所认购的股份种类及股份数；（3）发行纸面形式的股票的，股票的编号；（4）各股东取得股份的日期

召开股东会会议，应当将会议召开的时间、地点和审议的事项于会议召开 20 日前通知各股东。若股东会会议召开前 20 日股东名册变化，则无法通知。由转让股东行使权利

若此时发生变化，则将影响股利的计算。由转让股东接受股利，受让股东可以请求转让股东返还

解读 新法修订之后规定所有股票为记名股票，即股票上记载有股东姓名或者名称的股票。《公司法》规定，股票采用纸面形式（对应背书转让）或者国务院证券监督管理机构规定的其他形式（对应法律、行政法规规定的其他方式进行）。股东名册是股东向公司主张行使股东权利的依据，股权转让后股东名册也应相应变更。本条规定了股东名册变更的例外：（1）股东会召开前 20 日内；（2）分配股利的基准日前 5 日内；（3）法律、行政法规或者国务院证券监督管理机构的特别规定。

第一百六十条　股份有限公司股份转让限制

沿革 本条第 1 款、第 2 款为旧法第 141 条。主要变化：（1）删除旧法“发起人持有的本公司股份，自公司成立之日起一年内不得转让”，新法新增“法律、行政法规或者国务院证券监督管理机构对上市公司的股东、实际控制人转让其所持有的本公司股份另有规定的，从其规定”。（2）新法增加对于任职期间的限制——“就任时确定的”。第 3 款为新增内容。

解读 本条规定了三种限制股份有限公司转让股份的情况：（1）公司公开发行股份前已发行的股份，自公司股票在证券交易所上市交易之日起 1 年内不得转让，以避免股票上市即遭抛售，稳定市场。（2）法律、行政法规或者国务院证券监督管理机构对上市公司的股东、实际控制人转让其所持有的本公司股份另有规定的，从其规定。（3）对董事、监事、高级管理人员转让其所持有的本公司股份的限制，以免其利用职权损害公司、股东利益。股份在限制转让期内不仅不能转让，也不能行使出质权。

延伸 《证券法》第 36 条

第一百六十条 公司公开发行股份前已发行的股份，自公司股票在证券交易所上市交易之日起一年内不得转让。**法律、行政法规或者国务院证券监督管理机构对上市公司的股东、实际控制人转让其所持有的本公司股份另有规定的，从其规定。**

公司董事、监事、高级管理人员应当向公司申报所持有的本公司的股份及其变动情况，在**就任时确定的**任职期间每年转让的股份不得超过其所持有本公司股份总数的百分之二十五；所持本公司股份自公司股票上市交易之日起一年内不得转让。上述人员离职后半年内，不得转让其所持有的本公司股份。公司章程可以对公司董事、监事、高级管理人员转让其所持有的本公司股份作出其他限制性规定。

股份在法律、行政法规规定的限制转让期限内出质的，质权人不得在限制转让期限内行使质权。

> 所谓“原始股”

> 通过投资关系、协议或者其他安排，能够实际支配公司行为的人

> 如实报告的义务

> 不包括就任之后任职期限变化的情况

> 股份数额，而非表决权等

> 设立质权的行为是被《公司法》允许的

> 只是不能行使该质权，而非丧失该权利

第一百六十一条　股份有限公司股东在特殊情况下可以请求公司回购其股权

沿革 本条为新法新增内容。

延伸 《公司法》第 89、162 条
《时间效力规定》第 4 条

解读 旧法第 74 条中有限责任公司部分有异议股东回购请求权的规定，而股份有限公司股东无此权利，此次《公司法》修订对股份有限公司股东也增加了此项权利。行使此项权利的股东必须满足两个条件：(1)对股东会该项决议投反对票的股东；(2)非公开发行股份的公司的股东。行使该权利的情形包括：(1)公司连续 5 年不向股东分配利润，而公司该 5 年连续盈利，并且符合本法规定的分配利润条件；(2)公司转让主要财产；(3)公司章程规定的营业期限届满或者章程规定的其他解散事由出现，股东会通过决议修改章程使公司存续。股东行使该权利的顺序是，先与公司协商，协商不成可以向法院起诉。因为公司不得收购本公司股份，故公司回购后，应当在 6 个月内依法转让或者注销。

第一百六十一条　有下列情形之一的，对股东会该项决议投反对票的股东可以请求公司按照合理的价格收购其股份，公开发行股份的公司除外：

（一）公司连续五年不向股东分配利润，而公司该五年连续盈利，并且符合本法规定的分配利润条件；

（二）公司转让主要财产；

（三）公司章程规定的营业期限届满或者章程规定的其他解散事由出现，股东会通过决议修改章程使公司存续。

自股东会决议作出之日起六十日内，股东与公司不能达成股份收购协议的，股东可以自股东会决议作出之日起九十日内向人民法院提起诉讼。

公司因本条第一款规定的情形收购的本公司股份，应当在六个月内依法转让或者注销。

> 合理的价格：公开市场上一般人认可的价格

> 并且符合本法规定的分配利润条件：三个条件必须同时满足

> 九十日内向人民法院提起诉讼：向人民法院提起诉讼时，超过《公司法》规定期限的，人民法院不予受理

图表

有限责任公司比股份有限公司股东回购请求权增加的事由：
- 公司合并、分立
- 公司的控股股东滥用股东权利，严重损害公司或者其他股东利益

第一百六十二条　公司收购本公司股份的情形（第1、2款）

沿革 本条为旧法第142条，仅措辞调整。

延伸 《公司法》第161条
《证券法》第15条

解读 发行股份以筹集资金，是现代公司的基本特征，公司回购股份将减少公司资产，故本条规定公司不得收购本公司股份，同时规定了六种例外情况，以及对应的表决程序、注销要求和交易要求。为确保股份回购按照公开、公正、公平的原则进行，保护公司、股东、债权人及投资者的合法权益，便于对股份回购进行监督，本条规定，上市公司收购本公司股份的，应当依照《证券法》的规定履行信息披露义务。本条同时规定，公司不得接受本公司的股票作为质押权标的。质押权的设立，是以债权人可以取得质押权标的物的所有权为前提的。本法规定，除了法定特殊情况外，公司是不得拥有本公司股份的，因此本公司的股票不能作为质押权标的，用来对公司债权进行担保。

第一百六十二条 公司不得收购本公司股份。但是，有下列情形之一的除外：

（一）减少公司注册资本；

（二）与持有本公司股份的其他公司合并；

（三）将股份用于员工持股计划或者股权激励；

（四）股东因对*股东会*作出的公司合并、分立决议持异议，要求公司收购其股份；

（五）将股份用于转换公*司*发行的可转换为股票的公司债券；

（六）上市公司为维护公司价值及股东权益所必需。

公司因前款第一项、第二项规定的情形收购本公司股份的，应当经*股东会*决议；公司因前款第三项、第五项、第六项规定的情形收购本公司股份的，可以*按照*公司章程或者*股东会*的授权，经三分之二以上董事出席的董事会会议决议。

> 员工持股计划：公司根据员工意愿，通过合法方式使员工获得本公司股票并长期持有，股份权益按约定分配给员工的制度安排

> 股权激励：上市公司以本公司股票为标的，对其董事、高级管理人员及其他员工进行的长期性激励，激励对象可以包括上市公司的董事、高级管理人员、核心技术人员或者核心业务人员等

> 可转换为股票的公司债券：股份有限公司经股东会决议，或者经公司章程、股东会授权由董事会决议，可以发行可转换为股票的公司债券，并规定具体的转换办法

第一百六十二条　公司收购本公司股份的情形（第3~5款）

公司依照本条第一款规定收购本公司股份后，属于第一项情形的，应当自收购之日起十日内注销；属于第二项、第四项情形的，应当在六个月内转让或者注销；属于第三项、第五项、第六项情形的，公司合计持有的本公司股份数不得超过本公司已发行股份总数的百分之十，并应当在三年内转让或者注销。

上市公司收购本公司股份的，应当依照《中华人民共和国证券法》的规定履行信息披露义务。上市公司因本条第一款第三项、第五项、第六项规定的情形收购本公司股份的，应当通过公开的集中交易方式进行。

公司不得接受本公司的股份作为质权的标的。

信息披露义务：信息披露义务人披露的信息，应当真实、准确、完整，简明清晰，通俗易懂，不得有虚假记载、误导性陈述或者重大遗漏

集中交易方式：在证券交易所以公开、集中的方式进行买卖的交易方式

质权：债务人或者第三人在不转移所有权的前提下，将某一动产或者权利转由债权人占有和控制，以保证债权人的权利的实现；在债务人不履行债务时，债权人有权以该动产或者权利折价或者以变卖、拍卖该动产或者权利的价款优先受偿

图表

情形	决议	注销	交易方式
减少公司注册资本	股东会决议	自收购之日起10日内注销	无要求
与持有本公司股份的其他公司合并	股东会决议	在6个月内转让或者注销	无要求
将股份用于员工持股计划或者股权激励	股东会决议；按照公司章程或者股东会的授权，经2/3以上董事出席的董事会会议决议	公司合计持有的本公司股份数不得超过本公司已发行股份总数的10%并应当在3年内转让或者注销	通过公开的集中交易方式进行
股东因对股东会作出的公司合并、分立决议持异议，要求公司收购其股份	股东的法定权利，无须经会议决议	在6个月内转让或者注销	无要求
将股份用于转换公司发行的可转换为股票的公司债券	股东会决议；按照公司章程或者股东会的授权，经2/3以上董事出席的董事会会议决议	公司合计持有的本公司股份数不得超过本公司已发行股份总数的10%，并应当在3年内转让或者注销	通过公开的集中交易方式进行
上市公司为维护公司价值及股东权益所必需	股东会决议；按照公司章程或者股东会的授权，经2/3以上董事出席的董事会会议决议	公司合计持有的本公司股份数不得超过本公司已发行股份总数的10%并应当在3年内转让或者注销	通过公开的集中交易方式进行

第一百六十三条　公司不得为他人取得本公司或者其母公司的股份提供资助

沿革 本条为新法新增内容。

延伸

《时间效力规定》第 3 条

《非上市公众公司收购管理办法》第 8 条

《非上市公众公司监督管理办法》第 16 条

《上市公司收购管理办法》第 8 条

《上市公司股权激励管理办法》第 21 条

《上市公司证券发行注册管理办法》第 66 条

《证券发行与承销管理办法》第 38 条

《关于上市公司实施员工持股计划试点的指导意见》

解读 本条为本次《公司法》修订重要的新增制度，在之前《上市公司收购管理办法》等中有类似规定。为了维持公司资本，保护中小股东和债权人的利益，本条特别规定，公司不得为他人取得本公司或者其母公司的股份提供赠与、借款、担保以及其他财务资助。同时规定了两个例外：（1）公司实施员工持股计划的；（2）为了公司利益，且需经过严格的程序，并且限制了资助的金额。最后，本条还规定了违反前两款规定，给公司造成损失的，负有责任的董事、监事、高级管理人员应当承担赔偿责任。

第一百六十三条　公司不得为他人取得本公司或者其母公司的股份提供赠与、借款、担保以及其他财务资助，公司实施员工持股计划的除外。

为公司利益，经股东会决议，或者董事会按照公司章程或者股东会的授权作出决议，公司可以为他人取得本公司或者其母公司的股份提供财务资助，但财务资助的累计总额不得超过已发行股本总额的百分之十。董事会作出决议应当经全体董事的三分之二以上通过。

违反前两款规定，给公司造成损失的，负有责任的董事、监事、高级管理人员应当承担赔偿责任。

> 员工持股计划：公司根据员工意愿，通过合法方式使员工获得本公司股票并长期持有，股份权益按约定分配给员工的制度安排

第一百六十四条　股票被盗、遗失或者灭失的处理

沿革　本条为旧法第 143 条，仅措辞调整。

延伸　《民事诉讼法》第 229~234 条
《公司法》第 159 条

《民事诉讼法》第 18 章

第一百六十四条　股票被盗、遗失或者灭失，股东可以依照《中华人民共和国民事诉讼法》规定的公示催告程序，请求人民法院宣告该股票失效。人民法院宣告该股票失效后，股东可以向公司申请补发股票。

可以背书转让的票据持有人在票据被盗、遗失或者灭失后申请法院宣告票据无效，从而使票据权利与票据分离

没有人申报的，人民法院应当根据申请人的申请，作出判决，宣告票据无效

图表

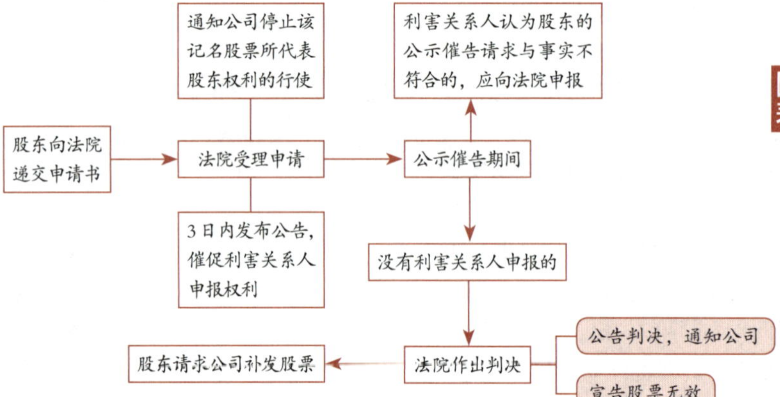

公示催告流程

解读　《公司法》第 159 条规定，股票的转让，由股东以背书方式或者法律、行政法规规定的其他方式进行，符合《民事诉讼法》第 229 条规定的公示催告程序适用的票据范围。通过公示催告，法院宣告该股票失效，股东可以依据法院判决申请公司补发股票。

第一百六十五条　上市公司股票交易

沿革　本条为旧法第 144 条，文字无变化。

延伸　《证券法》第 46~61 条

第一百六十五条　上市公司的股票，依照有关法律、行政法规及证券交易所交易规则上市交易。

上市公司，是指其股票在证券交易所上市交易的股份有限公司

主要为《公司法》《证券法》

主要为国有资产监督管理委员会颁布的相关法规

解读　上市公司股票交易应当遵守下列规定：（1）《公司法》关于股票转让限制的规定。（2）《证券法》对上市公司股票的交易进行了全面规范，包括股票交易的具体方式、信息公开、禁止的交易行为、上市公司收购等。（3）其他相关法律、行政法规。（4）证券交易所制定的经国务院证券监督管理机构批准的业务规则。

第一百六十六条　上市公司信息披露

沿革 本条为旧法第 145 条，旧法要求“公开其财务状况、经营情况及重大诉讼，在每会计年度内半年公布一次财务会计报告”，新法则概括规定“披露相关信息”。

延伸 《证券法》第 78~87 条
《上市公司信息披露管理办法》

第一百六十六条　上市公司应当依照法律、行政法规的规定披露相关信息。

- 法律：《证券法》第 5 章“信息披露”
- 行政法规：《上市公司信息披露管理办法》等

解读 股票在依法设立的证券交易所进行交易，涉及广大的投资者。要求上市公司进行信息披露，是对证券市场进行监管、保护投资者权益的有效手段，也是证券活动公开原则的具体体现。《公司法》不再列举上市公司应当披露的信息，由其他法律、行政法规具体规定。

图表

上市公司应披露的信息：

- 年度报告、中期报告
- 可能对上市公司股票交易价格产生较大影响的重大事件
- 可能对上市公司债券交易价格产生较大影响的重大事件
- 信息披露义务人自愿披露与投资者作出价值判断和投资决策有关的信息

第一百六十七条　自然人股东死亡后其股东资格如何承继

沿革

本条为新法新增内容。旧法第75条规定有限责任公司股东资格的继承，未规定股份有限公司股东资格的继承。新法则分别予以规定。

延伸

《民法典》第1122条
《公司法》第90、144、157条

第一百六十七条　自然人股东死亡后，其合法继承人可以继承股东资格；但是，股份转让受限的股份有限公司的章程另有规定的除外。

公司章程规定转让受限的股份，其转让按照公司章程的规定

本条所规定为“股东资格”的继承，不得违反《民法典》的基本原则，剥夺继承人获得与股权价值相适应的财产对价的权利

解读

《民法典》规定，遗产是自然人死亡时遗留的个人合法财产。依照法律规定或者根据其性质不得继承的遗产，不得继承。股权属于自然人的合法财产，应当由他人依法继承。但是，《民法典》规定的继承，仅限于财产权的范围，股东资格的继承由《公司法》规定，股份有限公司是资合性公司，原则上不禁止股东资格转让。但是，股份转让受限的股份有限公司的章程另有规定的除外。

图表

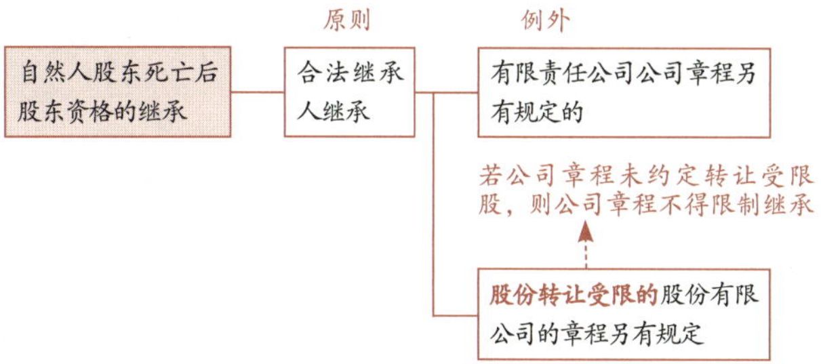

第七章　国家出资公司组织机构的特别规定

- 第七章 国家出资公司组织机构的特别规定
  - 国家出资公司的组织机构以及概念 第 168 条
  - 代表国家履行出资人职责的主体 第 169 条
  - 国家出资公司中中国共产党的组织 第 170 条
  - 国家出资公司内部监督管理、风险控制和合规管理 第 177 条
  - 国有独资公司
    - 公司章程：由履行出资人职责的机构制定 第 171 条
    - 股东会：不设股东会，公司重大事项的决定 第 172 条
    - 董事会：职权和董事会成员组成 第 173 条
    - 经理：聘任、解聘，以及董事会成员兼任经理 第 174 条
    - 董事、高级管理人员：禁止兼职 第 175 条
    - 审计委员会：第 176 条

第一百六十八条　国家出资公司的组织机构以及概念

沿革　本条为旧法第 64 条。本章为新增章节，部分内容可参考旧法第 2 章第 4 节“国有独资公司的特别规定”。第 1 款介绍国家出资公司的组织机构。第 2 款为国家出资公司的概念介绍，新法的“国家出资公司”外延明显大于旧法，旧法限制为国有独资有限责任公司，新法则包括“国有独资公司、国有资本控股公司”“有限责任公司、股份有限公司”。

延伸　《企业国有资产法》第 2、3、5 条

企业国有资产，是指国家对企业各种形式的出资所形成的权益。国有资产属于国家所有即全民所有

第一百六十八条　*国家出资公司的组织机构，适用本章规定；本章没有规定的，适用本法其他规定。*

本法所称国家出资公司，是指国家出资的国有独资公司、国有资本控股公司，包括国家出资的有限责任公司、股份有限公司。

国家单独出资、由国务院或者地方人民政府分别代表国家依法履行出资人职责的有限责任公司

国家出资比例大于 50%（含 50%）、由国务院或者地方人民政府分别代表国家依法履行出资人职责的公司

解读　本章是本次《公司法》修订的新增章节，规定《公司法》调整范围不仅限于国有独资公司，还包括国有资本控股公司。国家出资公司，是指国家出资的国有独资公司、国有资本控股公司，包括国家出资的有限责任公司、股份有限公司。国家出资公司的组织机构适用本章的特别规定和《公司法》的一般规定。

图表

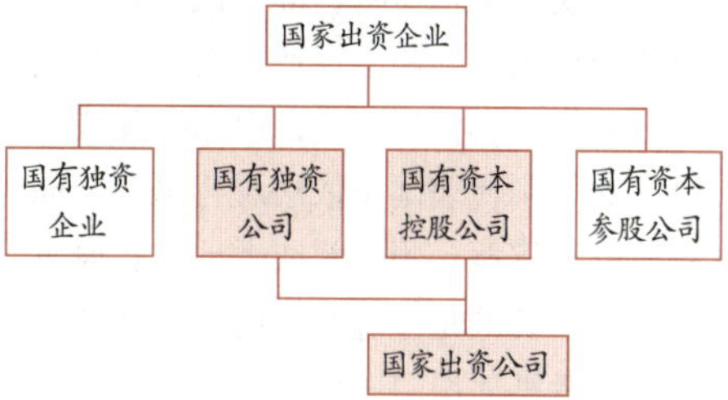

第一百六十九条　代表国家履行出资人职责的主体

沿革 本条为新法新增内容。

国务院确定的关系国民经济命脉和国家安全的大型国家出资企业，重要基础设施和重要自然资源等领域的国家出资企业，由国务院代表国家履行出资人职责

《企业国有资产法》第3、4条 **延伸**

国务院和地方人民政府应当按照政企分开、社会公共管理职能与国有资产出资人职能分开、不干预企业依法自主经营的原则，依法履行出资人职责

第一百六十九条　国家出资公司，由国务院或者地方人民政府分别代表国家依法履行出资人职责，享有出资人权益。国务院或者地方人民政府可以授权国有资产监督管理机构或者其他部门、机构代表本级人民政府对国家出资公司履行出资人职责。

代表本级人民政府履行出资人职责的机构、部门，以下统称为履行出资人职责的机构。

其他国家出资企业，由地方人民政府代表国家履行出资人职责

履行出资人职责的机构代表本级人民政府对国家出资企业依法享有资产收益、参与重大决策和选择管理者等出资人权利

图表

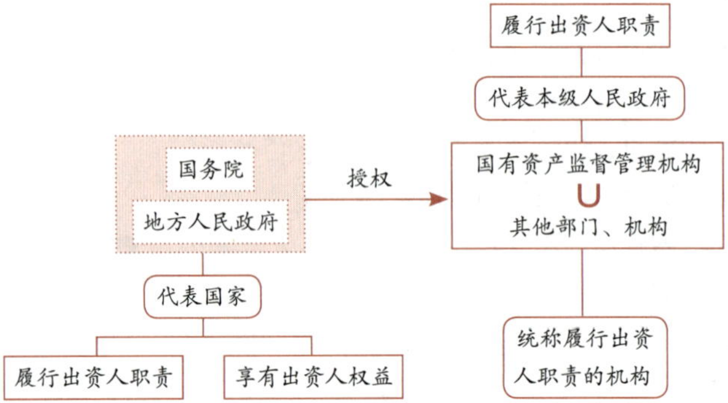

解读 国有资产属于国家所有，即全民所有。国务院代表国家行使国有资产所有权。行使国有资产所有权的具体表现是，由国务院或者地方人民政府分别代表国家依法履行出资人职责，享有出资人权益。国务院或者地方政府具体履行出资人职责的是经过授权的国有资产监督管理机构或者其他部门、机构。

第一百七十条　国家出资公司中中国共产党的组织

沿革　本条为新法新增内容。

延伸　《中国共产党章程》第 33 条
《中国共产党国有企业基层组织工作条例（试行）》第 15 条

第一百七十条　国家出资公司中中国共产党的组织，按照中国共产党章程的规定发挥领导作用，研究讨论公司重大经营管理事项，支持公司的组织机构依法行使职权。

在公司中，根据《中国共产党章程》的规定，设立中国共产党的组织，开展党的活动

国有企业党委（党组）发挥领导作用，把方向、管大局、保落实，依照规定讨论和决定企业重大事项

支持股东会、董事会、监事会和经理（厂长）依法行使职权；全心全意依靠职工群众，支持职工代表大会开展工作；参与企业重大问题的决策；加强党组织的自身建设，领导思想政治工作、精神文明建设、统一战线工作和工会、共青团、妇女组织等群团组织

解读　国家出资公司中中国共产党的组织，应当遵守中国共产党章程。其主要作用在于：（1）发挥领导作用。（2）研究讨论公司重大经营管理事项。国有企业重大经营管理事项必须经党委（党组）研究讨论后，再由董事会或者经理层作出决定。（3）支持公司的组织机构依法行使职权。

图表

公司重大经营管理事项：
- 贯彻党中央决策部署和落实国家发展战略的重大举措
- 企业发展战略、中长期发展规划，重要改革方案
- 企业资产重组、产权转让、资本运作和大额投资中的原则性、方向性问题
- 企业组织架构设置和调整，重要规章制度的制定和修改
- 涉及企业安全生产、维护稳定、职工权益、社会责任等方面的重大事项
- 其他应当由党委（党组）研究讨论的重要事项

第一百七十一条　国有独资公司的公司章程由履行出资人职责的机构制定

沿革　本条为旧法第 65 条。旧法规定“由国有资产监督管理机构制定，或者由董事会制订报国有资产监督管理机构批准”，新法为“由履行出资人职责的机构制定”。

延伸　《公司法》第 45、46、172 条

图表

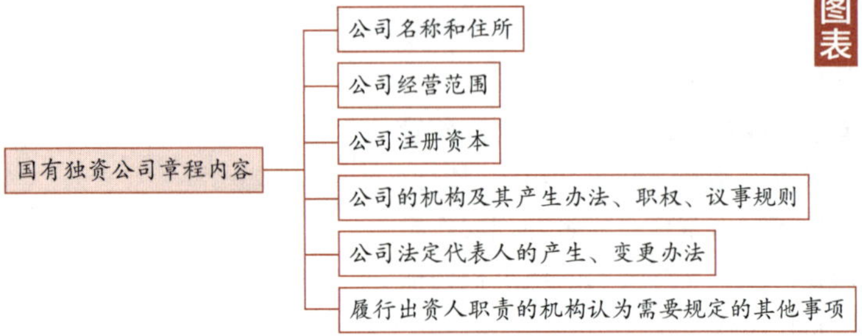

解读　本法第 45 条规定，设立有限责任公司，应当由股东共同制定公司章程。国有独资公司不设股东会，由履行出资人职责的机构履行出资人的职责和义务，因此，国有独资公司章程制定的职权也由履行出资人职责的机构行使。

第一百七十二条　国有独资公司不设股东会、公司重大事项的决定

沿革　本条为旧法第 66 条第 1 款，修改如下：（1）旧法规定的“国有资产监督管理机构”改为“履行出资人职责的机构”。（2）应当由“履行出资人职责的机构”决定的事项删除“决定公司的重大事项”，新增“章程的制定和修改”“申请破产”“分配利润”；删除“发行公司债券”。删除旧法“重要的国有独资公司合并、分立、解散、申请破产的，应当由国有资产监督管理机构审核后，报本级人民政府批准”的规定。

第一百七十二条　国有独资公司不设股东会，由履行出资人职责的机构行使股东会职权。履行出资人职责的机构可以授权公司董事会行使股东会的部分职权，但公司**章程的制定和修改**，公司的合并、分立、解散、**申请破产**，增加或者减少注册资本，**分配利润**，应当由履行出资人职责的机构决定。

国有独资公司以国家为唯一出资人

延伸　《公司法》第 59、169 条

股东会行使下列职权：
（1）选举和更换董事、监事，决定有关董事、监事的报酬事项；
（2）审议批准董事会的报告；
（3）审议批准监事会的报告；
（4）审议批准公司的利润分配方案和弥补亏损方案；
（5）对公司增加或者减少注册资本作出决议；
（6）对发行公司债券作出决议；
（7）对公司合并、分立、解散、清算或者变更公司形式作出决议；
（8）修改公司章程；
（9）公司章程规定的其他职权。
股东会可以授权董事会对发行公司债券作出决议

解读　国有独资公司由国家单独出资，股东会职权由履行出资人职责的机构履行。但是，对于下列事项，不得授权，而是履行出资人职责的机构决定：（1）公司章程的制定和修改；（2）公司的合并、分立、解散、申请破产；（3）增加或者减少注册资本；（4）分配利润。

图表

- 国有独资公司股东会职权的行使
  - 可授权董事会行使的职权
    - 对发行公司债券作出决议
    - 公司章程规定的其他职权
  - 不可授权董事会行使的职权
    - 章程的制定和修改
    - 公司的合并、分立、解散、申请破产
    - 增加或者减少注册资本
    - 分配利润

第一百七十三条　国有独资公司董事会职权和董事会成员组成

沿革 本条为旧法第 67 条。部分措辞调整，新增董事会成员中“应当过半数为外部董事”，删除旧法“董事每届任期不得超过三年”的规定。

延伸 《公司法》第 67、172 条
国务院国有资产监督管理委员会《关于国有独资公司董事会建设的指导意见（试行）》

第一百七十三条 国有独资公司的董事会依照本法规定行使职权。

国有独资公司的董事会成员中，**应当过半数为外部董事**，并应当有公司职工代表。

董事会成员由*履行出资人职责的机构*委派；但是，董事会成员中的职工代表由公司职工代表大会选举产生。

董事会设董事长一人，可以设副董事长。董事长、副董事长由*履行出资人职责的机构*从董事会成员中指定。

由非本公司员工的外部人员担任的董事。外部董事不在公司担任除董事和董事会专门委员会有关职务外的其他职务，不负责执行层的事务

董事会行使下列职权：
（1）召集股东会会议，并向股东会报告工作；
（2）执行股东会的决议；
（3）决定公司的经营计划和投资方案；
（4）制订公司的利润分配方案和弥补亏损方案；
（5）制订公司增加或者减少注册资本以及发行公司债券的方案；
（6）制订公司合并、分立、解散或者变更公司形式的方案；
（7）决定公司内部管理机构的设置；
（8）决定聘任或者解聘公司经理及其报酬事项，并根据经理的提名决定聘任或者解聘公司副经理、财务负责人及其报酬事项；
（9）制定公司的基本管理制度；
（10）公司章程规定或者股东会授予的其他职权

解读 国有独资公司可以行使有限责任公司董事会职权，以及《公司法》第 172 条规定的可以由履行出资人职责的机构授权公司董事会行使的股东会的部分职权。国有独资公司董事的组成有两个要求：（1）过半数为外部董事；（2）有公司职工代表。董事的产生有两种方式：（1）职工代表董事由职工代表大会选举产生；（2）非职工代表董事由履行出资人职责的机构委派。

图表

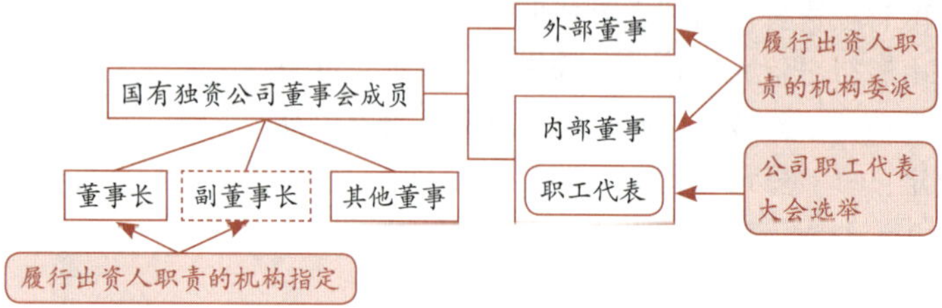

第一百七十四条　国有独资公司经理的聘任或者解聘以及董事会成员兼任经理

沿革　本条为旧法第68条，部分措辞调整，删除经理职权的规定。

延伸　《公司法》第67、74、127条

第一百七十四条　国有独资公司的经理由董事会聘任或者解聘。

*经履行出资人职责的*机构同意，董事会成员可以兼任经理。

董事会聘任或解聘经理须经法定程序

解读　《公司法》第67条规定，董事会的职权包括决定聘任或者解聘公司经理及其报酬事项。所以，国有独资公司的经理由董事会聘任或者解聘。就有限责任公司的理论而言，为保证公司高级管理人员各司其职，往往规定董事与经理不可互相兼任。但国有独资公司因公司董事会成员由履行出资人职责的机构委派，代表国家行使出资人的职权，所以，出于国有资产保值增值的需要，国有独资公司董事会成员可以兼任经理。但是，董事会成员兼任经理的，应当征得履行出资人职责的机构的同意。

图表

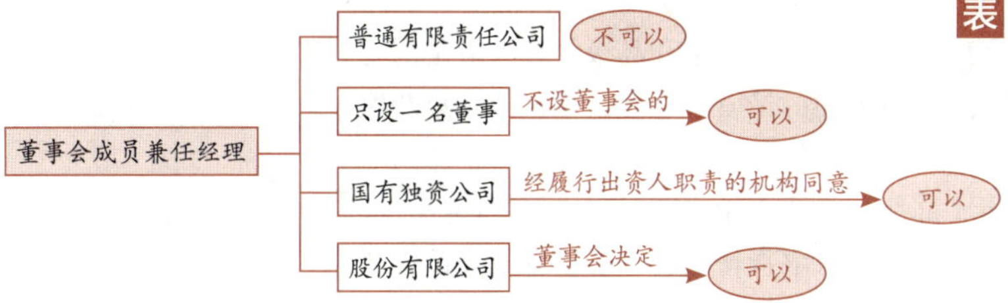

第一百七十五条　国有独资公司的董事、高级管理人员禁止兼职

沿革　本条为旧法第 69 条，部分措辞调整，更加精练。

延伸　《公司法》第 179~184 条

第一百七十五条　国有独资公司的董事、高级管理人员，未经履行出资人职责的机构同意，不得在其他有限责任公司、股份有限公司或者其他经济组织兼职。

> 高级管理人员：公司的经理、副经理、财务负责人和公司章程规定的其他人员

> 其他经济组织：合法成立，有一定的组织机构和财产，但又不具备法人资格的组织，如合伙企业、个人独资企业、法人依法设立的分支机构

解读　国有独资公司董事和高级管理人员是国有独资公司的经营管理者，承担国有资产保值增值的重要任务，因此，国有独资公司的董事、高级管理人员必须专人专职，固定岗位，不得在其他有限责任公司、股份有限公司或者其他经济组织兼职。但是，国有独资公司的董事、高级管理人员在取得履行出资人职责的机构同意的例外情况下，也可以兼职。

图表

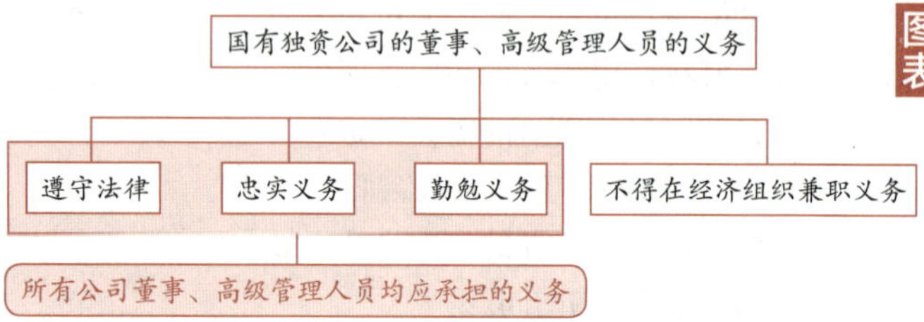

第一百七十六条　国有独资公司的审计委员会

沿革　本条为新法新增内容。

延伸　《公司法》第 69、78、189 条

隶属于董事会

第一百七十六条　国有独资公司在董事会中设置由董事组成的审计委员会行使本法规定的监事会职权的，不设监事会或者监事。

监事会行使下列职权：
（1）检查公司财务；
（2）对董事、高级管理人员执行职务的行为进行监督，对违反法律、行政法规、公司章程或者股东会决议的董事、高级管理人员提出解任的建议；
（3）当董事、高级管理人员的行为损害公司的利益时，要求董事、高级管理人员予以纠正；
（4）提议召开临时股东会会议，在董事会不履行本法规定的召集和主持股东会会议职责时召集和主持股东会会议；
（5）向股东会会议提出提案；
（6）依照本法第 189 条的规定，对董事、高级管理人员提起诉讼；
（7）公司章程规定的其他职权

解读　审计委员会是新《公司法》关于公司治理的重要制度变革。《公司法》第 69 条规定，有限责任公司可以按照公司章程的规定在董事会中设置由董事组成的审计委员会，行使本法规定的监事会的职权，不设监事会或者监事。国有企业的监事会以财务监督为核心，国有独资公司可以设立审计委员会，而不设立监事会或者监事。

图表

国有独资公司审计委员会职权
- 检查企业贯彻执行法律情况
- 检查企业财务
- 当董事、高级管理人员的行为损害公司的利益时，要求董事、高级管理人员予以纠正
- 提议召开临时股东会会议，在董事会不履行本法规定的召集和主持股东会会议职责时召集和主持股东会会议
- 依照本法第 189 条的规定，对董事、高级管理人员提起诉讼
- 公司章程规定的其他职权
- 检查企业的经营效益、利润分配、国有资产保值增值，资产运营等情况

第一百七十七条　国家出资公司内部监督管理、风险控制和合规管理

沿革 本条为新法新增内容。

延伸
《中央企业合规管理办法》
《企业国有资产监督管理暂行条例》
《中央企业全面风险管理指引》

主要包括：企业负责人管理、企业重大事项管理、企业国有资产管理、企业国有资产监督

第一百七十七条　国家出资公司应当依法建立健全内部监督管理和风险控制制度，加强内部合规管理。

未来的不确定性对企业实现其经营目标的影响，一般可分为战略风险、财务风险、市场风险、运营风险、法律风险等

企业以有效防控合规风险为目的，以提升依法合规经营管理水平为导向，以企业经营管理行为和员工履职行为为对象，开展的包括建立合规制度、完善运行机制、培育合规文化、强化监督问责等有组织、有计划的管理活动

图表

- 国家出资公司内部管理
  - 内部监督管理
    - 企业负责人管理
    - 企业重大事项管理
    - 企业国有资产管理
    - 企业国有资产监督
  - 风险控制
    - 战略风险
    - 财务风险
    - 市场风险
    - 运营风险
    - 法律风险
  - 内部合规管理
    - 建立合规制度
    - 完善运行机制
    - 培育合规文化
    - 强化监督问责等有组织有计划的管理活动

解读 国家出资公司应当建立权责明确、有效制衡的企业内部监督管理和风险控制制度，加强内部合规管理，维护出资人权益，实现国有资产的保值增值。

第八章　公司董事、监事、高级管理人员的资格和义务

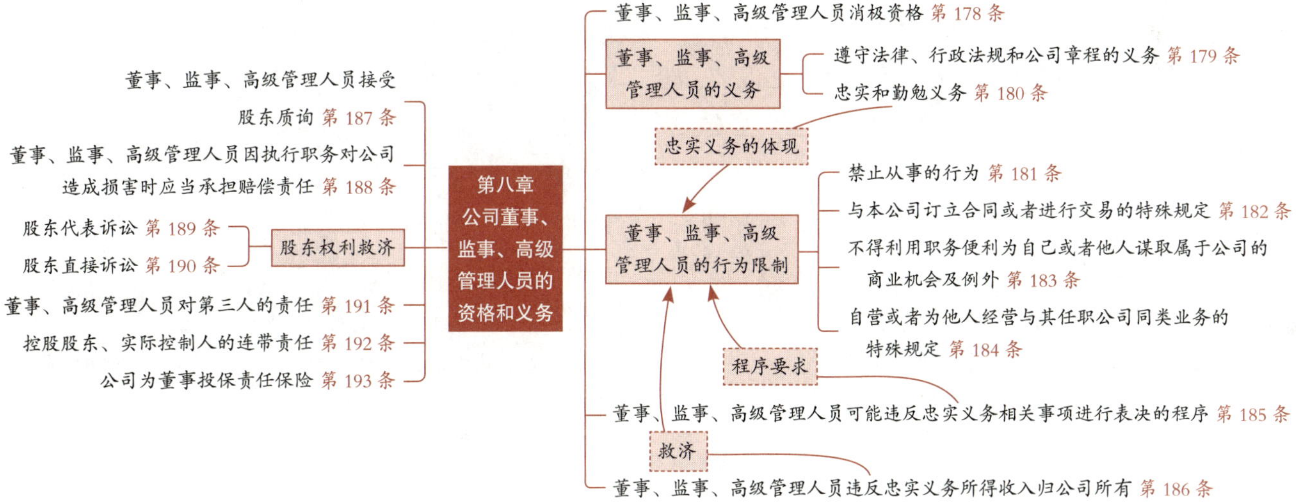

第一百七十八条　董事、监事、高级管理人员消极资格（第 1 款第 1、2 项）

沿革 本条为旧法第 146 条，部分措辞调整，第 1 款中不得担任公司的董事、监事、高级管理人员的情况调整如下：（1）第 1 款第 2 项新增“被宣告缓刑的，自缓刑考验期满之日起未逾二年”。（2）第 1 款第 5 项对于个人所负数额较大债务到期未清偿增加了“被人民法院列为失信被执行人”的限定。

解读 公司董事、监事、高级管理人员属于公司的主要管理人员，对公司的运营、管理负有重要责任，故本条规定了严格的消极资格。公司选举、委派上述人员担任董事、监事或者聘任为高级管理人员的，因违反法律的强制性规定，该选举、委派或者聘任无效，不产生法律效力；同时，公司依法选举、委派或者聘任的董事、监事、高级管理人员，在任职期间出现本条第 1 款所列情形之一的，公司应当解除其职务。

延伸
《民法典》第 19~24 条
最高人民法院《关于公布失信被执行人名单信息的若干规定》

第一百七十八条 有下列情形之一的，不得担任公司的董事、监事、高级管理人员：

（一）无民事行为能力或者限制民事行为能力；

（二）因贪污、贿赂、侵占财产、挪用财产或者破坏社会主义市场经济秩序，被判处刑罚，或者因犯罪被剥夺政治权利，执行期满未逾五年，**被宣告缓刑的，自缓刑考验期满之日起未逾二年**；

> 不满 8 周岁的未成年人、不能辨认自己行为的成年人

> 8 周岁以上的未成年人、不能完全辨认自己行为的成年人

> 不是具体罪名，而是这些犯罪行为

> 判处刑罚即满足消极资格，包括主刑和附加刑

> 剥夺政治权利是一种附加刑，可以独立适用，也可以附加适用。剥夺政治权利的犯罪不限于前述犯罪

> 对被判处一定刑罚的罪犯，在一定期限内附条件地不执行所判刑罚

第一百七十八条　董事、监事、高级管理人员消极资格（第1款第3~5项，第2、3款）

（三）担任破产清算的公司、企业的董事或者厂长、经理，对该公司、企业的破产负有个人责任的，自该公司、企业破产清算完结之日起未逾三年；

（四）担任因违法被吊销营业执照、责令关闭的公司、企业的法定代表人，并负有个人责任的，自该公司、企业被吊销营业执照、**责令关闭**之日起未逾三年；

（五）个人因所负数额较大债务到期未清偿**被人民法院列为失信被执行人**。

违反前款规定选举、委派董事、监事或者聘任高级管理人员的，该选举、委派或者聘任无效。

董事、监事、高级管理人员在任职期间出现本条第一款所列情形的，公司应当解除其职务。

企业的管理人员

个人经营管理能力不足

公司的法定代表人按照公司章程的规定，由代表公司执行公司事务的董事或者经理担任

被执行人未履行生效法律文书确定的义务，并具有下列情形之一的，人民法院应当将其纳入失信被执行人名单：（1）有履行能力而拒不履行生效法律文书确定义务的；（2）以伪造证据、暴力、威胁等方法妨碍、抗拒执行的；（3）以虚假诉讼、虚假仲裁或者以隐匿、转移财产等方法规避执行的；（4）违反财产报告制度的；（5）违反限制消费令的；（6）无正当理由拒不履行执行和解协议的

第一百七十九条　董事、监事、高级管理人员的一般义务

沿革 本条为旧法第 147 条第 1 款的部分内容。

延伸 《公司法》第 5、180~184、187 条

第一百七十九条　董事、监事、高级管理人员应当遵守法律、行政法规和公司章程。

公司章程对公司、股东、董事、监事、高级管理人员具有约束力

解读 公司的董事、监事和高级管理人员由公司选举、委派或者聘任产生，基于公司、股东的信任取得经营管理公司的权力，应当正当行使权利，依法为公司最大利益服务。遵守法律、行政法规是依法依规经营的基础。公司章程是公司经营管理的依据，是公司的“宪章”，董事、监事、高级管理人员应当遵守公司章程。

图表

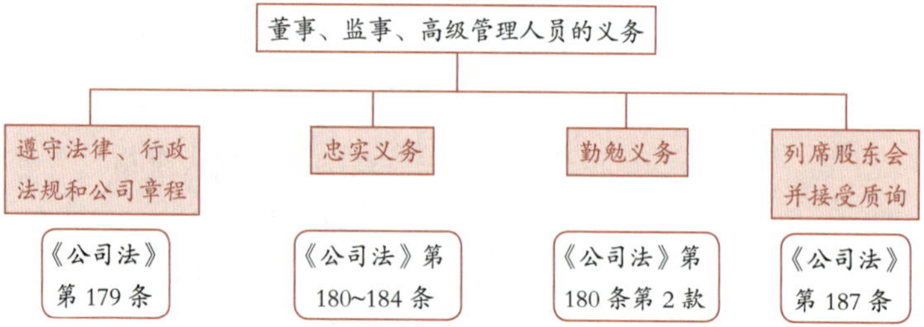

第一百八十条　董事、监事、高级管理人员忠实和勤勉义务

沿革 本条第1款、第2款为旧法第147条第1款的部分内容，对旧法中的忠实义务和勤勉义务做了更加详细的规定。第3款为新法新增内容。

延伸
《刑法》第169条之一
《公司法》第265条
《公司法解释五》第1条
《时间效力规定》第4条

第一百八十条 董事、监事、高级管理人员对公司负有忠实义务，应当采取措施避免自身利益与公司利益冲突，不得利用职权牟取不正当利益。

董事、监事、高级管理人员对公司负有勤勉义务，执行职务应当为公司的最大利益尽到管理者通常应有的合理注意。

公司的控股股东、实际控制人不担任公司董事但实际执行公司事务的，适用前两款规定。

忠实义务：基于公司对董事、监事和高级管理人员的合理信赖产生的义务

勤勉义务：处理公司事务必须出于善意，并尽到普通谨慎之人在相似的地位和情况下所应有的合理的谨慎、勤勉和注意

控股股东：其出资额占有限责任公司资本总额超过50%或者其持有的股份占股份有限公司股本总额超过50%的股东；出资额或者持有股份的比例虽然低于50%，但依其出资额或者持有的股份所享有的表决权已足以对股东会的决议产生重大影响的股东

实际控制人：通过投资关系、协议或者其他安排，能够实际支配公司行为的人

解读 在我国《公司法》中，忠实义务主要表现为两点：（1）避免自身利益与公司利益冲突；（2）不利用职权牟取不正当利益。勤勉义务则较为抽象，需要董事、监事、高级管理人员在执行职务时做到三点：（1）善意；（2）为公司的最大利益；（3）处于类似地位的管理者通常能够做到的合理注意。公司的控股股东、实际控制人不担任公司董事但实际执行公司事务的，将对公司及其他股东的利益产生重大影响，故应参照适用关于董事、监事、高级管理人员忠实义务和勤勉义务的规定。

第一百八十一条　禁止董事、监事、高级管理人员从事的行为

沿革 本条为旧法第147条第2款、第148条第1款的结合，变化较多，实质变化为：（1）旧法第147条为“董事、监事、高级管理人员”，第148条为“董事、高级管理人员”不得为的行为，新法不再区分，而是统一规定“董事、监事、高级管理人员”不得为的行为。（2）删除旧法对外借贷和担保的禁止规定，“与本公司订立合同或者进行交易”“谋取商业机会，经营与所任职公司同类业务”的禁止内容规定于新法第182~184条。

延伸 《刑法》第163、185、271、272条
《时间效力规定》第5条

第一百八十一条 董事、监事、高级管理人员不得有下列行为：

（一）侵占公司财产、挪用公司资金；

（二）将公司资金以其个人名义或者以其他个人名义开立账户存储；

（三）利用职权贿赂或者收受其他非法收入；

（四）接受他人与公司交易的佣金归为己有；

（五）擅自披露公司秘密；

（六）违反对公司忠实义务的其他行为。

> 达到《刑法》规定的入罪标准的行为，构成相应的犯罪

> 将公司财产据为己有

> 利用管理公司的职权形成的便利条件，将公司所有的资金挪作他用，为自己或者关系人牟取私利

> 使公司失去对资金的监管

> 导致公司资金流失，影响公司正常经营决策

> 董事、监事、高级管理人员对公司负有忠实义务，应当采取措施避免自身利益与公司利益冲突，不得利用职权牟取不正当利益

解读 本条所列事项都是常见的董事、监事、高级管理人员违反忠实义务的情况，利用自身职权牟取不正当利益，损害股东和公司利益，为法律所禁止。

第一百八十二条　董事、监事、高级管理人员与本公司订立合同或者进行交易的特殊规定

沿革 本条第1款为旧法第148条第1款第4项，旧法规定“董事、高级管理人员”不得“违反公司章程的规定或者未经股东会、股东大会同意，与本公司订立合同或者进行交易”。新法规定“董事、监事、高级管理人员”与本公司订立合同或者交易，应向董事会或者股东会报告，并经其决议。第2款为新法新增内容。

延伸 《民法典》第84条
《时间效力规定》第5条

第一百八十二条　董事、监事、高级管理人员，直接或者间接与本公司订立合同或者进行交易，*应当就与订立合同或者进行交易有关的事项向董事会或者股东会报告，并按照公司章程的规定经董事会或者股东会决议通过。*

董事、监事、高级管理人员的近亲属，董事、监事、高级管理人员或者其近亲属直接或者间接控制的企业，以及与董事、监事、高级管理人员有其他关联关系的关联人，与公司订立合同或者进行交易，适用前款规定。

直接：使用自己名义

间接：不使用自己名义

近亲属：配偶、父母、子女、兄弟姐妹、祖父母、外祖父母、孙子女、外孙子女为近亲属

关联关系：公司控股股东、实际控制人、董事、监事、高级管理人员与其直接或者间接控制的企业之间的关系，以及可能导致公司利益转移的其他关系

解读 董事、监事、高级管理人员与本公司订立合同或者进行交易，有可能造成自身利益与公司利益冲突，进而违反其忠实义务。为了排除这种冲突，董事、监事、高级管理人员应当先向董事会或者股东会报告，经其决议通过后，排除利益冲突，方可进行。董事、监事、高级管理人员的近亲属，董事、监事、高级管理人员或者其近亲属直接或者间接控制的企业，以及与董事、监事、高级管理人员有其他关联关系的关联人，实际上由董事、监事、高级管理人员控制，其与公司订立合同或者进行交易，本质上也是董事、监事、高级管理人员与公司订立合同或者进行交易，故适用前款规定。

第一百八十三条　董事、监事、高级管理人员不得利用职务便利为自己或者他人谋取属于公司的商业机会及例外

沿革 本条为旧法第148条第1款第5项部分内容，除措辞调整外，新增“监事”也须遵守本条，第1项新增“按照公司章程的规定”，新增第2项“根据法律、行政法规或者公司章程的规定，公司不能利用该商业机会”的例外。

延伸 《刑法》第166条
《时间效力规定》第5条

第一百八十三条　董事、监事、高级管理人员，不得利用职务便利为自己或者他人谋取属于公司的商业机会。但是，有下列情形之一的除外：

（一）向董事会或者股东会报告，并按照公司章程的规定经董事会或者股东会决议通过；

（二）根据法律、行政法规或者公司章程的规定，公司不能利用该商业机会。

利用自己在管理本单位经营、生产过程中所拥有的领导、指挥以及监督职权

解读 董事、监事、高级管理人员，因职务关系很容易获得公司相关商业信息，其利用职务便利为自己或者他人谋取属于公司的商业机会，有可能损害公司利益，违反其忠实义务。但是，法律规定了两项例外：（1）向董事会或者股东会报告，并按照公司章程的规定经董事会或者股东会决议通过，可以排除对公司利益的损害，避免董事、监事、高级管理人员违反忠实义务。（2）根据法律、行政法规或者公司章程的规定，公司不能利用该商业机会，则公司利益不会受到损害，董事、监事、高级管理人员并未违反忠实义务。

图表

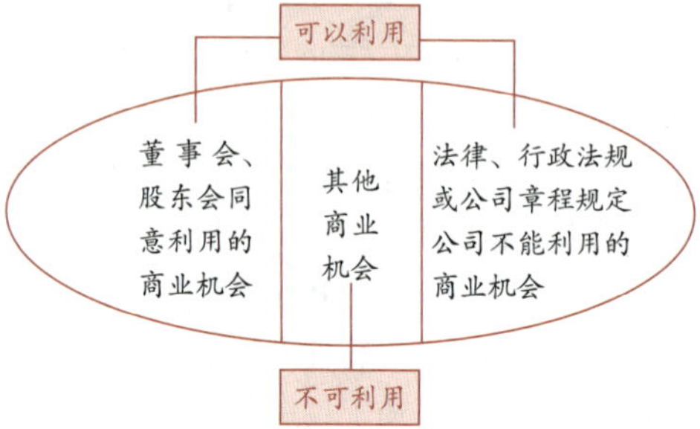

属于公司的商业机会是否可以被董事、监事、高级管理人员利用

第一百八十四条　董事、监事、高级管理人员自营或者为他人经营与其任职公司同类业务的特殊规定

沿革 本条为旧法第 148 条第 1 款第 5 项部分内容，新增“监事”也须遵守本条，措辞有调整。

延伸 《刑法》第 165 条
《时间效力规定》第 5 条

第一百八十四条　董事、监事、高级管理人员**未向董事会或者股东会报告，并按照公司章程的规定经董事会或者股东会决议通过**，不得自营或者为他人经营与其任职公司同类的业务。

> 自营：包括以私人名义另行注册公司经营，以亲人名义但实际是公司、企业董事、经理自行经营，在他人经办的公司、企业中入股进行经营等

> 为他人经营：暗中担任他人独资、出资的公司、企业的管理人员，为其业务进行策划、指挥等

解读 董事、监事、高级管理人员，自营或者为他人经营与其任职公司同类的业务，有可能损害公司利益，违反其忠实义务。董事、监事、高级管理人员向董事会或者股东会报告，并按照公司章程的规定经董事会或者股东会决议通过，可以排除对公司利益的损害，避免董事、监事、高级管理人员违反忠实义务，则可以为此类行为。

图表

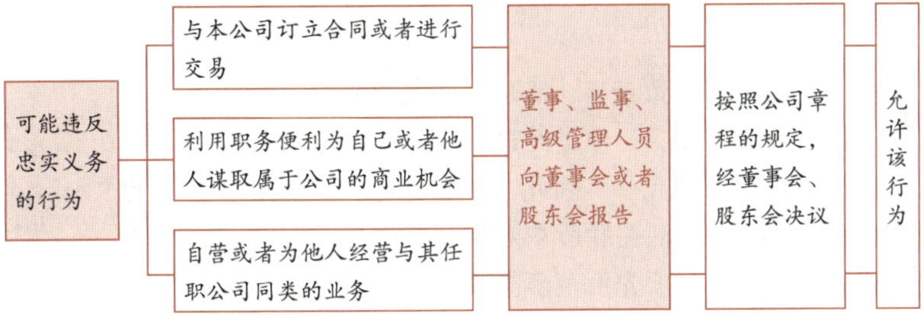

第一百八十五条　董事、监事、高级管理人员可能违反忠实义务相关事项进行表决的程序

沿革 本条为新法新增内容。

延伸 《刑法》第 165、166、168 条

与本公司订立合同或者进行交易（第 182 条）、利用职务便利为自己或者他人谋取属于公司的商业机会（第 183 条）、自营或者为他人经营与其任职公司同类的业务（第 184 条）

第一百八十五条　董事会对本法第一百八十二条至第一百八十四条规定的事项决议时，关联董事不得参与表决，其表决权不计入表决权总数。出席董事会会议的无关联关系董事人数不足三人的，应当将该事项提交股东会审议。

与表决事项有关联关系的董事

解读 相关行为可能导致董事、监事、高级管理人员违反忠实义务，但是经过董事会或股东会表决通过后则被允许。因此，本法规定了严格的程序：（1）取消关联股东对相关事项的表决权。（2）相关事项先由董事会决议；出席董事会的无关联关系董事人数不足 3 人的，无法表决，应当提交股东会，由其审议。

图表

可能违反忠实义务事项的董事会表决的程序要求

- 关联董事不得参与表决
- 表决权数 = 总表决权数 − 关联董事表决权数
- 出席董事会的董事人数 − 关联董事 ≥ 3 人

第一百八十六条　董事、监事、高级管理人员违反忠实义务所得收入归公司所有

沿革　本条为旧法第 148 条第 2 款，新增“监事”违反规定所得收入也应归公司所有。

延伸　《刑法》第 163、165、166、168、169 条

第一百八十六条　董事、监事、高级管理人员违反本法第一百八十一条至第一百八十四条规定所得的收入应当归公司所有。

禁止董事、监事、高级管理人员从事的行为（第 181 条）、与本公司订立合同或者进行交易（第 182 条）、利用职务便利为自己或者他人谋取属于公司的商业机会（第 183 条）、自营或者为他人经营与其任职公司同类的业务（第 184 条）

图表

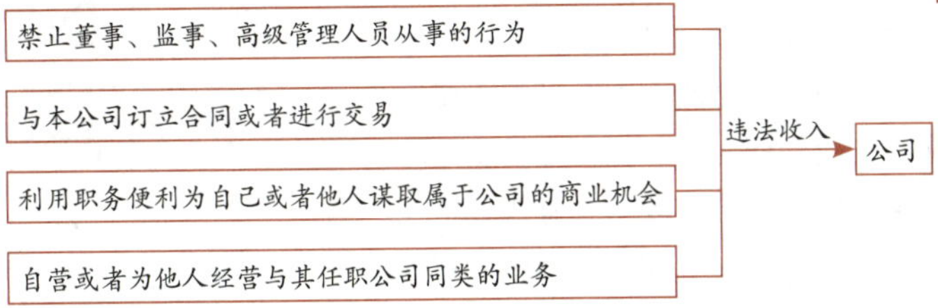

解读　为纠正和制裁董事、监事、高级管理人员违反本法规定的忠实义务的行为，防止董事、监事、高级管理人员因违法行为获利，给利益受到损害的公司提供救济，本条规定，董事、监事、高级管理人员违反上述规定所得的收入应当归公司所有。

第一百八十七条　董事、监事、高级管理人员接受股东质询

沿革 本条为旧法第150条第1款，仅措辞调整。

《公司法》第59条 **延伸**

> **第一百八十七条** 股东会要求董事、监事、高级管理人员列席会议的，董事、监事、高级管理人员应当列席并接受股东的质询。

股东会行使下列职权：

（1）选举和更换董事、监事，决定有关董事、监事的报酬事项；

（2）审议批准董事会的报告；

（3）审议批准监事会的报告；

（4）审议批准公司的利润分配方案和弥补亏损方案；

（5）对公司增加或者减少注册资本作出决议；

（6）对发行公司债券作出决议；

（7）对公司合并、分立、解散、清算或者变更公司形式作出决议；

（8）修改公司章程；

（9）公司章程规定的其他职权

解读 股东会决议事项都属于公司的重大事项，为使股东充分了解有关情况，为股东作出决策提供支持，尊重和维护股东权益，股东会有权要求董事、监事、高级管理人员列席会议并回答股东的询问。

第一百八十八条　董事、监事、高级管理人员因执行职务对公司造成损害时应当承担赔偿责任

沿革　本条为旧法第149条，仅措辞调整。

延伸　《公司法》第179条
《公司法解释四》第12条

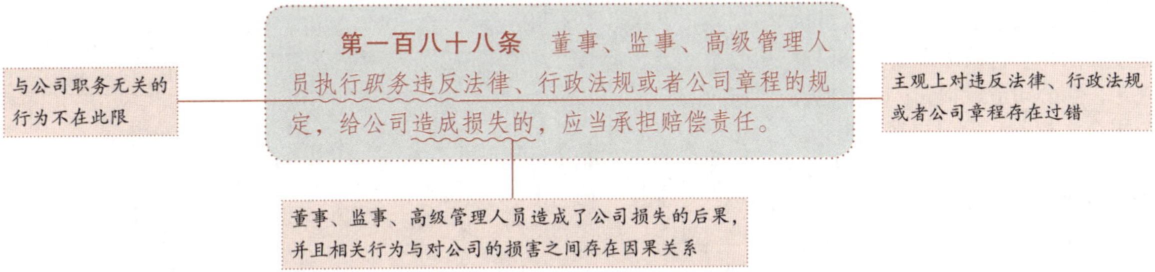

图表

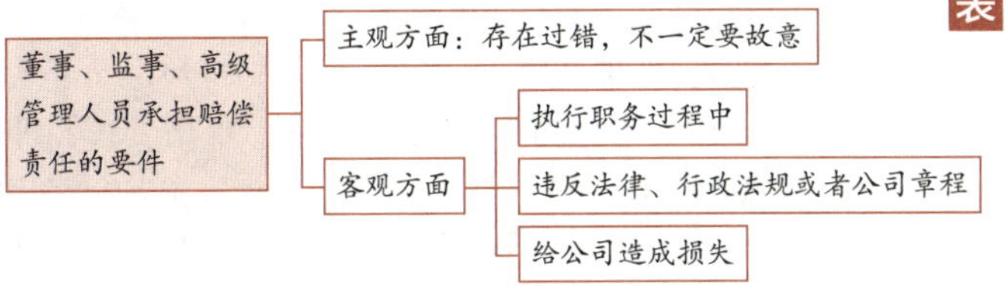

解读　本法第179条规定，董事、监事、高级管理人员应当遵守法律、行政法规和公司章程。董事、监事、高级管理人员违反此义务，因执行职务违法或违反公司章程，给公司造成损失的，应当承担对公司的赔偿责任，赔偿公司相应的财产损失。

第一百八十九条 股东代表诉讼

沿革 本条第1~3款为旧法第151条，部分措辞调整。本条第4款为新增内容。

延伸 《公司法解释一》第4条

《公司法解释四》第23~26条

《公司法解释五》第1、2条

> 董事、监事、高级管理人员执行职务违反法律、行政法规或者公司章程的规定，给公司造成损失的，应当承担赔偿责任

第一百八十九条 董事、高级管理人员有前条规定的情形的，有限责任公司的股东、股份有限公司连续一百八十日以上单独或者合计持有公司百分之一以上股份的股东，可以书面请求监事会向人民法院提起诉讼；监事有前条规定的情形的，前述股东可以书面请求董事会向人民法院提起诉讼。

监事会或者董事会收到前款规定的股东书面请求后拒绝提起诉讼，或者自收到请求之日起三十日内未提起诉讼，或者情况紧急、不立即提起诉讼将会使公司利益受到难以弥补的损害的，前款规定的股东有权为公司利益以自己的名义直接向人民法院提起诉讼。

他人侵犯公司合法权益，给公司造成损失的，本条第一款规定的股东可以依照前两款的规定向人民法院提起诉讼。

公司全资子公司的董事、监事、高级管理人员有前条规定情形，或者他人侵犯公司全资子公司合法权益造成损失的，有限责任公司的股东、股份有限公司连续一百八十日以上单独或者合计持有公司百分之一以上股份的股东，可以依照前三款规定书面请求全资子公司的监事会、董事会向人民法院提起诉讼或者以自己的名义直接向人民法院提起诉讼。

> 任何股东

> 公司为原告

> 公司为原告

> 情况须有紧迫性

> 公司为原告

> 扩大了提起诉讼主体范围

解读 股东代表诉讼的实体性条件是：（1）董事、监事、高级管理人员执行职务违反法律、行政法规或者公司章程的规定，给公司造成损失；（2）他人侵犯公司合法权益，给公司造成损失。股东代表诉讼的前置程序性条件是：（1）股东应当先书面请求监事会/董事会向人民法院提起诉讼；监事会/董事会收到股东书面请求后拒绝提起诉讼时，或者自收到请求之日起30日内未提起诉讼时，股东才可以提起代表诉讼。（2）对于情况紧急、不立即提起诉讼将会使公司利益受到难以弥补的损害的特殊情形，股东可以不经向董事会、监事会等书面请求程序，而以自己的名义直接起诉。本条新增第4款将上述情形覆盖公司全资子公司，加强了对全资子公司董事、监事、管理人员的监管。

第一百九十条　股东直接诉讼

沿革　本条为旧法第 152 条，无文字变化。

《证券法》第 94 条　**延伸**

第一百九十条　董事、高级管理人员违反法律、行政法规或者公司章程的规定，损害股东利益的，股东可以向人民法院提起诉讼。

案由通常为损害股东利益责任纠纷

解读　股东提起诉讼的事由，是公司董事、高级管理人员违反法律、行政法规或者公司章程的规定，且损害了股东的利益。因上述行为利益受到损害的任何股东，都可以提起诉讼，没有对提起诉讼的股东资格条件、前置程序等作出限制。

图表

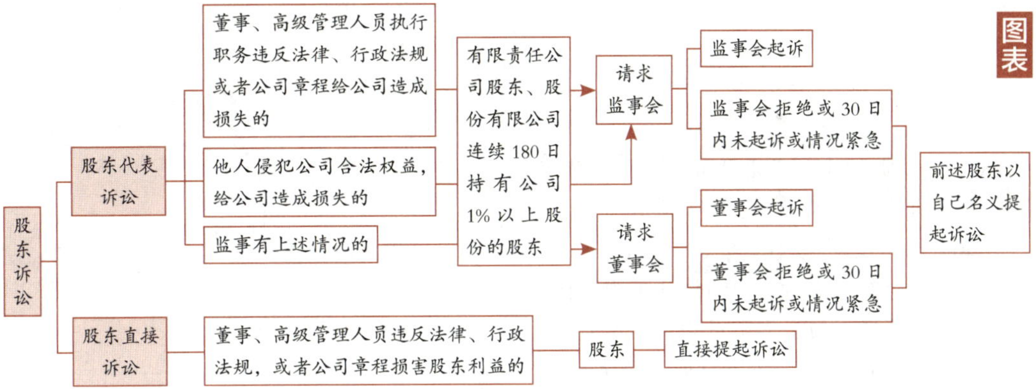

第一百九十一条　董事、高级管理人员对第三人的责任

沿革　本条为新法新增内容。

延伸　《公司法》第 180 条

第一百九十一条　董事、高级管理人员执行职务，给他人造成损害的，公司应当承担赔偿责任；董事、高级管理人员存在故意或者重大过失的，也应当承担赔偿责任。

董事、监事、高级管理人员应当按照法律、行政法规和公司章程执行职务

主观上明知或者应知自己的行为会造成损害，并有意实施该行为

行为时没有尽到基本的注意义务，导致损害结果的发生

图表

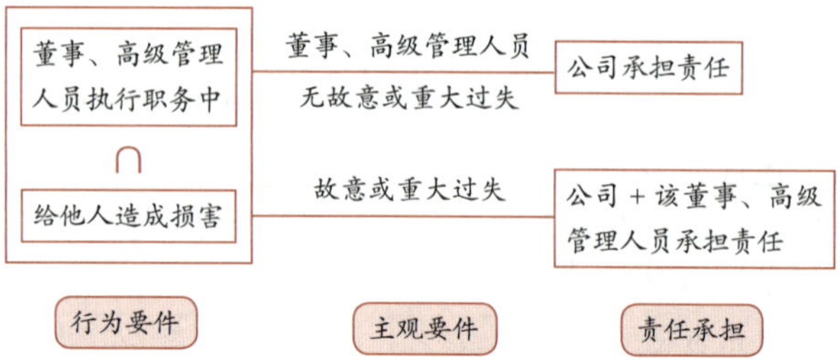

解读　《公司法》规定，只要是董事、高级管理人员执行职务的行为给他人造成损害的，公司即应当承担赔偿责任。公司有独立的法人财产，以其全部财产对公司的债务承担责任，董事、高级管理人员个人不承担责任。但是，董事、高级管理人员存在故意或者重大过失的，也应当承担赔偿责任。

第一百九十二条　控股股东、实际控制人的连带责任

沿革 本条为新法新增内容。

延伸 《民法典》第 1169 条
《时间效力规定》第 4 条

其出资额占有限责任公司资本总额超过 50% 或者其持有的股份占股份有限公司股本总额超过 50% 的股东；出资额或者持有股份的比例虽然低于 50%，但依其出资额或者持有的股份所享有的表决权已足以对股东会的决议产生重大影响的股东

第一百九十二条　公司的控股股东、实际控制人指示董事、高级管理人员从事损害公司或者股东利益的行为的，与该董事、高级管理人员承担连带责任。

通过投资关系、协议或者其他安排，能够实际支配公司行为的人

二人以上依法承担连带责任的，权利人有权请求部分或者全部连带责任人承担责任。连带责任人的责任份额根据各自责任大小确定；难以确定责任大小的，平均承担责任。实际承担责任超过自己责任份额的连带责任人，有权向其他连带责任人追偿

解读 在公司的控股股东、实际控制人指示董事、高级管理人员从事损害公司或者股东利益的行为的情况下，责任承担如下：（1）控股股东、实际控制人滥用了其股东权利和控制权，侵害了公司的独立性或者股东利益，故应承担赔偿责任。（2）董事、高级管理人员听从控股股东、实际控制人从事损害公司利益的行为，其对损害的结果持故意的态度，应当承担赔偿责任。（3）公司的控股股东、实际控制人与董事、高级管理人员承担连带责任。

图表

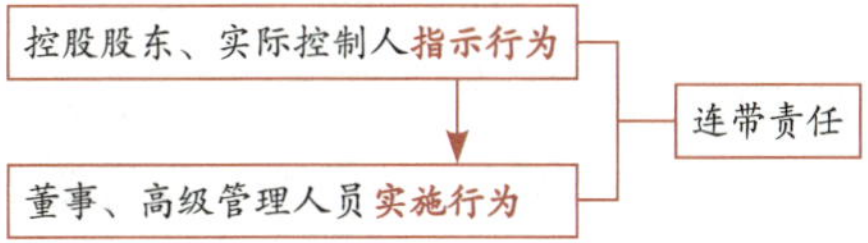

第一百九十三条　公司为董事投保责任保险

沿革　本条为新法新增内容。

延伸

国务院办公厅《关于上市公司独立董事制度改革的意见》第二点

《上市公司治理准则》第 24 条

《上市公司独立董事管理办法》第 40 条

具体保险产品名称不同

第一百九十三条　公司可以在董事任职期间为董事因执行公司职务承担的赔偿责任投保责任保险。

公司为董事投保责任保险或者续保后，董事会应当向股东会报告责任保险的投保金额、承保范围及保险费率等内容。

事后报告

解读　投保责任保险需注意：（1）投保主体是公司，而非董事个人。（2）投保的时间为董事任职期间。（3）保险责任的范围为董事因执行公司职务而产生的赔偿责任，不包括高级管理人员，且仅限于因执行公司职务而产生的责任，而非个人责任。（4）投保或续保后，董事会应当履行向股东会报告的义务。（5）报告事项为：投保金额、承保范围及保险费率。

图表

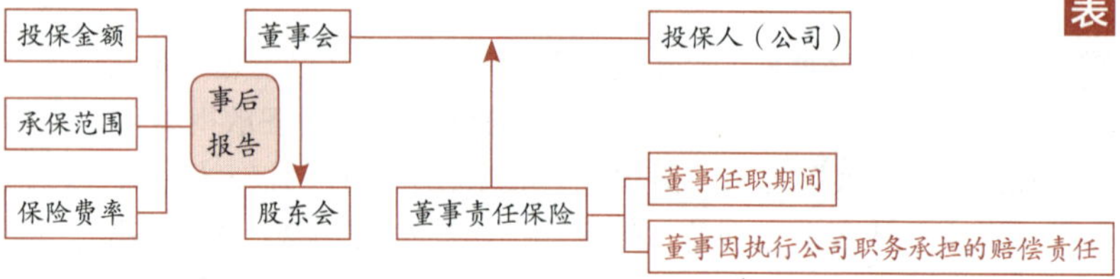

第九章 公司债券

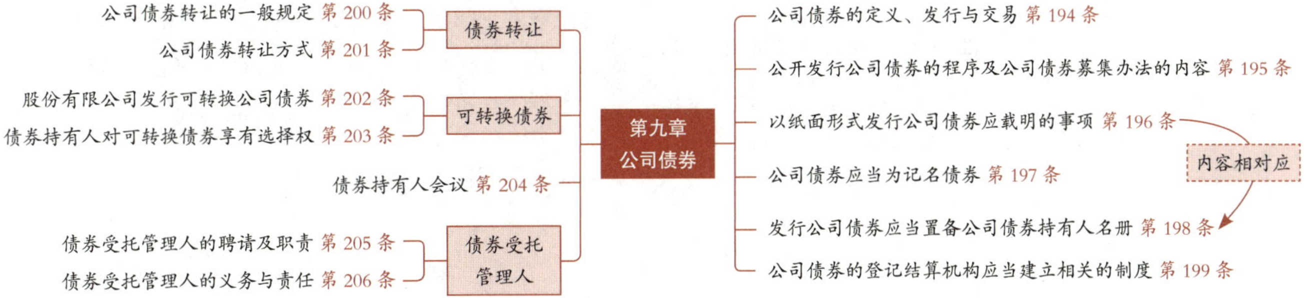
第九章
公司债券
债券转让
公司债券转让的一般规定 第 200 条
公司债券转让方式 第 201 条
可转换债券
股份有限公司发行可转换公司债券 第 202 条
债券持有人对可转换债券享有选择权 第 203 条
债券持有人会议 第 204 条
债券受托管理人
债券受托管理人的聘请及职责 第 205 条
债券受托管理人的义务与责任 第 206 条
公司债券的定义、发行与交易 第 194 条
公开发行公司债券的程序及公司债券募集办法的内容 第 195 条
以纸面形式发行公司债券应载明的事项 第 196 条
公司债券应当为记名债券 第 197 条
发行公司债券应当置备公司债券持有人名册 第 198 条
公司债券的登记结算机构应当建立相关的制度 第 199 条
内容相对应

第一百九十四条　公司债券的定义、发行与交易

沿革 本法第1款为旧法第153条第1款，删除了旧法“依照法定程序”发行的规定，将旧法中“一定期限”还本付息改为“按期”。第2款为新法新增内容。第3款为旧法第153条第2款，增加“交易”也应当合法，增加《证券法》“等法律、行政法规”，范围更大。

延伸

《证券法》第9、37条

《企业债券管理条例》第2、5条

《公司债券发行与交易管理办法》第2、3条

第一百九十四条　本法所称公司债券，是指公司发行的约定按期还本付息的有价证券。

公司债券可以公开发行，也可以非公开发行。

公司债券的发行和交易应当符合《中华人民共和国证券法》等法律、行政法规的规定。

> 有价证券：具有流通性，有权依法自由转让

> 公开发行：有下列情形之一的，为公开发行：(1)向不特定对象发行证券；(2)向特定对象发行证券累计超过200人，但依法实施员工持股计划的员工人数不计算在内；(3)法律、行政法规规定的其他发行行为

> 交易：依法买卖证券

> 非公开发行：非公开发行的公司债券应当向专业投资者发行，不得采用广告、公开劝诱和变相公开方式，每次发行对象不得超过200人

解读 公司债券在发债公司和债券持有人之间形成债权债务关系，债券持有人是公司的债权人，但不是所有者，无权参与或干涉公司经营管理，债券持有人有权按期收回本息。根据《证券法》《公司债券发行与交易管理办法》，债券可以非公开发行，此次《公司法》修订对此予以明确。公司债券的发行和交易应当符合《证券法》等法律、行政法规的规定，本条不再详细列举。

图表

第一百九十五条　公开发行公司债券的程序及公司债券募集办法的内容

沿革 本条为旧法第154条，较旧法新增“公开”发行公司债券，明确旧法中的“国务院授权的部门”为“国务院证券监督管理机构”，改“核准”为“注册”。

延伸 《证券法》第15、16条

第一百九十五条　公开发行公司债券，应当经国务院证券监督管理机构注册，公告公司债券募集办法。

公司债券募集办法应当载明下列主要事项：

（一）公司名称；

（二）债券募集资金的用途；

（三）债券总额和债券的票面金额；

（四）债券利率的确定方式；

（五）还本付息的期限和方式；

（六）债券担保情况；

（七）债券的发行价格、发行的起止日期；

（八）公司净资产额；

（九）已发行的尚未到期的公司债券总额；

（十）公司债券的承销机构。

- 公司债券募集办法：公司为了募集公司债券而制定的载有法定内容的书面文件
- 公司名称：确定该公司为债券的募集人和偿债人
- 债券募集资金的用途：便于认购人及监管机构监督以后资金的使用情况
- 债券总额：当次所发行的公司债券总金额，不包括公司已发行的公司债券余额
- 票面金额：在当次所发行债券中不同单位的票面金额
- 债券利率的确定方式：公司决议确定的利率方式
- 债券担保情况：担保人、担保方式等
- 公司净资产额：资产总额减去负债以后的净额
- 公司债券的承销机构：受委托的证券公司的名称及承销协议

解读 注册制改革后，公司公开发行债券无须核准，仅需国务院证券监督管理机构注册，此次《公司法》修订吸收了这一新制度。本条规定了公司公开发行债券经注册后方能公告公司债券募集办法。公司债券募集办法是公司为筹集资金向非特定的公司债券认购人的要约，本条列明了募集办法中应当载明的10个法定事项，同意该条件的社会公众在自愿的情况下认购债券。

第一百九十六条　以纸面形式发行公司债券应载明的事项

沿革 本条为旧法第 155 条，部分措辞调整，将“实物券方式”改为“纸面形式”。

延伸 《企业债券管理条例》第 6 条

第一百九十六条　公司以纸面形式发行公司债券的，应当在债券上载明公司名称、债券票面金额、利率、偿还期限等事项，并由法定代表人签名，公司盖章。

- 纸面形式：具有实物票券的债券
- 偿还期限：还本付息的期限
- 法定代表人：公司的法定代表人按照公司章程的规定，由代表公司执行公司事务的董事或者经理担任

解读 公司债券是公司向公司债券认购人出具的债务凭证。以纸面形式发行公司债券的，应当在债券上记载公司名等主要事项，明确债权人、债务人及债务信息。债券应由公司法定代表人签名，并加盖公司的印章。

图表

公司债券应记载事项

- 公司名称
- 每种债券的票面金额和利率
- 债券的种类
- 公司债券的偿还方式及期限
- 利息支付方法
- 债券的编号和发行日期
- 附有担保的债券，有关担保的事项
- 可转换债券，应在票面上载明可转换债券字样

第一百九十七条　公司债券应当为记名债券

沿革 本条为旧法第 156 条，删除“可以为无记名债券”。

延伸 《民事诉讼法》第 229~234 条

第一百九十七条　公司债券应当为记名债券。

券面上记载有公司债券持有人的姓名或者名称的债券

解读 本次《公司法》修订删除了“无记名”股票和“无记名”债券的规定，即公司发行的股票、债券均应采用记名的形式。本条规定，公司债券应当为记名债券。当公司债券持有人是自然人时，记载该自然人的姓名；当公司债券持有人是法人时，记载该法人的名称。记名债券能够有效地保障债券持有人对债券的所有权，当记名债券被盗、遗失或者灭失时，债券持有人可以依照《民事诉讼法》规定的公示催告程序，请求人民法院宣告失效，依法进行补救。

第一百九十八条　发行公司债券应当置备公司债券持有人名册

沿革 本条为旧法第 157 条第 1 款、第 2 款。将旧法的“债券存根簿”改为“持有人名册”。因新法不允许发行无记名公司债券，故删除旧法第 157 条第 3 款。

解读 公司债券持有人名册是公司发行公司债券的原始凭证，其设置及记载事项应当符合法律的规定。公司置备公司债券持有人名册意义在于：（1）确保公司发行公司债券的真实性和证据力；（2）债券持有人转让债权时，具有变更债权人名义的职能；（3）对记名债券持有人发出通知书或催告书的依据；（4）在记名债券设定质权或者抵押权时，具有记载该债券法律状态的职能。公司债券持有人名册上的记载应当与公司债券一致。

延伸 《公司法》第 196 条

第一百九十八条　公司发行公司债券应当置备公司债券持有人名册。

发行公司债券的，应当在公司债券持有人名册上载明下列事项：

（一）债券持有人的姓名或者名称及住所；

（二）债券持有人取得债券的日期及债券的编号；

（三）债券总额，债券的票面金额、利率、还本付息的期限和方式；

（四）债券的发行日期。

依法记载债券持有人及债券有关事项的簿册，可以是纸质的，也可以是电子的

自然人

法人

公司以其主要办事机构所在地为住所

债券权利义务的开始时间

图表

	债券记载事项	债券持有人名册记载事项
不同	公司名称； 担保的事项、可转债字样	债券持有人姓名或名额及住所
相同	票面金额、利率； 偿还方式、期限； 债券种类、利息支付方式； 编号和发行日期	债券持有人取得债券的日期及债券的编号； 债券总额，债券的票面金额、利率、还本付息的期限和方式

第一百九十九条　公司债券的登记结算机构应当建立相关的制度

沿革 本条为旧法第 158 条，仅措辞调整。

延伸 《证券法》第 145~159 条

证券登记结算机构为证券交易提供集中登记、存管与结算服务，不以营利为目的，依法登记，取得法人资格

第一百九十九条　公司债券的登记结算机构应当建立债券登记、存管、付息、兑付等相关制度。

证券登记结算机构履行下列职能：（1）证券账户、结算账户的设立；（2）证券的存管和过户；（3）证券持有人名册登记；（4）证券交易的清算和交收；（5）受发行人的委托派发证券权益；（6）办理与上述业务有关的查询、信息服务；（7）国务院证券监督管理机构批准的其他业务

解读 关于证券的登记、存管、付息、兑付等，《证券法》以及国务院证券监督管理机构有一系列明确的要求，本条规定公司债券的登记结算机构应当建立债券登记、存管、付息、兑付等相关制度，赋予公司债券的登记结算机构根据相关规定建立相关制度的权利和义务。

图表

公司债券登记结算机构：
- 中央国债登记结算有限公司（“中央结算公司”“中债登”）
- 银行间市场清算所股份有限公司（“上海清算所”“上清所”）
- 中国证券登记结算有限公司（“中证登”）

第二百条　公司债券转让

沿革 本条第1款为旧法第159条第1款。第2款为新增内容，扩充了旧法第159条第2款“公司债券在证券交易所上市交易的，按照证券交易所的交易规则转让”的范围。

延伸 《公司债券发行与交易管理办法》第31~33、37条

公司债券买卖的交易价格

第二百条　公司债券可以转让，转让价格由转让人与受让人约定。公司债券的转让应当符合法律、行政法规的规定。

包括非公开发行公司债券的转让

解读 公司债券是一种有价证券，具有流通性，所以本法规定公司债券可以转让。将转让的权利赋予债券持有人，是否转让由债券持有人决定。转让价格不同于公司发行公司债券时的发行价格，债券发行时的价格一般按事先确定的债券票面金额确定，而发行后的债券再转让时，则要根据证券市场对该种债券的需求情况确定，即由转让人与受让人约定。公司债券的转让应当符合相关法律、行政法规的规定。

图表

第二百零一条　公司债券转让方式

沿革 本条为旧法第 160 条第 1 款，部分措辞调整。因新法不允许发行无记名公司债券，故删除旧法第 160 条第 2 款。

延伸

《公司法》第 196 条

《公司债券发行与交易管理办法》第 31、32、37、38 条

第二百零一条 公司债券由债券持有人以背书方式或者法律、行政法规规定的其他方式转让；转让后由公司将受让人的姓名或者名称及住所记载于公司债券持有人名册。

- 背书方式：持票人在票据背面记载有关事项并签章，以转让票据权利
- 法律、行政法规规定的其他方式：（1）公开发行的公司债券，应当在证券交易场所交易。（2）非公开发行公司债券，可以申请在证券交易场所、证券公司柜台转让
- 债券持有人名册：公司发行公司债券应当置备公司债券持有人名册

解读 公司债券的转让有两种方式：（1）债券持有人以背书方式转让。债券持有人在转让公司债券时，应当在该债券上写明受让人的姓名或者名称。写明了受让人姓名或者名称的转让才是有效的转让。记名债券转让后，债券持有人就发生了变化。（2）法律、行政法规规定的其他方式。无论采用哪种转让方式，公司都有义务将受让人的姓名或者名称及住所记载于公司债券持有人名册，以保证公司债券持有人名册记载的真实性。

图表

- 债券受让人的资格要求
  - 公开发行：证券交易场所实施分类管理，实行差异化交易机制，建立相应的投资者适当性管理制度
  - 非公开发行：仅限于专业投资者，转让后，持有同次发行债券的投资者合计不超过 200 人

第二百零二条　股份有限公司发行可转换公司债券

沿革　本条为旧法第161条，发行可转债的主体由旧法的“上市公司”变为“股份有限公司”。新增“经公司章程、股东会授权由董事会决议”可以决定发行。删除旧法“在公司债券募集办法”中规定转换办法的规定。

（1）转换比率或转换价额，以多少公司债券转换多少股票，公司债券金额与股票市值之比。（2）转换期限，明确债券持有人行使其转换权的期间。在此期间内，债券持有人可随时请求公司换发股票

解读　本次《公司法》修订，将发行可转债的公司范围从“上市公司”扩大为所有股份有限公司，增加了非上市股份有限公司的融资工具。公司发行可转债的决议有两个作出主体：（1）股东会；（2）经公司章程、股东会授权的董事会。决议的内容应当包括具体的转换办法。其中，上市公司发行可转债的，应当经国务院证券监督管理机构注册。发行可转债公司还须履行两个义务：（1）应当在债券的票面上标明可转换公司债券的字样。（2）公司应当在公司债券持有人名册上如实记载发行的可转换债券的数额。

股东会对发行公司债券作出决议

股东会可以授权董事会对发行公司债券作出决议

第二百零二条　股份有限公司经股东会决议，**或者经公司章程、股东会授权由董事会决议**，可以发行可转换为股票的公司债券，并规定具体的转换办法。上市公司发行可转换为股票的公司债券，应当经国务院证券监督管理机构注册。

发行可转换为股票的公司债券，应当在债券上标明可转换公司债券字样，并在公司债券持有人名册上载明可转换公司债券的数额。

简称可转债

只有上市公司须履行注册义务

公司债券持有人名册上载明下列事项：（1）债券持有人的姓名或者名称及住所；（2）债券持有人取得债券的日期及债券的编号；（3）债券总额，债券的票面金额、利率、还本付息的期限和方式；（4）债券的发行日期

延伸　《公司法》第59、197、198条

图表

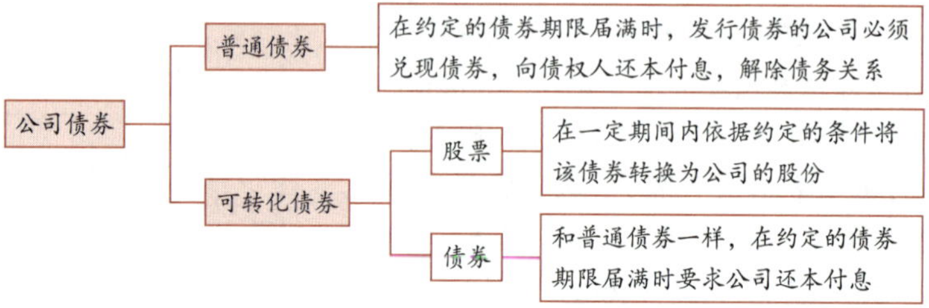

第二百零三条　债券持有人对可转换债券享有选择权

沿革 本条为旧法第162条，新增“法律、行政法规另有规定的除外”的规定。

延伸 《公司法》第202条
《证券法》第15条
财政部《关于国有金融企业发行可转换公司债券有关事宜的通知》

由股东会或董事会决议

第二百零三条 发行可转换为股票的公司债券的，公司应当按照其转换办法向债券持有人换发股票，但债券持有人对转换股票或者不转换股票有选择权。**法律、行政法规另有规定的除外。**

公司有根据债券持有人的选择换发股票的义务

选择继续持有债券还是转换为股票

解读 从公司角度而言，其有义务按照公司债券转换办法中约定的转换方法向债券持有人换发股票。可转换债券转换成股票的效力，由债券持有人依法提出请求时产生。从债券持有人角度，转换权是以债券持有人一方意思表示决定的。在债券期限届满时，其享有选择权：可以要求公司换发股票，也可以要求公司对该债券还本付息。

图表

	相同	不同
可转换债券 vs 普通债券	债券、债务凭证，公司有义务依该凭证向持有人支付本息	持有人有权选择是否转换为股票

第二百零四条　债券持有人会议

沿革 本条为新法新增内容。

延伸 《证券法》第92条
《全国法院审理债券纠纷案件座谈会纪要》
《公司债券发行与交易管理办法》第57、62、63条

第二百零四条　公开发行公司债券的，应当为同期债券持有人设立债券持有人会议，并在债券募集办法中对债券持有人会议的召集程序、会议规则和其他重要事项作出规定。债券持有人会议可以对与债券持有人有利害关系的事项作出决议。

除公司债券募集办法另有约定外，债券持有人会议决议对同期全体债券持有人发生效力。

债券持有人会议是强化债券持有人权利主体地位、统一债券持有人立场的债券市场基础性制度，也是债券持有人指挥和监督受托管理人勤勉履职的专门制度安排

同期发行债券的持有人

仅对本期债券持有人生效，无论其是否参加债券持有人会议以及是否投赞成票

存在下列情形的，债券受托管理人应当按规定或约定召集债券持有人会议：（1）拟变更债券募集说明书的约定；（2）拟修改债券持有人会议规则；（3）拟变更债券受托管理人或受托管理协议的主要内容；（4）发行人不能按期支付本息；（5）发行人减资、合并等可能导致偿债能力发生重大不利变化，需要决定或者授权采取相应措施；（6）发行人分立、被托管、解散、申请破产或者依法进入破产程序；（7）保证人、担保物或者其他偿债保障措施发生重大变化；（8）发行人、单独或合计持有本期债券总额10%以上的债券持有人书面提议召开；（9）发行人管理层不能正常履行职责，导致发行人债务清偿能力面临严重不确定性；（10）发行人提出债务重组方案的；（11）发生其他对债券持有人权益有重大影响的事项

解读 本条规定的债券持有人会议制度为本次《公司法》重要的新增内容，是债券持有人权益保护的重要制度。债券持有人会议相关制度在《证券法》第92条、《全国法院审理债券纠纷案件座谈会纪要》及《公司债券发行与交易管理办法》中早有规定。本法首次明确规定，公开发行公司债券的，应当为同期债券持有人设立债券持有人会议，债券持有人会议有权对与债券持有人有利害关系的事项作出决议，决议对全体债券持有人有约束力。债券持有人会议的重要事项，在债券募集办法中规定。除公司债券募集办法另有约定的，该决议对同期全体债券持有人发生效力。

第二百零五条　债券受托管理人的聘请及职责

沿革 本条为新法新增内容。

解读 本条规定的债券受托管理人制度为本次《公司法》重要的新增内容，是债券持有人权益保护的重要制度。债券受托管理人制度在《证券法》第92条、《全国法院审理债券纠纷案件座谈会纪要》及《公司债券发行与交易管理办法》中早有规定。本法首次明确规定，公开发行公司债券的，发行人应当为债券持有人聘请债券受托管理人。受托管理人应当由本次发行的承销机构或者其他经国务院证券监督管理机构认可的机构担任，债券持有人会议可以决议变更债券受托管理人。受托管理人的职权来自发行人的委托，主要职权包括为债券持有人办理受领清偿、债权保全、与债券相关的诉讼以及参与债务人破产程序等事项。

债券受托管理人由本次发行的承销机构或其他经中国证监会认可的机构担任。债券受托管理人应当为中国证券业协会会员。为本次发行提供担保的机构不得担任本次债券发行的受托管理人

第二百零五条　公开发行公司债券的，发行人应当为债券持有人聘请债券受托管理人，由其为债券持有人办理受领清偿、债权保全、与债券相关的诉讼以及参与债务人破产程序等事项。

公开发行公司债券的受托管理人应当按规定或约定履行下列职责：(1)持续关注发行人和保证人的资信状况、担保物状况、增信措施及偿债保障措施的实施情况，出现可能影响债券持有人重大权益的事项时，召集债券持有人会议；(2)在债券存续期内监督发行人募集资金的使用情况；(3)对发行人的偿债能力和增信措施的有效性进行全面调查和持续关注，并至少每年向市场公告一次受托管理事务报告；(4)在债券存续期内持续督导发行人履行信息披露义务；(5)预计发行人不能偿还债务时，要求发行人追加担保，并可以依法申请法定机关采取财产保全措施；(6)在债券存续期内勤勉处理债券持有人与发行人之间的谈判或者诉讼事务；(7)发行人为债券设定担保的，债券受托管理人应在债券发行前或债券募集说明书约定的时间内取得担保的权利证明或其他有关文件，并在增信措施有效期内妥善保管；(8)发行人不能按期兑付债券本息或出现募集说明书约定的其他违约事件的，可以接受全部或部分债券持有人的委托，以自己名义代表债券持有人提起、参加民事诉讼或者破产等法律程序，或者代表债券持有人申请处置抵质押物

延伸
《证券法》第92条
《全国法院审理债券纠纷案件座谈会纪要》
《公司债券发行与交易管理办法》第57、59条

第二百零六条　债券受托管理人的义务与责任

沿革 本条为新法新增内容。

延伸 《公司债券发行与交易管理办法》第 58~60 条

第二百零六条　债券受托管理人应当勤勉尽责，公正履行受托管理职责，不得损害债券持有人利益。

受托管理人与债券持有人存在利益冲突可能损害债券持有人利益的，债券持有人会议可以决议变更债券受托管理人。

债券受托管理人违反法律、行政法规或者债券持有人会议决议，损害债券持有人利益的，应当承担赔偿责任。

（受托管理职责：接受发行人的委托，为债券持有人的利益履责）

（决议变更债券受托管理人：拟变更债券受托管理人的，债券受托管理人应当召集债券持有人会议）

解读 本条规定的内容在《证券法》第 92 条、《全国法院审理债券纠纷案件座谈会纪要》及《公司债券发行与交易管理办法》中已有规定。本法首次明确规定债券受托管理人的勤勉尽责义务，公正履行受托管理职责，不得损害债券持有人利益，并赋予债券持有人会议变更债券受托管理人的权利。该项权利在受托管理人与债券持有人存在利益冲突可能损害债券持有人利益时行使。受托管理人在以下情况下应当承担赔偿责任：债券受托管理人违反法律、行政法规或者债券持有人会议决议，并且损害了债券持有人的利益。

图表

公开发行公司债券受托管理人的职责	持续关注发行人和保证人的资信状况、担保物状况、增信措施及偿债保障措施的实施情况，出现可能影响债券持有人重大权益的事项时，召集债券持有人会议； 在债券存续期内监督发行人募集资金的使用情况； 对发行人的偿债能力和增信措施的有效性进行全面调查和持续关注，并至少每年向市场公告一次受托管理事务报告； 在债券存续期内持续督导发行人履行信息披露义务； 预计发行人不能偿还债务时，要求发行人追加担保，并可以依法申请法定机关采取财产保全措施； 在债券存续期内勤勉处理债券持有人与发行人之间的谈判或者诉讼事务； 发行人为债券设定担保的，债券受托管理人应在债券发行前或债券募集说明书约定的时间内取得担保的权利证明或其他有关文件，并在增信措施有效期内妥善保管； 发行人不能按期兑付债券本息或出现募集说明书约定的其他违约事件的，可以接受全部或部分债券持有人的委托，以自己名义代表债券持有人提起、参加民事诉讼或者破产等法律程序，或者代表债券持有人申请处置抵质押物
非公开发行公司债券的受托管理人的职责	按照债券受托管理协议的约定履行职责

第十章　公司财务、会计

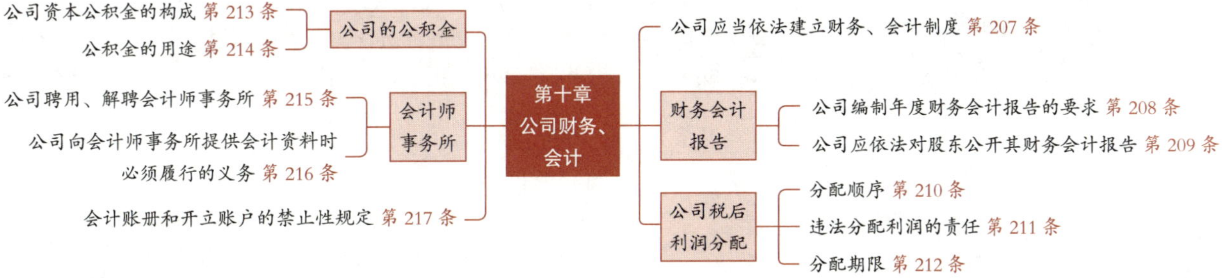
第十章
公司财务、
会计
公司的公积金
公司资本公积金的构成 第 213 条
公积金的用途 第 214 条
会计师
事务所
公司聘用、解聘会计师事务所 第 215 条
公司向会计师事务所提供会计资料时
必须履行的义务 第 216 条
会计账册和开立账户的禁止性规定 第 217 条
公司应当依法建立财务、会计制度 第 207 条
财务会计
报告
公司编制年度财务会计报告的要求 第 208 条
公司应依法对股东公开其财务会计报告 第 209 条
公司税后
利润分配
分配顺序 第 210 条
违法分配利润的责任 第 211 条
分配期限 第 212 条

第二百零七条　公司应当依法建立财务、会计制度

沿革 本条为旧法第 163 条，文字无变化。

延伸

《会计法》第 9~26 条

《企业财务会计报告条例》

第二百零七条 公司应当依照法律、行政法规和国务院财政部门的规定建立本公司的财务、会计制度。

- 法律、行政法规和国务院财政部门的规定：《公司法》有关规定、《会计法》的规定及其他法律的有关规定
- 财务：公司资金管理、成本费用的计算、营业收入的分配、货币的管理、公司的财务报告、公司的清算及公司纳税等方面的规程
- 会计制度：会计记账、会计核算等方面的规程

图表

财务会计制度内容：
- 总则
- 财务管理机构和人员
- 财务会计管理
- 经营计划和预算管理
- 资产管理
- 负债、筹资、担保管理
- 收入与成本管理
- 项目投资管理
- 利润分配
- 财务会计报告
- 审计监督
- 财务考核

解读 公司的财务、会计制度是关于公司财务、会计行为规范的总称。公司应建立自己的财务会计制度是公司立法中的一项重要的法律制度，是对公司的法定要求。公司建立财务、会计制度的依据是法律、行政法规和国务院财政部门的规定。

第二百零八条　公司编制年度财务会计报告的要求

沿革 本条为旧法第 164 条，文字无变化。

延伸 《企业财务会计报告条例》第 2、5、7、19 条

年度结账日为公历年度每年的 12 月 31 日

第二百零八条 公司应当在每一会计年度终了时编制财务会计报告，并依法经会计师事务所审计。

财务会计报告应当依照法律、行政法规和国务院财政部门的规定制作。

企业对外提供的反映企业某一特定日期财务状况和某一会计期间经营成果、现金流量的文件

注册会计师、会计师事务所审计企业财务会计报告，应当依照有关法律、行政法规以及注册会计师执业规则的规定进行，并对所出具的审计报告负责

年度、半年度财务会计报告应当包括：（1）会计报表；（2）会计报表附注；（3）财务情况说明书。会计报表应当包括资产负债表、利润表、现金流量表及相关附表

解读 财务会计报告应当符合三个法定要求：（1）时间上，应当在每一会计年度终了时编制。（2）依法经会计师事务所审计。（3）报告应当依照法律、行政法规和国务院财政部门的规定制作，主要包括《会计法》《公司法》《证券法》《企业财务会计报告条例》。

图表

财务会计报告

- 资产负债表　展示财务状况（资产、负债、所有者权益）
- 利润表　反映经营成果（收入、费用、利润）
- 现金流量表　反映现金的增减变动，涉及经营、投资、筹资活动
- 会计报表附注　对会计报表的编制基础、依据、原则和方法的解释
- 财务情况说明书　包括生产经营基本情况、利润实现和分配情况、资金增减和周转情况等

第二百零九条　公司应依法对股东公开其财务会计报告

沿革 本条为旧法第 165 条，仅措辞调整。

延伸 《公司法》第 115 条
《证券法》第 79 条

第二百零九条　有限责任公司应当按照公司章程规定的期限将财务会计报告送交各股东。

股份有限公司的财务会计报告应当在召开股东会年会的二十日前置备于本公司，供股东查阅；公开发行股份的股份有限公司应当公告其财务会计报告。

> 有限责任公司的章程应当规定在公司召开股东会前多少日内将财务会计报告送交各股东

> 召开股东会会议，应当将会议召开的时间、地点和审议的事项于会议召开 20 日前通知各股东

> 上市公司、公司债券上市交易的公司、股票在国务院批准的其他全国性证券交易场所交易的公司，应当按照国务院证券监督管理机构和证券交易场所规定的内容和格式编制定期报告，并按照以下规定报送和公告：（1）在每一会计年度结束之日起 4 个月内，报送并公告年度报告，其中的年度财务会计报告应当经符合本法规定的会计师事务所审计；（2）在每一会计年度的上半年结束之日起 2 个月内，报送并公告中期报告

解读 为保护股东的合法权益，确保股东行使权利，本法对公司财务会计报告向股东公开做了原则性的要求：（1）有限责任公司：送交各股东。对送交的期限，本法并未做强制性的规定，只要求按照公司章程的规定执行。（2）股份有限公司：置备于公司。置备时间为在召开股东会年会的 20 日前。（3）公开发行股票的股份有限公司：置备于公司并公告。

图表

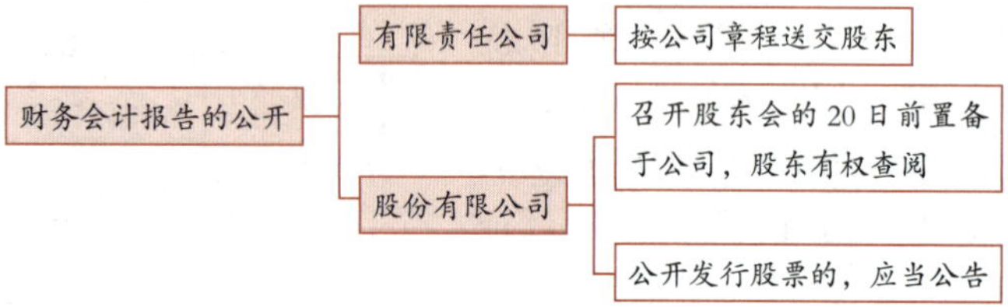

第二百一十条　公司税后利润分配的顺序

沿革 本条1~4款为旧法第166条第1~4款。第5款对应旧法第166条第6款。除措辞调整外，新法第4款删除了旧法关于新增资本的相关规定。

解读 本条规定了公司税后利润的分配顺序：（1）弥补亏损。法定公积金不足以弥补以前年度亏损的，应在提取法定公积金之前弥补亏损。（2）提取法定公积金。①提取比例为利润的10%。②提取例外：公司法定公积金累计额为公司注册资本的50%以上的。（3）提取任意公积金。须经股东会决议，方可提取，法律没有规定提取的比例。（4）分配利润。①有限责任公司，按照实缴出资比例分配，以全体股东另行约定为例外。②按照股东所持有的股份比例分配，以公司章程另有规定为例外。公司原则上不得持有本公司股份，因特殊原因持有的，依法应当注销或者交易，这部分股份不得分配利润。

第二百一十条　公司分配当年税后利润时，应当提取利润的百分之十列入公司法定公积金。公司法定公积金累计额为公司注册资本的百分之五十以上的，可以不再提取。

公司的法定公积金不足以弥补以前年度亏损的，在依照前款规定提取法定公积金之前，应当先用当年利润弥补亏损。

公司从税后利润中提取法定公积金后，经股东会决议，还可以从税后利润中提取任意公积金。

公司弥补亏损和提取公积金后所余税后利润，有限责任公司按照股东实缴的出资比例分配利润，全体股东约定不按照出资比例分配利润的除外；股份有限公司按照股东所持有的股份比例分配利润，公司章程另有规定的除外。

公司持有的本公司股份不得分配利润。

> 利润：公司在一定会计期间的经营成果。在利润表上，利润应当按照营业利润和净利润等利润的构成分类分项列示

> 法定公积金：公积金又称储备金，是公司为了巩固自身的财产基础，提高公司的信用和预防意外亏损，依照法律和公司章程的规定，在公司资本以外积存的资金。法定公积金是法律规定必须提取的公积金

> 以前年度亏损：以前年度累计

> 任意公积金：非法定，由股东会决议

> 实缴的出资比例：此处采用实缴的标准，而非认缴的股份比例

> 全体股东约定：须全体股东一致同意

延伸
《公司法解释四》第13~15条
《公司法解释五》第4条
《企业财务通则》第50条

第二百一十一条　违法分配利润的责任

沿革 本条为旧法第166条第5款，部分措辞调整，删除“在弥补亏损和提取法定公积金之前”的限定，新增“给公司造成损失的，股东及负有责任的董事、监事、高级管理人员应当承担赔偿责任”。

延伸 《公司法》第210、212、225条
《公司法解释四》第13~15条
《时间效力规定》第1条

第二百一十一条 公司违反本法规定向股东分配利润的，股东应当将违反规定分配的利润退还公司；给公司造成损失的，股东及负有责任的董事、监事、高级管理人员应当承担赔偿责任。

返还的部分限于违反前述规定所分配的利润

董事、监事和高级管理人员限定为“负有责任的”

并未限定是负有责任的股东

（1）公司分配当年税后利润时，应当提取利润的10%列入公司法定公积金。公司法定公积金累计额为公司注册资本的50%以上的，可以不再提取。公司的法定公积金不足以弥补以前年度亏损的，在依照前款规定提取法定公积金之前，应当先用当年利润弥补亏损。（2）股东会作出分配利润的决议的，应在6个月内进行分配。（3）公司依照本法第225条减少注册资本后，在法定公积金和任意公积金累计额达到公司注册资本50%前，不得分配利润

解读 与旧法相比，新法删除了“在弥补亏损和提取法定公积金之前”的限定，明确任何违反本法规定向股东分配利润的，都应当退回。因为违反本法规定，向股东分配利润的，将损害公司的信用和抵御风险的能力。对此：（1）股东负有将违反规定分配的利润退还给公司的义务。（2）股东及负有责任的董事、监事、高级管理人员应当承担赔偿责任。这部分为新增的规定。

图表

公积金：
- 法定公积金（税后利润的10%）
  - 盈余公积金
  - 资本公积金
- 任意公积金

第二百一十二条　分配利润的期限

沿革　本条为新法新增内容。

延伸　《公司法解释五》第4条
《时间效力规定》第1条

第二百一十二条　股东会作出分配利润的决议的，董事会应当在股东会决议作出之日起六个月内进行分配。

股东会决议的执行机关

解读　股东会作出利润分配决议后，公司应当尽快完成分配，此前《公司法解释五》规定的时间是，“应当在决议载明的时间内完成利润分配。决议没有载明时间的，以公司章程规定的为准。决议、章程中均未规定时间或者时间超过一年的，公司应当自决议作出之日起一年内完成利润分配”。本次《公司法》修订规定，具体的分配由董事会执行，分配时间为股东会决议作出之日起6个月内，不允许公司章程和股东会决议对此作出约定。

图表

项目	公式
营业利润	营业收入－营业成本－营业税金及附加－销售费用－管理费用－财务费用－资产减值损失+/－公允价值变动收益+/－投资收益
利润总额	营业利润+（营业外收入－营业外支出）
净利润	利润总额－所得税费用

第二百一十三条　公司资本公积金的构成

沿革 本条为旧法第167条，措辞有调整，实质变化：（1）删除旧法“股份有限公司”的限定。（2）增加“发行无面额股所得股款未计入注册资本的金额”的规定。

延伸 《公司法》第142条
《企业财务通则》第17~20、33、55条

第二百一十三条 公司以超过股票票面金额的发行价格发行股份所得的溢价款、**发行无面额股所得股款未计入注册资本的金额**以及国务院财政部门规定列入资本公积金的其他项目，应当列为公司资本公积金。

公司以超过股票票面价值而发行股票时的超过部分

采用无面额股的应当将发行股份所得股款的1/2以上计入注册资本

从公司的利润以外的收入中提取的一种公积金

解读 根据本条的规定，资本公积金的构成主要包括：（1）股票溢价款。这一部分不属于股票持有人所有，因为股票持有人的股票为票面金额，而不包括其超过部分。（2）发行无面额股所得股款未计入注册资本的金额。（3）国务院财政部门规定的情况。此处的其他项目，可以包括接受的赠与、资产的增值、因合并而接受其他公司资产净额等收入。按照财政部发布的《企业财务通则》的规定，企业合并后，净资产超出注册资本的部分应列入资本公积金。

图表

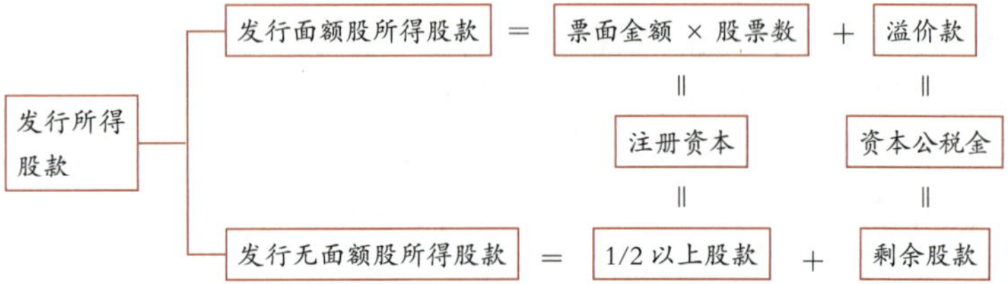

第二百一十四条　公积金的用途

沿革 本条第1、3款为旧法第168条，部分措辞调整；第2款为新法新增内容，规定资本公积金可以用于弥补公司亏损。

延伸 《公司法》第210、213条
《企业财务通则》第18条
《时间效力规定》第2条

第二百一十四条　公司的公积金用于弥补公司的亏损、扩大公司生产经营或者转为增加公司注册资本。

公积金弥补公司亏损，应当先使用任意公积金和法定公积金；仍不能弥补的，可以按照规定使用资本公积金。

法定公积金转为**增加注册**资本时，所留存的该项公积金不得少于转增前公司注册资本的百分之二十五。

提取法定公积金后，从税后利润中提取

法定盈余公积金，《公司法》规定提取税后利润的10%为法定公积金

程序：通过股东会会议的特别决议或者全体股东的决定

此限定适用于有限责任公司和股份有限公司

解读 公积金包括法定公积金、任意公积金、资本公积金。公积金的用途包括：弥补公司亏损、扩大公司生产经营或者转为增加公司资本。2005年修订后的《公司法》规定，资本公积金不得用于弥补公司亏损。此次新法对此进行了修改，规定资本公积金可作为弥补公司亏损的补充途径，即任意公积金和法定公积金不能弥补公司亏损的情况下，可以按规定使用资本公积金。本条第3款规定的是增加公司资本的情况。将公积金的一部分扩充为公司的资本须经过法定程序。且此情况有比例的限制，即所留存的该项公积金不得少于转增前公司注册资本的25%。

图表

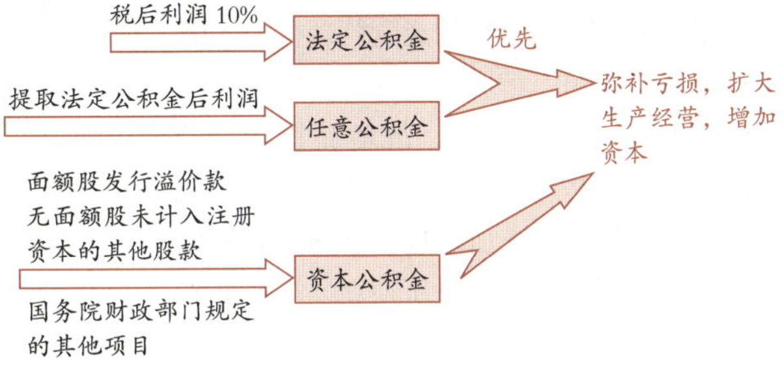

第二百一十五条　公司聘用、解聘会计师事务所

沿革 本条为旧法第 169 条，部分措辞调整，新增监事会的表决权。

延伸 《注册会计师法》第 14、16、17 条
《企业财务通则》第 12 条

本条限定为承办审计业务的会计师事务所，只提供会计咨询业务的会计师事务所不在此限

接受公司委托，对公司的财务会计报告进行独立审计，出具审计意见

第二百一十五条 公司聘用、解聘承办公司审计业务的会计师事务所，*按照*公司章程的规定，由*股东会*、*董事会*或者**监事会**决定。

公司*股东会*、*董事会*或者**监事会**就解聘会计师事务所进行表决时，应当允许会计师事务所陈述意见。

除此之外的主体无决定权，如经理或其他高级管理人员

解读 本条第 1 款规定了公司聘用或解聘承办公司审计业务的会计师事务所的程序性规则，即须依照公司章程的规定，由股东会、董事会或者监事会决定。此次新法新增监事会对此事项的决定权。由于监事会的职责在于监督对公司进行的经营管理行为，出于审计目的聘用、解聘会计师事务所属于其职责职权范围内的事项，故增加其对此事项的决定权也是应有之义。本条第 2 款的规定，允许会计师事务所陈述自己的意见，实则是为了保证会计师事务所独立、客观、公正地进行审计。

第二百一十六条　公司向会计师事务所提供会计资料时必须履行的义务

沿革 本条为旧法第 170 条，无文字变化。

延伸 《会计法》第 3、4、13、14、15、21 条

包括原始凭证和记账凭证。
办理《会计法》规定的经济业务事项，必须填制或者取得原始凭证并及时送交会计机构

《会计法》规定，公司必须依法设置会计账簿，并保证其真实、完整，公司的法定代表人要对本单位的会计工作和会计资料的真实性、完整性负责

第二百一十六条　公司应当向聘用的会计师事务所提供真实、完整的会计凭证、会计账簿、财务会计报告及其他会计资料，不得拒绝、隐匿、谎报。

其应对以下事项作出说明：会计处理方法变更的原因、情况及影响；单位提供的担保、未决诉讼等或有事项。
财务会计报告由会计报表、会计报表附注和财务情况说明书组成

拒绝、隐匿、谎报会计师事务所要求提供的相关的会计资料的，公司承担相应的法律责任

必须以经过审核的会计凭证为依据，并符合有关法律、行政法规和国家统一的会计制度的规定。
包括总账、明细账、日记账和其他辅助性账簿。
会计账簿应当按照连续编号的页码顺序登记

图表

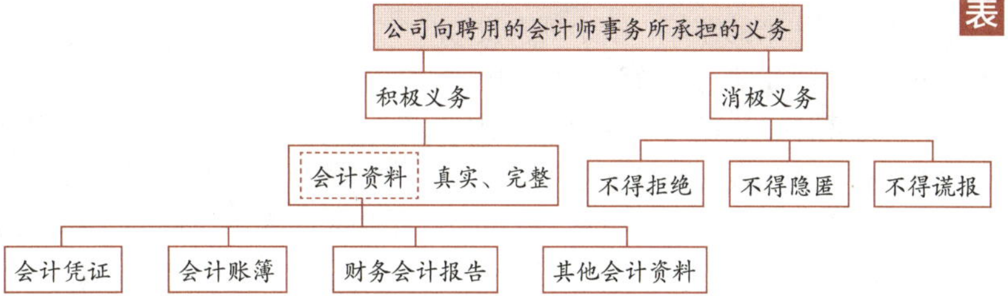

解读 根据本条规定，公司向会计师事务所提供会计资料时必须履行的义务分为积极义务（提供真实、完整的材料）和消极义务（不得拒绝、隐匿、谎报）。

第二百一十七条　会计账册和开立账户的禁止性规定

沿革 本条为旧法第 171 条，部分措辞调整。

延伸 《会计法》第 16 条
《公司法》第 254 条

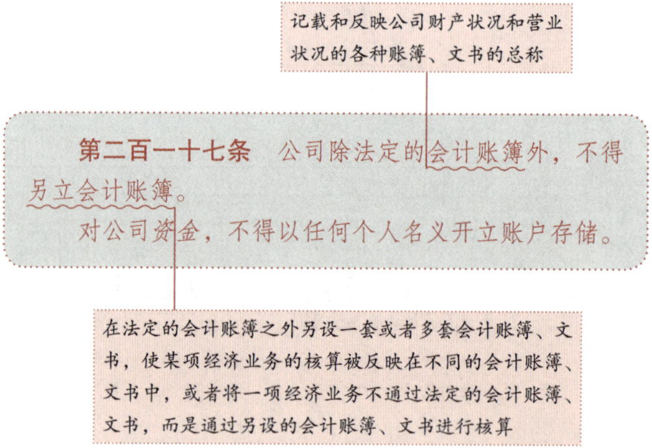

解读 本条第 1 款禁止的在法定会计账簿之外另立会计账簿的行为，就是私设会计账簿。这种私设会计账簿的行为不仅有碍公司管理者、股东、债权人和社会公众掌握公司经营情况，还破坏了国家税收管理体系，且破坏了诉讼程序中重要的诉讼证据，是一种严重的违法行为。公司有自己的账户，将公司财产以个人名义存储于银行，逃避了有关机关对公司经济往来的监管，给个别人侵吞公司财产提供了机会。故为了维护国家经济管理秩序，也是出于保护公司财产、股东权益和债权人利益不受侵害的目的，禁止将公司财产以任何个人名义开立账户存储。

图表

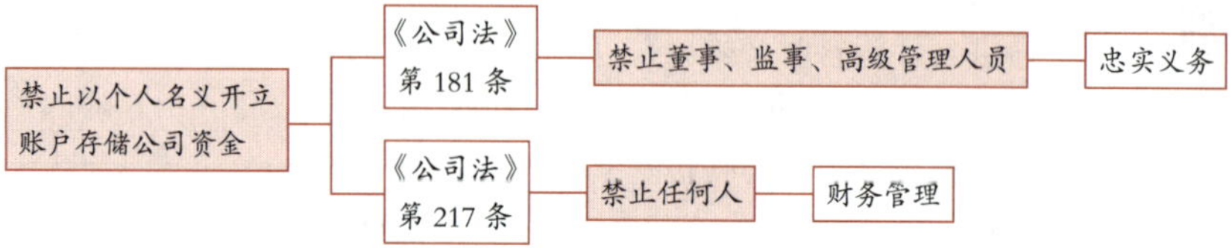

第十一章　公司合并、分立、增资、减资

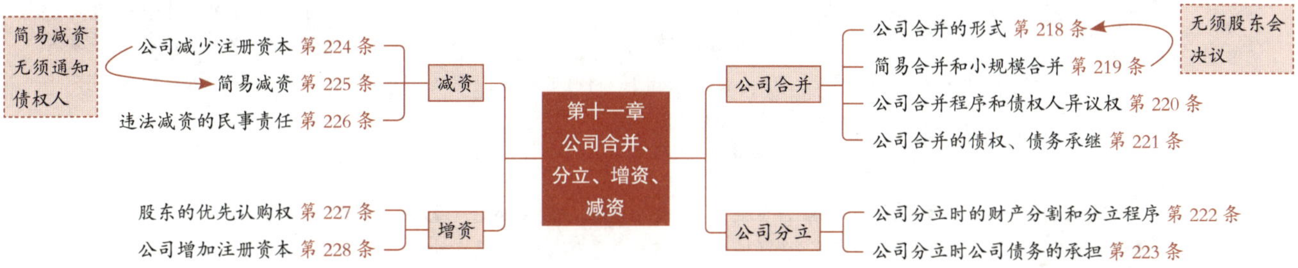

第二百一十八条　公司合并的形式

沿革 本条为旧法第 172 条，文字无变化。

延伸 最高人民法院《关于人民法院为企业兼并重组提供司法保障的指导意见》

《税收征收管理法》第 48 条

第二百一十八条 公司合并可以采取吸收合并或者新设合并。

一个公司吸收其他公司为吸收合并，被吸收的公司解散。两个以上公司合并设立一个新的公司为新设合并，合并各方解散。

两个或者两个以上的公司通过订立合并协议，依照《公司法》等有关法律、行政法规的规定，合并为一个公司的法律行为

又称存续合并，是指两个或者两个以上的公司合并时，其中一个或者一个以上的公司并入另一个公司的法律行为。被合并的公司解散，法人资格消灭，成为另一个公司的组成部分

两个或者两个以上的公司组合成为一个新公司的法律行为。原来的公司法人资格均消灭

接受并入公司的公司（享有法人资格），应当于公司合并以后到市场监督管理部门办理变更登记手续；被合并的公司（法人资格消灭）应当宣告停业，并到市场监督管理部门办理注销手续，以后以合并后的公司的名义进行生产经营活动

合并以后，原来的公司应当到市场监督管理部门办理注销手续。新设立的公司（应当符合《公司法》规定的设立公司的基本条件）应当到市场监督管理部门办理设立登记手续，取得法人资格

解读 公司的合并实质上是两个或两个以上的公司合成为一个公司。有限责任公司或者股份有限公司之间也可以合并。公司的合并必须依法定程序进行。本条第 1 款规定了两种公司合并的形式：一种是吸收合并，另一种是新设合并。

图表

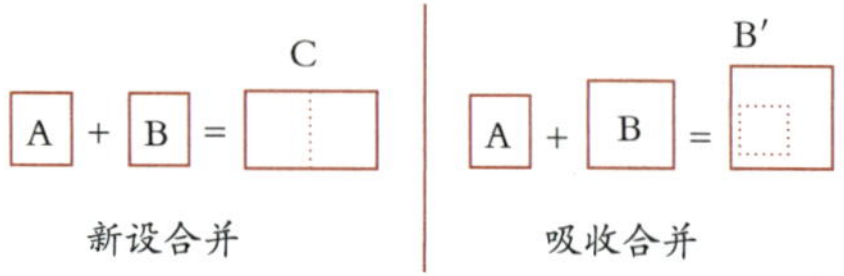

第二百一十九条　简易合并和小规模合并

沿革 本条为新法新增内容。

延伸 《公司法》第89、162条
《时间效力规定》第2条

只有被合并公司在此过程中无须经股东会决议。其他公司仍需经股东会决议

此类情况为吸收合并

第二百一十九条　公司与其持股百分之九十以上的公司合并，被合并的公司不需经股东会决议，但应当通知其他股东，其他股东有权请求公司按照合理的价格收购其股权或者股份。

公司合并支付的价款不超过本公司净资产百分之十的，可以不经股东会决议；但是，公司章程另有规定的除外。

公司依照前两款规定合并不经股东会决议的，应当经董事会决议。

在提高合并效率的同时，保护其他小股东的权益

公司章程可以有相反规定（不同于本条第1款）

解读 本条新增的内容对特殊的公司合并进行了规定，即公司与其持股90%以上的公司合并和公司合并支付的价款不超过本公司净资产10%的。在这两种情况下，公司合并程序被简化，可以不经过股东会决议，这提高了公司合并效率。简化合并流程只是可以省去股东会决议这一步，但还是必须履行必要程序。

图表

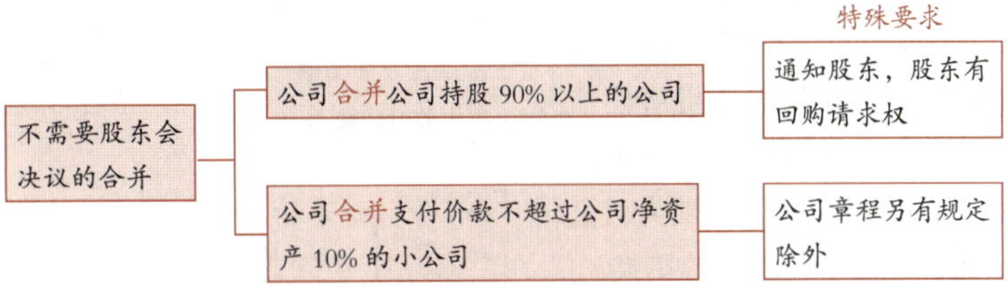

第二百二十条　公司合并程序和债权人异议权

沿革 本条为旧法第173条，部分措辞调整，新增“国家企业信用信息公示系统”作为公告渠道。

延伸 《企业改制民事纠纷规定》第30条
《企业财务通则》第53条

第二百二十条　公司合并，应当由合并各方签订合并协议，并编制资产负债表及财产清单。公司应当自作出合并决议之日起十日内通知债权人，并于三十日内在报纸上或者国家企业信用信息公示系统公告。债权人自接到通知之日起三十日内，未接到通知的自公告之日起四十五日内，可以要求公司清偿债务或者提供相应的担保。

由两个或者两个以上的公司就公司合并的有关事项订立的书面协议。内容包括：（1）公司的名称与住所，包括合并前的各公司的名称与住所和合并后公司的名称与住所。（2）存续或者新设公司因合并而发行的股份总数、种类和数量，投资总额，每个出资人投资比例等。（3）合并各方现有资本及对其处理方法。（4）合并各方所有债权、债务及对其处理方法。（5）存续或新设公司的章程如何订立及其主要内容。（6）各方认为应当载明的其他事项

反映公司资产及负债状况、股东权益的公司主要的会计报表

反映公司的财产状况（应准确、翔实）

有限责任公司：由股东会经代表2/3以上表决权的股东通过；股份有限公司：由股东会经出席会议的股东所持表决权2/3以上通过

对于住所明确的债权人都应书面通知

www.gsxt.gov.cn

全国或者公司注册登记地省级有影响的报纸

（1）让无法通知的债权人了解合并情况；（2）通知未参加股东会的股东

公告相比通知更不易为人知悉，故为提供担保留出的时间更长

解读 公司合并是公司变更的一种方式，涉及公司、股东和债权人等相关人的利益，应当依法进行。本条规定了公司合并的程序。对债权人的通知和公告，可以让其知道公司合并的情况。为在公司合并过程中保护债权人利益，本条赋予了对公司合并决议的异议权，债权人（接到通知之日起30日内，公告之日起45日内）可要求公司清偿债务或提供相应担保。如果公司债权人在法定的时间内没有提出异议，视为对公司合并的默认，即接受债务人的更换。

图表

公司合并程序：①签订公司合并协议 → ②编制资产负债表和财产清单 → ③形成合并决议（10日内） → ④向债权人通知和公告 → ⑤合并登记

第二百二十一条　公司合并的债权、债务承继

沿革 本条为旧法第 174 条，文字无变化。

延伸 《企业改制民事纠纷规定》第 1、32、34 条

参与吸收合并或新设合并的所有公司

第二百二十一条　公司合并时，合并各方的债权、债务，应当由合并后存续的公司或者新设的公司承继。

债权、债务的承继，是指合并后存续的公司或者新设立的公司，须无条件接受因合并而消灭或产生的公司对外债权与债务

解读 公司生产经营过程中，必然会对外产生债权、债务。公司合并后，原本的公司和新设立的公司法人资格会产生变换，实质上对合并前公司的债权、债务关系产生影响。本条即规定了公司合并后，对合并前公司债权、债务的承继。

图表

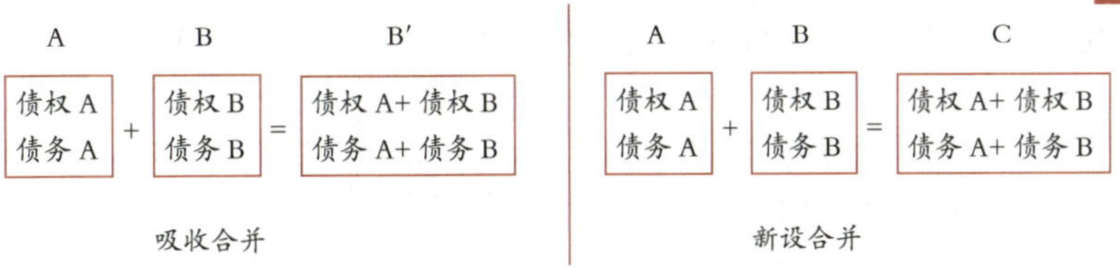

吸收合并和新设合并后的债权、债务承继

第二百二十二条　公司分立时的财产分割和分立程序

沿革 本条为旧法第 175 条，部分措辞调整，新增“国家企业信用信息公示系统”作为公告渠道。

第二百二十二条　公司分立，其财产作相应的分割。

公司分立，应当编制资产负债表及财产清单。公司应当自作出分立决议之日起十日内通知债权人，并于三十日内在报纸上或者国家企业信用信息公示系统公告。

- 公司分立：一个公司依据法律、法规的规定，分成两个或者两个以上的公司的法律行为
- 财产：广义上的财产，既包括有形财产，也包括无形财产；既包括债权，也包括债务
- 公司分立（第二句）：须订立分立协议，即公司分立各方就公司分立过程中的有关事项而协商的约定
- 资产负债表：反映公司资产及负债状况、股东权益的公司主要的会计报表
- 财产清单：反映公司的财产状况（应准确、翔实）
- 通知债权人：对于住所明确的债权人都应书面通知
- 报纸：全国或者公司注册登记地省级有影响的报纸
- 国家企业信用信息公示系统：www.gsxt.gov.cn

《企业财务通则》第 53 条 **延伸**

解读 公司分立是公司变更的一种形式，涉及公司、股东和债权人等相关人的利益，应当依法进行。公司分立后，原公司法人资格发生变化，分割出来的公司具有法人资格，故此过程中财产也进行相应分割（达成一致协议）。公司分立与公司合并流程大致相同；不同之处在于，公司分立时通知债权人并公告后，债权人没有异议权。

图表

公司分立

- 新设分立：将原来一个具有法人资格的公司分割成两个或者两个以上的具有法人资格的公司的法律行为
  - 原来的公司：法人资格消灭，办理注销登记手续
  - 分割出来的公司：办理设立登记手续
- 派生分立：原公司仍然存在但将原公司的一部分分出去成立一个新公司的法律行为
  - 原来的公司：法人资格不消灭，办理变更登记手续
  - 分割出来的公司：办理设立登记手续

公司分立的程序

①签订公司分立协议 → ②编制资产负债表和财产清单 → ③形成分立决议（10 日内） → ④向债权人通知和公告 → ⑤登记

第二百二十三条　公司分立时公司债务的承担

沿革　本条为旧法第176条，文字无变化。

《企业改制民事纠纷规定》第12、13条　延伸

分立后各公司对债务的责任形式不同于公司合并后债务的承继：（1）债权人可以对分立后的任何一个公司主张债权，分立后公司无权拒绝，须清偿债务；（2）分立后的公司之间可以相互行使追偿权

第二百二十三条　公司分立前的债务由分立后的公司承担连带责任。但是，公司在分立前与债权人就债务清偿达成的书面协议另有约定的除外。

与债权人可以做与此条规定相反的约定，但须满足如下条件：（1）内容上：意思表达真实自由，协商一致；（2）时间上：公司分立前；（3）形式上：书面协议

解读　公司分立一般会影响全体债权人的利益，因为公司分立会导致公司资产减少，且债务承担人身份改变。为了更好地保护债权人的利益，原则上公司分立前的债务由分立后的公司承担连带责任（对此可以另有约定）。债权人与公司在分立前就债务清偿达成书面协议的，就只能按照协议的约定来行使权利，其他分立后的公司不再承担连带责任。

图表

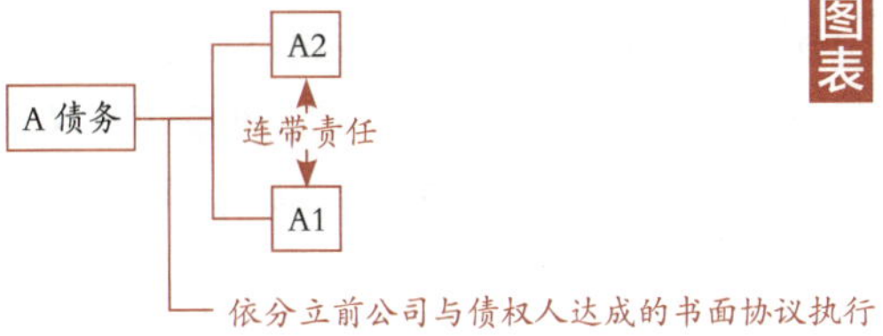

第二百二十四条　公司减少注册资本

沿革 本条第 1 款、第 2 款为旧法第 177 条，部分措辞调整，明确减少注册资本决议为股东会作出，新增“国家企业信用信息公示系统”作为公告渠道。增加第 3 款。

解读 公司减资对债权人影响很大，甚至可能危及社会交易安全，但确实有其合理性。根据减资公司净资产流出与否，分为实质性减资（减少注册资本的同时，将一定金额返还给股东，从而也减少了净财产的减资形式）和形式性减资（只减少注册资本额，注销部分股份，不将公司净资产流出的减资形式）。公司减资对债权人影响很大，故法律为保护债权人利益作出相关规定：对债权人的通知和公告，可以让其知道公司减资的情况。同时赋予了对公司减资决议的异议权，债权人（接到通知之日起 30 日内，公告之日起 45 日内）可要求公司清偿债务或提供相应担保。如果公司债权人在法定的时间内没有提出异议，视为对公司减资决议的默认。新法增加的第 3 款限制了公司减资的情况下，股东减少出资额或股份以出资或所持比例为原则。

减资，是指公司依法对已经注册的资本通过一定的程序进行削减的法律行为

第二百二十四条　公司减少注册资本，应当编制资产负债表及财产清单。

公司应当自**股东会**作出减少注册资本决议之日起十日内通知债权人，并于三十日内在报纸上**或者国家企业信用信息公示系统**公告。债权人自接到通知之日起三十日内，未接到通知的自公告之日起四十五日内，有权要求公司清偿债务或者提供相应的担保。

公司减少注册资本，应当按照股东出资或者持有股份的比例相应减少出资额或者股份，法律另有规定、有限责任公司全体股东另有约定或者股份有限公司章程另有规定的除外。

反映公司资产及负债状况、股东权益的公司主要的会计报表

反映公司的财产状况（应准确、翔实）

对于住所明确的债权人都应书面通知

全国或者公司注册登记地省级有影响的报纸

www.gsxt.gov.cn

公告相比通知更不易为人知悉，故为提供担保留出的时间更长

延伸 《市场主体登记管理条例实施细则》第 36 条

《时间效力规定》第 1 条

图表

公司减资的程序

①编制资产负债表和财产清单 → ②形成减资决议（10 日内） → ③向债权人通知和公告 → ④减资登记

第 11 章 218~228

第二百二十五条　简易减资

沿革 本条为新法新增内容。

延伸 《公司法》第 214、224 条
《市场主体登记管理条例实施细则》第 36 条

> 第二百二十五条　公司依照本法第二百一十四条第二款的规定弥补亏损后，仍有亏损的，可以减少注册资本弥补亏损。减少注册资本弥补亏损的，公司不得向股东分配，也不得免除股东缴纳出资或者股款的义务。
>
> 依照前款规定减少注册资本的，不适用前条第二款的规定，但应当自股东会作出减少注册资本决议之日起三十日内在报纸上或者国家企业信用信息公示系统公告。
>
> 公司依照前两款的规定减少注册资本后，在法定公积金和任意公积金累计额达到公司注册资本百分之五十前，不得分配利润。

依次使用任意公积金和法定公积金，以及资本公积金弥补亏损

但减资的其他程序，如编制资产负债表和财产清单、股东会决议、公告（报纸上和国家企业信用信息公示系统上）等还是需要完成

解读 为了提高减资效率、降低公司减资成本，新法新增简易减资程序。根据本条第 1 款的规定，简易减资程序是为了弥补公司亏损，保障公司能扭亏为盈、正常存续。第 2 款规定了具体如何简化流程，即无须通知债权人，只需在规定时间内公告。第 3 款规定了减资后的利润分配限制。由于本条的设置整体来说是保护公司和股东利益的，因此需要对给股东分配利益的行为进行限制，以一定程度上保护债权人利益。

图表

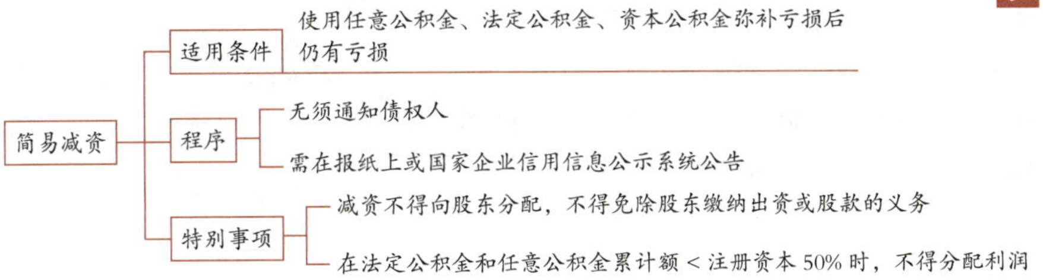

第二百二十六条　违法减资的民事责任

沿革 本条为新法新增内容。

延伸 《公司法》第224、225条
《时间效力规定》第1条

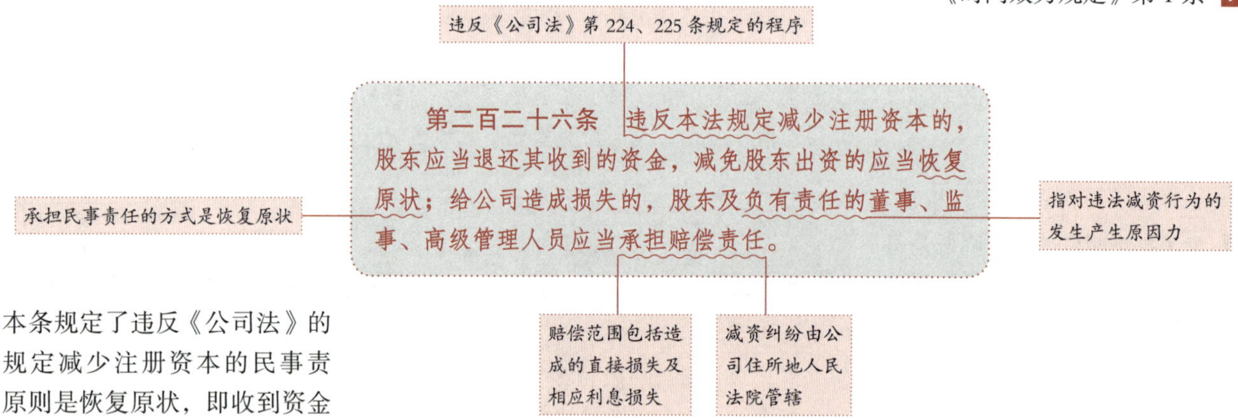

解读 本条规定了违反《公司法》的规定减少注册资本的民事责任，原则是恢复原状，即收到资金的股东退还资金，减免股东出资的恢复原状。股东是公司的出资人，对公司负责；董事、监事、高级管理人员被委任对公司的经营管理活动负责。因此，减资行为给公司造成损失的，对此负有责任的股东及董事、监事、高级管理人员应承担相应的赔偿责任。

图表

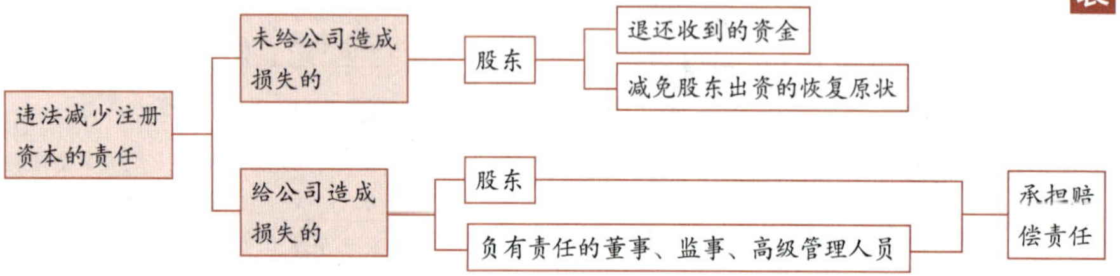

第二百二十七条　股东的优先认购权

沿革　本条为旧法第 34 条。旧法规定"股东有权优先按照实缴的出资比例认缴出资"，全体股东一致约定的除外。新法则区分有限责任公司和股份有限公司，作出不同规定。

延伸　《公司法》第 84 条

第二百二十七条　*有限责任公司增加注册资本时，股东在同等条件下有权优先按照实缴的出资比例认缴出资。但是，全体股东约定不按照出资比例优先认缴出资的除外。*

股份有限公司为增加注册资本发行新股时，股东不享有优先认购权，公司章程另有规定或者股东会决议决定股东享有优先认购权的除外。

> 同等条件：包括股权的数量、价格、出资方式、出资期限等
>
> 全体股东：无论出资额多少或持股比例大小，所有股东都需要同意此约定
>
> 股份有限公司：既包括上市公司，也包括非上市公司

解读　本条第 1 款规定了有限责任公司增资时，股东在同等条件下有优先认购权。这是因为股东的优先认购权本身在于保护股东权益，维护股东间的和谐，这与有限责任公司的人合性相一致。与有限责任公司相比，股份有限公司资合性更强，股东之间联系较弱，故发行新股时，股东没有优先认购权。但公司章程或股东会决议可以赋予股东优先认购权。

图表

增加资本		原则	例外
	有限责任公司	股东有优先认缴权	全体股东约定不按照出资比例优先认缴出资
	股份有限公司	股东无优先认购权	公司章程或股东会赋予股东优先认购权

第二百二十八条　公司增加注册资本

沿革 本条为旧法第 178 条，文字无变化。

延伸 《公司法》第 48、49、98 条
《市场主体登记管理条例实施细则》第 36 条

第二百二十八条　有限责任公司增加注册资本时，股东认缴新增资本的出资，依照本法设立有限责任公司缴纳出资的有关规定执行。

股份有限公司为增加注册资本发行新股时，股东认购新股，依照本法设立股份有限公司缴纳股款的有关规定执行。

> 用货币出资，也可以用实物、知识产权、土地使用权、股权、债权等可以用货币估价并可以依法转让的非货币财产作价出资。对作为出资的非货币财产应当评估作价，核实财产，不得高估或者低估作价

> 公司经过股东会决议，使公司的注册资本在原来的基础上予以扩大的法律行为。主要有两种途径：（1）吸收外来新资本；（2）用公积金增加资本或利润转增资本。本条所讲的增加注册资本是第一种

解读 公司增加注册资本可以为了多种目的，如扩大经营规模或经营范围，或者使注册资本与公司的实际资产相符，或者提高公司的资本信誉。公司增加注册资本不会损害公司债权人的利益，无须通知债权人。其主要程序即经过股东会作出特别决议。有限责任公司：由股东会经代表 2/3 以上表决权的股东通过；股份有限公司：由股东会经出席会议的股东所持表决权 2/3 以上通过。增加注册资本后要相应地修改公司章程并进行公司章程的变更登记。

图表

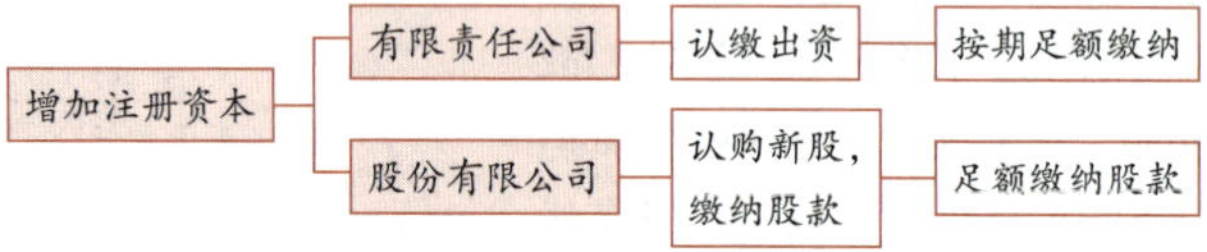

第十二章　公司解散和清算

- 第十二章 公司解散和清算
  - 公司解散
    - 公司解散的原因及公示 第 229 条
    - 通过修改公司章程或者经股东会决议而使公司存续 第 230 条
    - 人民法院强制解散公司 第 231 条
  - 公司清算
    - 公司解散时的清算义务人、清算组 第 232 条
    - 逾期不清算及强制解散情形下由法院指定清算组 第 233 条
    - 清算组的职权 第 234 条
    - 清算组通知并公告债权人及债权人在法定时间内申报债权 第 235 条
    - 制订清算方案及处分公司财产 第 236 条
    - 公司解散清算转化为破产清算 第 237 条
    - 清算组成员的义务和责任 第 238 条
  - 注销登记
    - 清算报告和注销公司登记 第 239 条
    - 简易程序注销公司登记 第 240 条
    - 强制注销公司登记 第 241 条
  - 宣告破产及实施破产清算 第 242 条

第二百二十九条　公司解散的原因

沿革 本条第1款为旧法第180条，部分措辞调整。第2款为新增内容。

解读 公司解散导致公司法人归于消灭。但解散需要时间，在这一段时间内，公司法人资格并未消灭，在法律上被视为为进行清算而存在的公司。此时公司行为能力受到限制，只能进行与清算有关的活动，不得开展与清算无关的经营活动。第2款为新增规定，公司解散后进行公示，有助于社会公众对公司存续情况进行了解。

延伸 《民法典》第68、69条
《公司法》第231条

第二百二十九条 公司因下列原因解散：

（一）公司章程规定的营业期限届满或者公司章程规定的其他解散事由出现；

（二）股东会决议解散；

（三）因公司合并或者分立需要解散；

（四）依法被吊销营业执照、责令关闭或者被撤销；

（五）人民法院依照本法第二百三十一条的规定予以解散。

公司出现前款规定的解散事由，应当在十日内将解散事由通过国家企业信用信息公示系统予以公示。

注释：

- 解散：已经成立的公司，因公司章程或者法定事由出现而停止公司的经营活动，并开始清算，使公司法人资格消灭的法律行为
- 营业期限：公司章程任意规定的事项
- 营业期限届满：期限届满前，股东会可以形成延长经营期限的决议。如果没有形成此决议，公司即进入解散程序
- 其他解散事由：解散事由是公司章程的相对必要记载事项。规定的解散事由出现，股东会可以决议解散公司
- 股东会决议解散：有限责任公司经代表2/3以上表决权的股东通过，股份有限公司经出席股东会的股东所持表决权的2/3以上通过
- 股东会决议解散：股东会决议解散不受公司章程规定的解散事由的约束
- 合并：吸收合并的，吸收方存续，被吸收方解散；新设合并的，合并各方均解散
- 分立：如果公司分立后，原公司存续，则不存在解散问题；如果原公司分立后不再存在，则原公司应解散
- 合并或者分立：此时股东会作出特别决议
- 依法被吊销营业执照、责令关闭或者被撤销：此种解散属于行政性强制解散
- 本法第二百三十一条：公司经营管理发生严重困难，继续存续会使股东利益受到重大损失，通过其他途径不能解决的，持有公司10%以上表决权的股东，可以请求人民法院解散公司
- 国家企业信用信息公示系统：www.gsxt.gov.cn

图表

公司解散
- 自行解散：依公司章程或股东会决议而解散
- 强制解散：因政府有关机关的决定或法院判决而发生的解散

第二百三十条　通过修改公司章程或者经股东会决议而使公司存续

沿革 本条基本为旧法第 181 条的内容，部分措辞调整，实质变化：（1）援引条款较旧法新增一项“股东会决议解散”。（2）新增“经股东会决议”而存续。

《公司法》第 89、161、229、231 条 **延伸**

公司章程规定的营业期限届满或者公司章程规定的其他解散事由出现

股东会决议解散

与前述两种情形（中至少一种）是同时存在的关系

第二百三十条　公司有前条*第一款第一项*、**第二项**情形，**且尚未向股东分配财产的**，可以通过修改公司章程**或者经股东会决议**而存续。

依照前款规定修改公司章程**或者经股东会决议**，有限责任公司须经持有三分之二以上表决权的股东通过，股份有限公司须经出席*股东会*会议的股东所持表决权的三分之二以上通过。

解读 根据本条，出现公司章程规定的营业期限届满或者公司章程规定的其他解散事由的情况，或者股东会决议解散，且满足尚未向股东分配财产的条件的，公司还有机会存续，即修改公司章程或经股东会决议存续。为使公司存续修改公司章程或者经股东会决议的，必须符合本条第 2 款规定的程序性要件。

图表

（公司章程规定的营业期限届满或者公司章程规定的其他解释事由 ∪ 股东会决议解散）∩ 尚未向股东分配财产 ∩ 修改公司章程或经股东会决议 = 公司存续

第二百三十一条　人民法院强制解散公司

沿革　本法为旧法第 182 条，仅措辞调整。

延伸　《公司法解释二》第 1~6、24 条
指导案例 8 号

图表

第二百三十一条　公司经营管理发生严重困难，继续存续会使股东利益受到重大损失，通过其他途径不能解决的，持有公司百分之十以上表决权的股东，可以请求人民法院解散公司。

- 公司经营管理发生严重困难：公司的经营管理事务因各种原因难以进行，几乎处于瘫痪状态。原因可能是股东间或管理人员之间有矛盾，导致股东会或董事会无法有效召集，无法对相关事项举行会议并通过议案
- 通过其他途径：如通过自力救济、行政管理、仲裁等手段能够解决公司经营管理出现的严重困难
- 不能解决的：应该先穷尽其他方式，清算是最后选择
- 人民法院：公司住所地人民法院管辖
- 百分之十以上表决权：标准是“表决权”，对人数无限制

解读　发生本条规定的情况，须持有公司 10% 以上表决权的股东，请求人民法院解散公司。人民法院审理解散公司诉讼案件，应当注重调解，避免公司解散。在不违反法律、行政法规强制性规定的前提下，当事人可以协商以公司回购部分股东股份、其他股东受让部分股东股份、减资等方式使公司存续。人民法院关于解散公司诉讼作出的判决，对公司全体股东具有法律约束力。

公司经营管理发生严重困难的主要情形：
- 公司持续 2 年以上无法召开股东会，公司经营管理发生严重困难的
- 股东表决时无法达到法定或者公司章程规定的比例，持续 2 年以上不能作出有效的股东会决议，公司经营管理发生严重困难的
- 公司董事长期冲突，且无法通过股东会解决，公司经营管理发生严重困难的
- 经营管理发生其他严重困难，公司继续存续会使股东利益受到重大损失的情形

第二百三十二条　公司解散时的清算义务人、清算组

沿革 本条为旧法第 183 条的部分内容，实质修改较多：（1）增加“董事为公司清算义务人”的规定。（2）旧法区分有限责任公司（清算组由股东组成）和股份有限公司（清算组由董事或者股东大会确定的人员组成），新法统一为“由董事组成，但是公司章程另有规定或者股东会决议另选他人的除外”。（3）新增了“清算义务人未及时履行清算义务，给公司或者债权人造成损失的，应当承担赔偿责任”的规定。

延伸 《民法典》第 70、71 条
《公司法解释二》第 7、18、19 条
《时间效力规定》第 6 条

第二百三十二条 公司因本法第二百二十九条第一款第一项、第二项、第四项、第五项规定而解散的，应当清算。**董事为公司清算义务人**，应当在解散事由出现之日起十五日内组成清算组进行清算。

清算组由董事组成，但是公司章程另有规定或者股东会决议另选他人的除外。

清算义务人未及时履行清算义务，给公司或者债权人造成损失的，应当承担赔偿责任。

> 公司解散时一般都需要清算。例外情况为因合并或者分立需要解散

> 基于其与公司之间存在的特定法律关系，而在公司解散时，对公司负有依法组织清算义务，并在公司未及时清算给相关权利人造成损害时，依法承担相应责任的民事主体

> 公司解散后，依照法定程序清理公司债权债务，处理公司剩余财产，结束公司各种法律关系后，向公司登记机关申请注销登记，使公司法人资格消灭的行为

> 可以选择依法设立的律师事务所、会计师事务所、破产清算事务所等社会中介机构或其中具备相关专业知识并取得执业资格的人员

> “十五日”期间的起算时间点是出现《公司法》第 229 条第 1 款第 1、2、4、5 项规定的事由之日

解读 本条规定了公司清算的情形。公司清算的目的是保护股东和债权人的利益。新法的规定明确董事是公司清算的义务人。清算组是负责公司清算事务的组织，清算过程中执行清算事务，并对外代表清算中的公司。因为董事是公司清算的义务人，原则上自然由董事组成清算组，但公司章程的规定或者股东会决议可以指定董事之外的人组成清算组。新法增加了“清算义务人未及时履行清算义务，给公司或者债权人造成损失的，应当承担赔偿责任”的规定，进一步明确了对债权人利益的保护。

图表

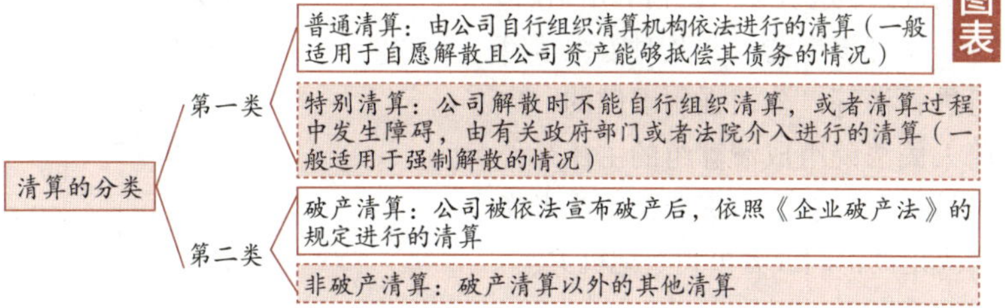

第二百三十三条　逾期不清算及强制解散情形下由法院指定清算组

沿革　本条第1款为旧法第183条的部分内容，实质修改：(1)增加“成立清算组后不清算的”情况；(2)旧法规定“申请人民法院指定有关人员组成清算组”的申请人“债权人”，新法规定为“利害关系人”。第2款为新增内容。

解读　为了保护利害关系人的合法利益，公司逾期不成立清算组进行清算或者成立清算组后不清算的，利害关系人可以申请人民法院指定有关人员组成清算组进行清算。新法将“债权人”修改为“利害关系人”扩大了权益保护的范围。人民法院接到利害关系人的清算申请后，应当受理该申请，并及时组织清算组进行清算。公司强制解散的，申请人民法院组成清算组的主体是作出吊销营业执照、责令关闭或者撤销决定的部门或者公司登记机关。

延伸
《民法典》第70条
《公司法》第229、231、232条
最高人民法院《关于审理公司强制清算案件工作座谈会纪要》

第二百三十三条　公司依照前条第一款的规定应当清算，逾期不成立清算组进行清算或者成立清算组后不清算的，利害关系人可以申请人民法院指定有关人员组成清算组进行清算。人民法院应当受理该申请，并及时组织清算组进行清算。

公司因本法第二百二十九条第一款第四项的规定而解散的，作出吊销营业执照、责令关闭或者撤销决定的部门或者公司登记机关，可以申请人民法院指定有关人员组成清算组进行清算。

因《公司法》第229条第1款第1、2、4、5项解散的

这种情况会损害利害关系人的利益

包括债权人、股东等

因依法被吊销营业执照、责令关闭或者被撤销而解散，即强制解散

两种不同主体都有申请的权利

图表

清算事由	申请主体
公司章程规定的营业期满或者公司章程规定的其他解散事由出现	利害关系人
股东会决议解散	利害关系人
依法被吊销营业执照、责令关闭或被撤销	利害关系人，作出决定的行政部门或公司登记机关
公司经营发生严重困难，继续存续会使股东利益受到重大损失，通过其他途径不能解决的	利害关系人

第二百三十四条　清算组的职权

沿革 本条为旧法第184条，部分措辞调整。

延伸
《公司法》第255、256条
《公司法解释二》第10条
最高人民法院《关于审理公司强制清算案件工作座谈会纪要》

第二百三十四条 清算组在清算期间行使下列职权：

（一）清理公司财产，分别编制资产负债表和财产清单；

（二）通知、公告债权人；

（三）处理与清算有关的公司未了结的业务；

（四）清缴所欠税款以及清算过程中产生的税款；

（五）清理债权、债务；

（六）分配公司清偿债务后的剩余财产；

（七）代表公司参与民事诉讼活动。

- 清算组：也称清算人，指在公司清算期间负责清算事务执行的法定组织
- 资产负债表：明晰公司的负债情况
- 财产清单：清理公司全部财产的时候，列明的关于全部财产的清单，包括固定资产、流动资产、有形资产、无形资产、债权债务等现有的自有资产（包括股东尚未缴纳的出资）
- 通知：直接通知已知的债权人，通过报纸、电台、电视台等传媒通知或者公告未知的债权人
- 公告：在法定期限内通知、公告
- 未了结的业务：这是对此处未了结业务的限定：清算组无权进行与清算无关的活动
- 未了结的业务：公司解散前已经订立，尚在履行中的合同等。清算组无权开始新的业务活动
- 处理：行使此职权时，清算组须：（1）合法；（2）保护公司和债权人利益；（3）尽快了结
- 清缴所欠税款：应纳税款由清算公司在清算财产中予以缴纳
- 清理债权、债务：公司对某一当事人既享有债权又负有债务的，其债权和债务可以相互冲抵
- 分配：有限责任公司应按照股东的出资比例分配，股份有限公司应按照股东持有的股份比例分配
- 剩余财产：在支付清算费用，职工工资、劳动保险费用和法定补偿金，清缴税款，清偿所欠债务后公司剩余的财产
- 清偿债务：清算组发现公司财产不足以清偿债务时，应及时向人民法院申请宣告破产；公司经人民法院裁定宣告破产后，清算组应当将清算事务移交给人民法院，进入破产清算程序
- 代表公司参与民事诉讼活动：公司依法清算结束并办理注销登记前，以公司的名义进行有关公司的民事诉讼
- 代表公司参与民事诉讼活动：公司成立清算组的，由清算组负责人代表公司参加诉讼；尚未成立清算组的，由原法定代表人代表公司参加诉讼

解读 公司宣布解散后，在清算期间法人资格和行为能力受限，其业务执行机关，如董事会、经理等也失去了原先的业务执行的权力。此时，清算组是公司业务的执行机构，全面负责公司与清算相关业务的处理。为了保证清算的各项工作顺利进行，提高清算效率，减少清算损失，维护利益相关人的合法权益，须赋予清算组必要的职权。

第二百三十五条　清算组通知并公告债权人及债权人在法定时间内申报债权

沿革 本条为旧法第 185 条，部分措辞调整，新增“国家企业信用信息公示系统”作为公告渠道。

延伸 《公司法》第 255 条
《公司法解释二》第 11~14 条

第二百三十五条 清算组应当自成立之日起十日内通知债权人，并于六十日内在报纸上**或者国家企业信用信息公示系统**公告。债权人应当自接到*通知*之日起三十日内，未接到*通知*的自公告之日起四十五日内，向清算组申报其债权。

债权人申报债权，应当说明债权的有关事项，并提供证明材料。清算组应当对债权进行登记。

在申报债权期间，清算组不得对债权人进行清偿。

- 应尽快通知债权人，以保障债权人的权益
- 对于住所明确的债权人都应书面通知
- www.gsxt.gov.cn
- 全国或者公司注册登记地省级有影响的报纸
- 公告方式分为纸媒（报纸）和网上（公示系统）两种
- 公告对于住所不明确或难以书面通知的债权人很重要
- 清算组完成通知、公告义务后，义务转移至债权人。只有及时申报债权，才有权在清算过程中获得清偿
- 公告相比通知更不易为人知悉，故申报周期更长
- 债权内容、数额、债权成立的时间、地点，有无担保等事项
- 债权人申报时的义务

解读 公司在解散清算时，有清偿所负债务的义务，因此须通知各债权人尽快申报债权，以便顺利清偿债务。清算组未按照前述规定履行通知和公告义务，导致债权人未及时申报债权而未获清偿，债权人主张清算组成员对因此造成的损失承担赔偿责任的，人民法院应依法予以支持。清算过程中对债权的清偿，以登记的债权有关事项为准。根据本条第 3 款的规定，申报债权期间，禁止清算组进行个别清偿。对债权人进行清偿会减损公司财产，这样做可能损害后申报债权的债权人利益，因此是不允许的。

第二百三十六条　制订清算方案及处分公司财产

沿革 本条为旧法第 186 条，仅措辞调整。

延伸 《民法典》第 72 条
《公司法》第 255 条

解读 清算过程中处理清偿公司债务、分配剩余财产事项，是清算组的主要职责。清算组在清理公司财产，编制资产负债表和财产清单后，应尽快制订清算方案。未经确认的清算方案，清算组不得执行。执行未经确认的清算方案给公司或者债权人造成损失，公司、股东或者债权人主张清算组成员承担赔偿责任的，人民法院应依法予以支持。本条规定了清算组分配公司财产的原则。一是顺序清偿的原则。即公司财产按顺序清偿相关债务。二是先债权、后股权的原则。即清算组必须在清偿公司全部债务后再向股东分配公司的剩余财产。三是风险与收益统一的原则。即清算组在处分公司剩余财产时必须按照股东的出资比例或者持股比例进行分配。

第二百三十六条 清算组在清理公司财产、编制资产负债表和财产清单后，应当制订清算方案，并报股东会或者人民法院确认。

公司财产在分别支付清算费用、职工的工资、社会保险费用和法定补偿金，缴纳所欠税款，清偿公司债务后的剩余财产，有限责任公司按照股东的出资比例分配，股份有限公司按照股东持有的股份比例分配。

清算期间，公司存续，但不得开展与清算无关的经营活动。公司财产在未依照前款规定清偿前，不得分配给股东。

清算组制订的，关于如何清偿债务、分配公司剩余财产的计划方案

公司自行清算的，报股东会确认

人民法院组织清算的，报人民法院确认

公司法人资格仍然存在，但行为能力受限

原则上，可以开展有利于公司清算的与清算有关的经营活动，如生产未加工完的产品或销售库存，变现后列入清算财产。相反，不利于公司清算的，使公司财产关系更加复杂的活动，属于与清算无关的经营活动

图表

①支付清算费用、职工的工资、社会保险费用和法定补偿金 → ②缴纳所欠税款 → ③清偿公司债务 → ④分配剩余财产

清偿顺序

第 12 章 229~242

第二百三十七条　公司解散清算转化为破产清算

沿革 本条为旧法第 187 条，主要修改：（1）旧法规定向法院申请“宣告破产”，新法规定申请“破产清算”。（2）旧法规定，宣告破产→清算事务移交给法院。新法规定，法院受理破产申请→清算事务移交法院指定的破产管理人。

延伸 《企业破产法》第 2、3、7、8、13、22~29 条
《公司法解释二》第 17 条

第二百三十七条 清算组在清理公司财产、编制资产负债表和财产清单后，发现公司财产不足清偿债务的，应当依法向人民法院申请*破产清算*。

人民法院受理破产申请后，清算组应当将清算事务移交给人民法院*指定的破产管理人*。

债务人所在地人民法院

提交破产申请书和有关证据

法院裁定受理破产申请的，应当同时指定管理人

清算事务移交的对象不是人民法院，而是人民法院指定的破产管理人

解读 公司解散时，应当处理各种财产关系，包括所有债权债务关系。由于公司财产有限，公司财产不一定够清偿公司的所有债务，就可能出现公司的财产已经不足以清偿公司的债务，即资不抵债的情况。此时，因为公司在清算期限内无法开展与清算无关的经营活动，公司已经无法挽回损失，应当向人民法院申请破产清算。

图表

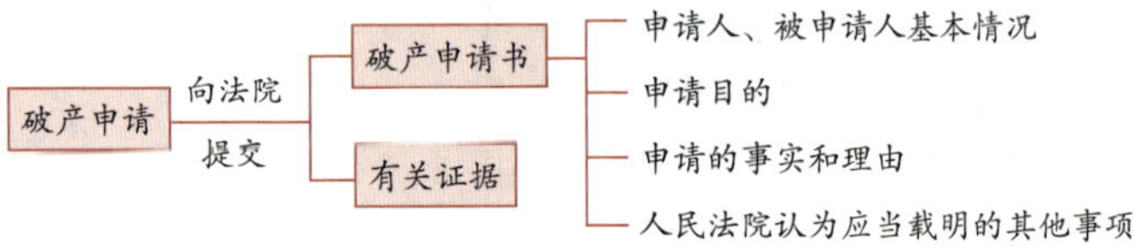

第二百三十八条　清算组成员的义务和责任

沿革　本条为旧法第 189 条第 1 款、第 3 款。主要修改：（1）对于清算组成员履职的规定，旧法是“应当忠于职守，依法履行”，新法为“忠实义务”“勤勉义务”。（2）旧法对于清算组给公司或者债权人造成损失应当承担赔偿责任的，规定为“故意或者重大过失”。新法规定了不同的过错标准：“怠于履行清算职责”，给公司造成损失的；“故意或者重大过失”，给债权人造成损失的。

解读　清算组在清算期间依法行使职权，同时履行相应的义务、承担相应的责任。清算组成员作为公司的执行机关或公司股东和债权人的委任人，负有与公司董事相同的忠实义务和勤勉义务。具体而言，在清算工作中，清算组成员应保护公司的合法财产不受侵害，秉公分配公司财产；不得利用职权收受贿赂或其他非法收入，不得为他人牟取非法收益，不得利用职权侵占公司财产。清算组向公司和债权人承担赔偿责任的条件不同。

延伸　《公司法解释二》第 23 条

清算组成员应当忠于职守，以诚实信用的态度对待清算工作，依法履行清算义务，负责地维护公司和债权人的合法权益

> **第二百三十八条**　清算组成员履行清算职责，负有忠实义务和勤勉义务。
>
> 清算组成员怠于履行清算职责，给公司造成损失的，应当承担赔偿责任；因故意或者重大过失给债权人造成损失的，应当承担赔偿责任。

清算组成员应当怀有善意，谨慎地对公司清算事务进行处理，并从公司的最大利益出发考虑问题，尽心尽力

清算组成员对法律规定的清算过程中的注意事项，因疏忽大意没有注意，或者虽然注意了，但是轻信可以避免，以致发生了不该发生的法律后果

清算组成员明知自己的行为会产生损害公司或者债权人利益的后果，而希望或者放任这种结果发生

图表

清算组成员对公司和债权人承担赔偿责任的对比

赔偿对象	行为要件	主观要件	结果要件（给谁造成损失）
对公司承担赔偿责任	怠于履行清算职责	无要求	公司
对债权人承担赔偿责任	无要求	故意或重大过失	债权人

第二百三十九条　清算报告和注销公司登记

沿革　本条为旧法第 188 条，删除了旧法“公告公司终止”的规定。

延伸
《民法典》第 72、73 条
《市场主体登记管理条例》第 32 条
《公司法解释二》第 10、20 条

第二百三十九条　公司清算结束后，清算组应当制作清算报告，报股东会或者人民法院确认，并报送公司登记机关，申请注销公司登记。

- 清算结束：已经了结所有未了结的业务，收回应收回的债权，偿还应偿还的债务，且已经按照股东的出资比例或者持股比例将剩余财产分配给股东
- 确认：审查未发现问题的，予以确认；确认后，清算组不再对清算事务承担责任
- 并报送公司登记机关：公司登记机关经过核准注销登记后，公司终止，公司法人资格消灭
- 申请注销公司登记：自公司清算结束之日起 30 日内

解读　清算结束后，最终结果是注销公司登记。新法删除旧法“公告公司终止”的规定，简化了公示流程。清算程序结束后，清算组应制作完整的清算报告，且须附上清算期间收支报表及各种财务账册，向股东会或者人民法院报送。清算报告经股东会或者人民法院确认后，清算组向公司登记机关申请注销公司登记，是公司清算组的最后一项工作。

图表

清算结束后的流程：制作清算报告 → 股东会或人民法院确认 → 报送公司登记机关 → 申请注销公司登记 → 公司登记机关核准登记 → 公司终止

清算组申请注销公司登记提交的材料：
- 公司清算组织负责人签署的注销登记申请书
- 人民法院破产裁定，解散裁判文书，公司作出的决议或者决定，行政机关责令关闭或者公司被撤销的文件
- 股东会或者人民法院确认的清算报告，企业法人营业执照
- 法律、行政法规规定应当提交的其他文件

第二百四十条　简易程序注销公司登记

沿革 本条为新法新增内容。

延伸

最高人民法院办公厅《转发〈关于推动和保障管理人在破产程序中依法履职进一步优化营商环境的意见〉的通知》

《市场主体登记管理条例》第 33 条

《市场主体登记管理条例实施细则》第 47~49 条

《企业注销指引》

第二百四十条　公司在存续期间未产生债务，或者已清偿全部债务的，经全体股东承诺，可以按照规定通过简易程序注销公司登记。

通过简易程序注销公司登记，应当通过国家企业信用信息公示系统予以公告，公告期限不少于二十日。公告期限届满后，未有异议的，公司可以在二十日内向公司登记机关申请注销公司登记。

公司通过简易程序注销公司登记，股东对本条第一款规定的内容承诺不实的，应当对注销登记前的债务承担连带责任。

> 全体股东：所有股东，包括未参与公司经营管理的股东
>
> 承诺：承诺的内容：公司在存续期间未产生债务
>
> 债务：包括清偿费用，职工工资，社会保险费用，法定补偿金，应缴纳税款（滞纳金、罚款）等
>
> 国家企业信用信息公示系统：www.gsxt.gov.cn
>
> 予以公告：公告有助于发现遗留债权债务
>
> 二十日内：这个 20 日不同于公告期的 20 日，是公告后另行计算的

解读 简易注销制度符合国家提出的完善市场退出机制、简化和完善企业注销流程的要求，有助于提高市场退出效率、降低市场主体退出成本，优化营商环境，激发市场活力。股东对公司是否有债务承诺不实的，须对注销登记前的债务承担连带责任。因此，股东在作出承诺时，应更加谨慎。

图表

简易注销的条件和程序

①公司在存续期间未产生债务或者已清偿全部债务 → ②全体股东承诺 → ③通过国家企业信用信息公示系统公告至少 20 日 → ④公告期限届满后，未有异议的，公司在 20 日内向公司登记机关申请注销公司登记

第二百四十一条　强制注销公司登记

沿革 本条为新法新增内容。

延伸 《民法典》第68、69条
国务院《关于实施〈中华人民共和国公司法〉注册资本登记管理制度的规定》第8条

解读 公司出现强制解散事由（被吊销营业执照、责令关闭或者被撤销）后，应成立清算组，开始清算。但实务中经常出现公司出现强制解散事由后不主动组织清算或不申请注销的情况，导致公司注销陷入僵局。本条规定了出现此类情况时，由公司登记机关强制注销的制度。该制度有利于清理实际上确无持续经营的可能却不依法注销的公司，维护市场秩序，维持市场活力，保证市场资源利用效率。按照本条第1款强制注销后，公司清算义务并未完结，故原公司股东、清算义务人的责任不受影响。

第二百四十一条　公司被吊销营业执照、责令关闭或者被撤销，满三年未向公司登记机关申请注销公司登记的，公司登记机关可以通过国家企业信用信息公示系统予以公告，公告期限不少于六十日。公告期限届满后，未有异议的，公司登记机关可以注销公司登记。

依照前款规定注销公司登记的，原公司股东、清算义务人的责任不受影响。

强制解散事由

www.gsxt.gov.cn

公司主体资格终止（但清算义务并未履行完毕）

公司注销后，债权人可以提起诉讼，维护自身权益

图表

公司强制注销的条件及程序

①出现强制解散事由（被吊销营业执照、责令关闭或者被撤销）→②满3年未清算完毕→③公司登记机关通过国家企业信用信息公示系统公告至少60日→④公告期内未有异议→⑤公司登记机关注销公司登记

第二百四十二条　宣告破产及实施破产清算

沿革 本条为旧法第 190 条，无文字变化。

延伸 《企业破产法》第 2、107~124 条

公司因不能清偿到期债务，无力继续经营，为保护债权人的利益，依法定程序，法院宣告停止营业，将公司的财产依法在全体债权人之间按比例公平分配

宣告主体为人民法院，申请宣告公司破产的主体可以是债权人或债务人

第二百四十二条　公司被依法宣告破产的，依照有关企业破产的法律实施破产清算。

《企业破产法》等

解读 公司破产与股东和债权人利益息息相关，故公司不能自行宣告破产；当然股东或债权人也无权宣告公司破产。公司破产案件由公司（债务人）所在地人民法院管辖。公司破产清算的具体规范不属于《公司法》调整的内容，故本条第 2 款规定，人民法院处理公司破产案件可依照有关企业破产的法律实施破产清算。

图表

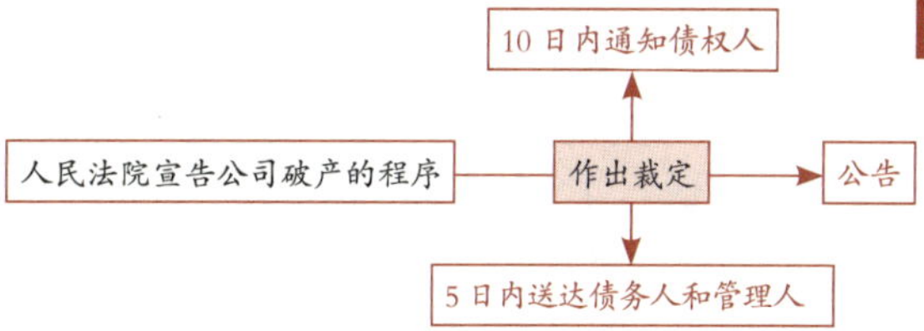

第十三章　外国公司的分支机构

第十三章 外国公司的分支机构

- 外国公司的定义 第 243 条
- 外国公司在我国设立分支机构的程序 第 244 条
- 外国公司分支机构的设立条件 第 245 条
- 外国公司分支机构的名称和章程置备 第 246 条
- 外国公司分支机构的法律地位 第 247 条
- 外国公司分支机构从事业务活动的权利与义务 第 248 条
- 外国公司分支机构的清算 第 249 条

第二百四十三条　外国公司的定义

沿革 本条为旧法第 191 条，部分措辞调整。

延伸 《公司法》第 2 条

第二百四十三条　*本法所称外国公司，是指依照外国法律在中华人民共和国境外设立的公司。*

解读 根据本条的规定，《公司法》所称外国公司属于广义上的外国公司，是指依照外国法律在中华人民共和国境外设立的公司。《公司法》这种以公司设立时所依据的法律来作为确定公司国籍的标准为准据法说。根据本条规定可知：（1）外国公司是公司的一种，只是公司国籍为外国。（2）外国公司的设立依据是外国的法律。（3）外国公司在境外登记成立。（4）外国公司包括各种类型的公司，即包括有限责任公司、股份有限公司、无限公司、两合公司等法定责任形式的公司。这就是说，只要它在其本国被视为公司，无论它采用何种公司形式，中国都承认其为外国公司。

图表

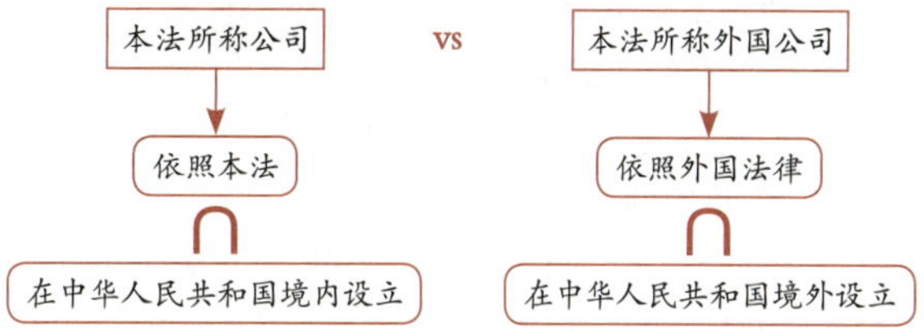

第二百四十四条　外国公司在我国设立分支机构的程序

沿革 本条为旧法第 192 条，部分措辞调整。

解读 外国公司的分支机构从事业务活动要履行中国法律规定的各项义务，不得损害中国的社会公共利益，外国公司的合法权益受中国法律保护。外国公司的分支机构名称中，应当标明国籍及所属外国公司的责任形式。外国公司的分支机构撤销时，要依照《公司法》的有关规定进行清算。违反中国法律从事业务活动的，要依法追究其法律责任。外国公司的分支机构是一种场所或者办事机构，包括分公司、代办处等。外国公司的分支机构不具备法人资格。

第二百四十四条 外国公司在中华人民共和国境内设立分支机构，应当向中国主管机关提出申请，并提交其公司章程、所属国的公司登记证书等有关文件，经批准后，向公司登记机关依法办理登记，领取营业执照。

外国公司分支机构的审批办法由国务院另行规定。

- 外国公司：依照外国法律设立的公司，依照《公司法》的规定在中国境内设立的从事生产经营等业务活动的场所或者办事机构
- 外国公司的存在是其分支机构存在的前提
- 中华人民共和国境内：外国公司分支机构设立的位置
- 营业执照：非法人营业执照
- 外国公司分支机构：属于我国市场主体

延伸 《市场主体登记管理条例》第 2 条

外国公司的名称、种类及国籍；外国公司从事的生产经营业务及其准备在我国设立的分支机构要在我国从事的主要生产经营活动；外国公司所在地及其准备在我国设立的分支机构的所在地；在中国设立的分支机构开始营业的年、月、日；外国公司董事及其他负责人的姓名、国籍、住所；等等

图表

第一步 → 第二步 → 第三步 → 第四步

- 第一步：设立分支机构的申请
  受理机关：商务部
- 第二步：提交文件
  所持证件：外国公司的公司章程，所属国的公司登记证书，隶属公司的法定代表签署的申请书，中国政府有关主管部门审批证明，所设分支机构的负责人的任职文件、资金拨付证明文件（或者担保文件）等
- 第三步：外国公司分支机构的审批
  符合的条件：申请文件符合审批机关报送文件要求，明确指定了分支机构的代表人或者代理，分支机构的最低运营资金不少于国家规定的最低数额，分支机构的生产经营符合国家有关法律、法规的规定
- 第四步：领取营业执照
  ↓
  去市场监督管理机关办理

第二百四十五条　外国公司分支机构的设立条件

沿革 本条为旧法第 193 条，部分措辞调整。

《公司法》第 244 条 **延伸**

第二百四十五条　外国公司在中华人民共和国境内设立分支机构，应当在中华人民共和国境内指定负责该分支机构的代表人或者代理人，并向该分支机构拨付与其所从事的经营活动相适应的资金。

对外国公司分支机构的经营资金需要规定最低限额的，由国务院另行规定。

代表人或者代理人是分支机构法律行为的执行人，可以直接代表公司对外签订合同、到法院起诉或者应诉

外国公司向其分支机构拨付资金，必须出具资金信用证明、验资证明或者资金担保等，并经法定登记程序，经登记主管机关核定

解读 外国公司在我国设立分支机构要符合以下条件：（1）外国公司在其本国已经合法成立，有法人资格，并已经开始了生产经营活动。（2）外国公司必须在中华人民共和国境内指定负责该分支机构的代表人或者代理人。代表人或者代理人在合法权限内代表外国公司的分支机构进行民事活动，其行为的法律后果由外国公司承担。（3）外国公司必须向该分支机构拨付与其所从事的经营活动相适应的资金。资金是分支机构独立从事生产经营活动的物质保障。外国公司分支机构的经营资金规定须符合国务院的最低限额的标准。

图表

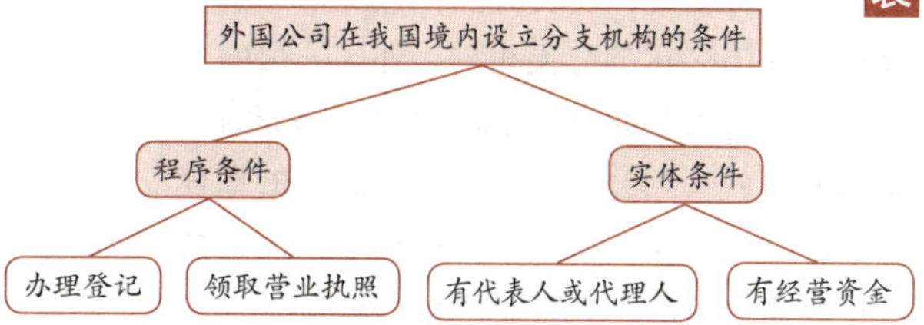

第二百四十六条　外国公司分支机构的名称和章程置备

沿革　本条为旧法第 194 条，文字无变化。

延伸　《企业名称登记管理规定实施办法》第 2 条
原国家工商行政管理局《关于规范外国公司分支机构名称的通知》

第二百四十六条　外国公司的分支机构应当在其名称中标明该外国公司的国籍及责任形式。

外国公司的分支机构应当在本机构中置备该外国公司章程。

名称：公司的名称是公司用以经营并区别于其他公司或者企业的标志

国籍：标明其归属公司的国籍

责任形式：标明设立该分支机构的外国公司的组织形式

外国公司章程：公司组织和活动的基本准则，是规范公司的组织与行为，规定公司与股东之间、股东与股东之间的权利义务关系的公司基本法律文件

解读　同其他公司或者中国公司的分公司一样，外国公司的分支机构也有自己的名称，以便与其他主体发生各种法律关系。外国公司分支机构名称的构成要件有：（1）标明外国公司的国籍。（2）标明外国公司的名称，即标明设立它的外国公司的名称。（3）标明外国公司的责任形式。（4）标明反映外国公司分支机构的字样，如标明“分公司”“代表处”“联络处”等，以表明它不是独立的法人，而只是外国公司的分支机构。外国公司的分支机构应当在本机构中置备该外国公司章程。要求外国公司的分支机构将外国公司的章程置备于本机构中，有利于我国行政机关对其监督管理，也有利于社会公众对其了解。

图表

法国 XYZ 股份有限公司 上海代表处

法国	XYZ	股份有限公司	上海代表处
国籍	外国公司名称	外国公司责任形式	分支机构字样

第二百四十七条　外国公司分支机构的法律地位

沿革　本条为旧法第 195 条，部分措辞调整。

延伸　《公司法》第 13、38、244 条

第二百四十七条　外国公司在中华人民共和国境内设立的分支机构不具有中国法人资格。

外国公司对其分支机构在中华人民共和国境内进行经营活动承担民事责任。

分支机构不具有法人资格

外国公司的分支机构在中国境内从事经营活动产生债务时，应当首先由该分支机构进行清偿；当分支机构不能清偿时，由所属外国公司进行清偿

解读　法人分支机构是法人的组成部分，直属于设置它的法人，不具有独立法人资格。外国公司的分支机构也是如此。外国公司的分支机构有自己的名称和组织机构，有可以支配和使用的财产或经费，经核准登记后可以在中华人民共和国境内进行业务活动，但其仍只是外国公司在中国的一个分公司或者办事处、经营场所。外国公司的分支机构在中国境内从事经营活动所产生的民事责任由所属外国公司承担。

图表

外国公司在中国设立的分支机构、分公司——共性：

- 不具有法人资格
- 民事责任由公司承担
- 办理登记
- 领取营业执照

第二百四十八条　外国公司分支机构从事业务活动的权利与义务

沿革 本条为旧法第196条，部分措辞调整。

延伸 《公司法》第3、19、244条

向中国主管机关提出申请并获得批准

第二百四十八条 经批准设立的外国公司分支机构，在中华人民共和国境内从事业务活动，应当遵守中国的法律，不得损害中国的社会公共利益，其合法权益受中国法律保护。

包括《公司法》在内的所有现行有效的中华人民共和国法律

全体社会成员的利益。法律保障社会公共利益，就等于保护了每一个行为人的利益

解读 外国公司的分支机构在中华人民共和国境内从事业务活动时，应当遵守以下原则：（1）必须遵守中华人民共和国法律。任何单位和个人只要在中华人民共和国境内从事有关的行为，就必须遵守中国的法律，否则要受到法律的制裁。（2）不得损害中华人民共和国的社会公共利益。维护社会公共利益是我国法律规定的一项基本原则，在中华人民共和国境内从事业务活动的所有主体都必须遵守，当然也包括外国的单位和个人。（3）外国公司的分支机构的合法权益受法律保护。中华人民共和国的法律不仅要求市场主体遵守法律，同时保护每一个合法主体的利益不受侵犯。

图表

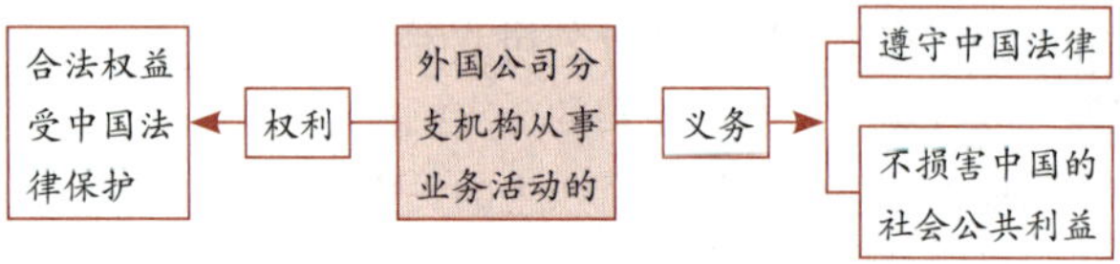

第二百四十九条　外国公司分支机构的清算

沿革 本条为旧法第197条，部分措辞调整。

延伸 《公司法》第232、233、235、236条

分为自愿撤销和被公司登记机关撤销

第二百四十九条 外国公司撤销其在中华人民共和国境内的分支机构时，应当依法清偿债务，依照本法有关公司清算程序的规定进行清算。未清偿债务之前，不得将其分支机构的财产转移至中华人民共和国境外。

解读 外国公司的分支机构是依照中华人民共和国的法律法规设立的，其撤销与清算自然也应当依照中华人民共和国的法律进行。外国公司撤销其在中国境内的分支机构时，必须依法清偿债务，按照《公司法》有关公司清算程序的规定进行清算。需要说明的是，外国公司在中华人民共和国境内设立的分支机构的财产分别支付清算费用、职工工资、社会保险费用和法定补偿金，缴纳所欠税款，清偿公司债务前，不得将其分支机构的财产移至中国境外，否则有关责任人员要依法承担相应的法律责任。

图表

成立清算组（出现清算原因后15日内）

↓

通知、公告债权人（清算组应当自其成立之日起10日内通知债权人，并于60日内公告）

↓

清算组在清理公司财产、编制资产负债表和财产清单后，进行债务清偿（财产不足清偿债务的，由外国公司对自己的分支机构的债务承担连带清偿的责任）

清算程序

第十四章 法律责任

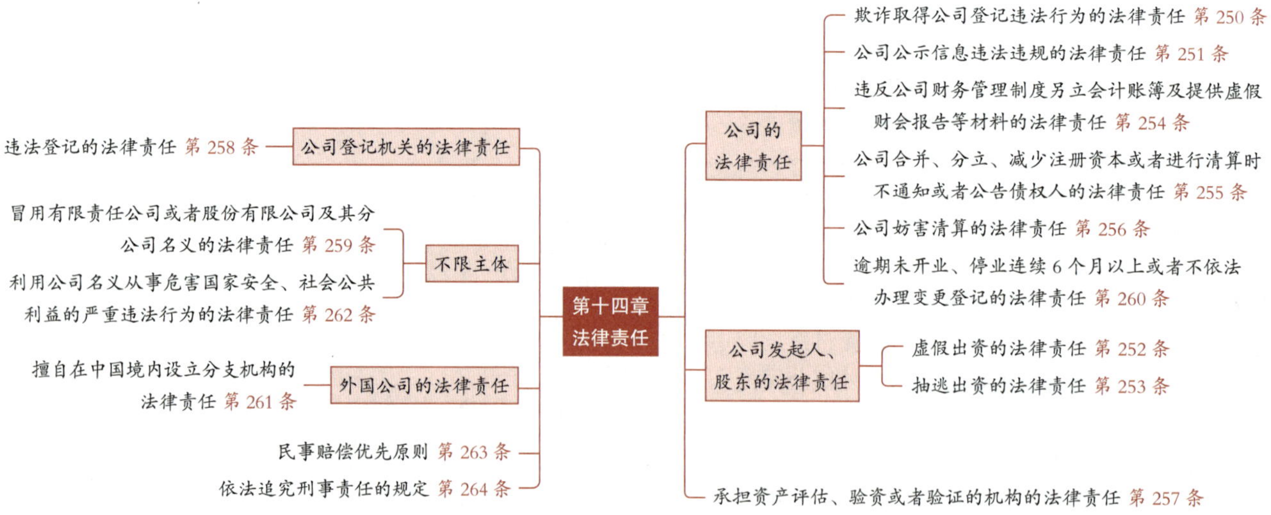

第十四章
法律责任
公司登记机关的法律责任
违法登记的法律责任 第 258 条
不限主体
冒用有限责任公司或者股份有限公司及其分公司名义的法律责任 第 259 条
利用公司名义从事危害国家安全、社会公共利益的严重违法行为的法律责任 第 262 条
外国公司的法律责任
擅自在中国境内设立分支机构的法律责任 第 261 条
民事赔偿优先原则 第 263 条
依法追究刑事责任的规定 第 264 条
公司的法律责任
欺诈取得公司登记违法行为的法律责任 第 250 条
公司公示信息违法违规的法律责任 第 251 条
违反公司财务管理制度另立会计账簿及提供虚假财会报告等材料的法律责任 第 254 条
公司合并、分立、减少注册资本或者进行清算时不通知或者公告债权人的法律责任 第 255 条
公司妨害清算的法律责任 第 256 条
逾期未开业、停业连续 6 个月以上或者不依法办理变更登记的法律责任 第 260 条
公司发起人、股东的法律责任
虚假出资的法律责任 第 252 条
抽逃出资的法律责任 第 253 条
承担资产评估、验资或者验证的机构的法律责任 第 257 条

第二百五十条　欺诈取得公司登记违法行为的法律责任

沿革 本条为旧法第198条。修改如下：（1）“对提交虚假材料或者采取其他欺诈手段隐瞒重要事实的公司”的罚款上限从旧法的50万元改为200万元。（2）情节严重的，删除了“撤销公司登记”。（3）新增对于“直接负责的主管人员和其他直接责任人员”的罚款。

延伸 《市场主体登记管理条例》第44、45条

《市场主体登记管理条例实施细则》第71条

《刑法》第158条

第二百五十条 违反本法规定，虚报注册资本、提交虚假材料或者采取其他欺诈手段隐瞒重要事实取得公司登记的，由公司登记机关责令改正，对虚报注册资本的公司，处以虚报注册资本金额百分之五以上百分之十五以下的罚款；对提交虚假材料或者采取其他欺诈手段隐瞒重要事实的公司，处以五万元以上二百万元以下的罚款；情节严重的，吊销营业执照；**对直接负责的主管人员和其他直接责任人员处以三万元以上三十万元以下的罚款。**

在公司登记机关登记的资本数额，包括设立时股东认缴的出资额，也包括成立后增加的资本额

设立（变更、注销）登记申请书，公司章程，验资证明等文件，以及从事法律、行政法规规定须报经有关部门审批的业务所提交的有关部门的批准文件是虚假的

为骗取公司登记而故意夸大资本数额，实际上根本就没有出资或者没有全部出资

包括设立登记、变更登记、注销登记以及设立分公司的登记等公司登记

构成要件：（1）出于故意；（2）有明确的骗取公司登记的目的；（3）公司登记机关进行的登记完全是基于上述认识上的错误而进行的

罚的是公司

责令当事人改正违法行为或者限期改正违法行为

罚的是公司

公司登记机关强行收回违法当事人营业执照并予以注销

罚的是直接负责的主管人员和其他直接责任人员（自然人）

解读 本条涉及的欺诈行为，是指当事人在办理公司登记时，故意隐瞒有关的重要事实、制造假象、掩盖真相，使公司登记机关受蒙骗、发生错误认识而取得了公司登记。本条规定的是对公司、直接负责的主管人员和其他直接责任人员的行政处罚。实施处罚的主体是公司登记机关。

第二百五十一条　公司公示信息违法违规的法律责任

沿革 本条为新法新增内容。

延伸 《公司法》第 32、220、222、224、225 条
《企业信息公示暂行条例》第 6、10 条

> **第二百五十一条**　公司未依照本法第四十条规定公示有关信息或者不如实公示有关信息的，由公司登记机关责令改正，可以处以一万元以上五万元以下的罚款。情节严重的，处以五万元以上二十万元以下的罚款；对直接负责的主管人员和其他直接责任人员处以一万元以上十万元以下的罚款。

公司应当按照规定通过国家企业信用信息公示系统公示下列事项：（1）有限责任公司股东认缴和实缴的出资额、出资方式和出资日期，股份有限公司发起人认购的股份数；（2）有限责任公司股东、股份有限公司发起人的股权、股份变更信息；（3）行政许可取得、变更、注销等信息；（4）法律、行政法规规定的其他信息。公司应当确保前款公示信息真实、准确、完整

本条规定了对公司的两档处罚：一般情节和严重情节

只有情节严重的，对直接负责的主管人员和其他责任人员进行处罚

解读 本条为新增的对公司未依照本法规定公示有关信息或者不如实公示有关信息的行政处罚。处罚情形包括一般情节和严重情节。处罚对象包括公司及直接负责的主管人员和其他直接责任人员。处罚主体为公司登记机关。

图表

公司公示信息违法违规行为
- 未按照《公司法》第 40 条规定公示信息
- 不如实公示信息

第二百五十二条　公司发起人、股东虚假出资的法律责任

沿革　本条为旧法第 199 条，修改了对罚款的规定，新增对直接负责人员的处罚。

延伸
《市场主体登记管例条例》第 45 条
《公司法》第 48、49、98、99 条
《刑法》第 159 条

第二百五十二条　公司的发起人、股东虚假出资，未交付或者未按期交付作为出资的货币或者非货币财产的，由公司登记机关责令改正，**可以处以五万元以上二十万元以下的罚款；情节严重的，**处以虚假出资**或者未出资金额**百分之五以上百分之十五以下的罚款；**对直接负责的主管人员和其他直接责任人员处以一万元以上十万元以下的罚款。**

（注：非货币财产——实物、知识产权、土地使用权、股权、债权等可以用货币估价并可以依法转让的非货币财产）

（注：责令改正——公司登记机关及时责令虚假出资的公司发起人、股东履行其出资义务，改正虚假出资行为）

（注：罚款——罚的是发起人、股东）

解读　公司最初的资金来自发起人、股东。根据《公司法》的规定，公司的发起人、股东需要根据达成的协议和法律的规定，按期足额缴纳各自所应当认缴的出资额；只有经验资机构验资后，才能根据公司的性质申请公司设立登记。无论是货币财产，还是非货币财产，都应该按期足额交付。虚假出资有两种形式：一是未足额交付；二是未按期交付。本条规定的是对发起人、股东的行政处罚。实施处罚的主体是公司登记机关。

图表

- 发起人、股东未按期足额缴纳出资的责任
  - 民事责任
    - 给公司造成损失的，承担赔偿责任
    - 发起人应按发起人协议对其他发起人承担违约责任
  - 行政责任
    - 由公司登记机关责令改正，可处 5 万元以上 20 万元以下的罚款；情节严重的，可处以未出资金额 5% 以上 15% 以下的罚款

第二百五十三条　公司发起人、股东抽逃出资的法律责任

沿革 本条为旧法第 200 条，新增对“直接负责的主管人员和其他直接责任人员”的处罚。

延伸

《公司法》第 105 条

《市场主体登记管理条例》第 45 条

《刑法》第 159 条

第二百五十三条　公司的发起人、股东在公司成立后，抽逃其出资的，由公司登记机关责令改正，处以所抽逃出资金额百分之五以上百分之十五以下的罚款；对直接负责的主管人员和其他直接责任人员处以三万元以上三十万元以下的罚款。

- 抽逃其出资：公司发起人、股东非法抽回自己的出资
- 抽逃其出资：可能的形式包括：（1）制作虚假财务会计报表虚增利润进行分配；（2）通过虚构债权债务关系将其出资转出；（3）利用关联交易将出资转出；（4）其他未经法定程序将出资抽回的行为
- 责令改正：公司登记机关及时责令抽逃出资的公司发起人、股东履行其出资义务，补回抽逃的出资
- 罚款（前者）：罚的是发起人、股东
- 罚款（后者）：罚的是直接负责的主管人员和其他直接责任人员

解读 公司的发起人、股东出资后，不得抽回出资。公司资本的真实可靠也是维护社会经济秩序稳定发展的基础。抽逃出资主要包括两种情况：一是为了达到设立公司的目的，通过向其他企业借款或者向银行贷款等手段取得资金出资，待公司登记成立后，又抽回这些资金；二是在公司设立时依法缴纳了自己的出资，但当公司成立后，又将其出资撤回。本条规定的是对发起人、股东、直接负责的主管人员和其他责任人员的行政处罚。实施处罚的主体是公司登记机关。

图表

抽逃出资行为的客观方面
- 行为时间：抽逃出资行为只发生在公司成立之后
- 行为方式：非法抽回出资、减少注册资本总额，手段各样

第 14 章
250~264

第二百五十四条　违反公司财务管理制度另立会计账簿及提供虚假财会报告等材料的法律责任

沿革 本条第 1 项为旧法第 201 条，旧法规定处罚为“五万元以上五十万元以下的罚款”，新法规定“按照《中华人民共和国会计法》等法律、行政法规的规定处罚”。第 2 项为旧法第 202 条，但在报告提交对象、主管部门方面不同，且旧法为“对直接负责的主管人员和其他直接责任人员处以三万元以上三十万元以下的罚款”，本法为“按照《中华人民共和国会计法》等法律、行政法规的规定处罚”。

延伸 《会计法》第 42、43 条
《刑法》第 161 条

第二百五十四条 有下列行为之一的，由县级以上人民政府财政部门依照《中华人民共和国会计法》等法律、行政法规的规定处罚：

（一）在法定的会计账簿以外另立会计账簿；

（二）提供存在虚假记载或者隐瞒重要事实的财务会计报告。

会计账簿：记载和反映公司财务状况和营业状况的各种账簿、文书的总称

（一）法律责任：由县级以上人民政府财政部门责令限期改正，可以对单位并处 3000 元以上 5 万元以下的罚款；对其直接负责的主管人员和其他直接责任人员，可以处 2000 元以上 2 万元以下的罚款；属于国家工作人员的，还应当由其所在单位或者有关单位依法给予行政处分。构成犯罪的，依法追究刑事责任

财务会计报告：公司的财务会计报告是一种用货币形式综合反映公司的生产经营活动和财务状况的书面报告文件

（二）法律责任：构成犯罪的，依法追究刑事责任。有前款行为，尚不构成犯罪的，由县级以上人民政府财政部门予以通报，可以对单位并处 5000 元以上 10 万元以下的罚款；对其直接负责的主管人员和其他直接责任人员，可以处 3000 元以上 5 万元以下的罚款；属于国家工作人员的，还应当由其所在单位或者有关单位依法给予撤职直至开除的行政处分

解读 公司应当依法建立本公司的财务、会计制度，并不得在法定的会计账簿以外另立会计账簿。行政处罚的实施主体是县级以上人民政府财政部门。新法的修改体现在：（1）将违反财务管理制度另立会计账簿的法律责任与提供虚假财会报告等材料的法律责任规定在一条，因为二者规制的都是违反财务规定的行为。（2）将具体的处罚规定改为“依照《中华人民共和国会计法》等法律、行政法规的规定处罚”，更加符合法律体系内部秩序，避免造成规定上的冲突。

第二百五十五条　公司合并、分立、减少注册资本或者进行清算时不通知或者公告债权人的法律责任

沿革 本条为旧法第204条第1款，文字无变化。

延伸 《公司法》第220、222、224、235条

第二百五十五条　公司在合并、分立、减少注册资本或者进行清算时，不依照本法规定通知或者公告债权人的，由公司登记机关责令改正，对公司处以一万元以上十万元以下的罚款。

在报纸上或者国家企业信用信息公示系统公告

处罚主体

罚的是公司

解读 根据《公司法》的规定，公司应当自作出合并、分立、减少注册资本的决议，或者进行清算时履行通知或公告债权人的义务。这些通知或者公告债权人的规定主要是为了防止公司逃避债务，保护债权人的利益；公司不按照规定通知或者公告债权人的，应当承担相应的法律责任。本条规定的是对公司的行政处罚。实施处罚的主体是公司登记机关。

图表

项目	通知债权人	公告
合并	10日内	30日内
分立	10日内	30日内
减少注册资本	10日内	30日内
清算	10日内	60日内

第二百五十六条　公司妨害清算的法律责任

沿革 本条为旧法第 204 条第 2 款，仅标点符号修改。

延伸 《刑法》第 162 条

第二百五十六条 公司在进行清算时，隐匿财产，对资产负债表或者财产清单作虚假记载，或者在未清偿债务前分配公司财产的，由公司登记机关责令改正，对公司处以隐匿财产或者未清偿债务前分配公司财产金额百分之五以上百分之十以下的罚款；对直接负责的主管人员和其他直接责任人员处以一万元以上十万元以下的罚款。

将公司财产予以转移、隐藏。公司的财产包括资金及工具、设备、产品、货物等各种财物

公司在制作资产负债表或者财产清单时，故意采取隐瞒或者欺骗等方法，对资产负债或者财产清单进行虚报，以达到逃避公司债务的目的

在清算过程中，违反法律规定，在清偿债务之前分配公司的财产

隐匿财产的，责令交出财产；对资产负债表或者财产清单作虚假记载的，责令按实际情况更正记载；未清偿债务前分配公司财产的，责令公司对债务进行清偿

罚的是直接负责的主管人员和其他直接责任人员

罚的是公司

解读 公司清算与公司股东以及其他债权人、债务人有直接的利害关系。公司有隐匿财产等违法清算行为的，严重妨害对公司的清算，侵害了债权人等的合法权益，应当承担相应的法律责任。妨害清算行为主要有：隐匿财产，对资产负债表或者财产清单作虚假记载，未清偿债务前分配公司财产。本条规定的是对公司直接负责的主管人员和其他责任人员的行政处罚。实施处罚的主体是公司登记机关。

图表

- 妨害清算
  - 隐匿财产 —— 责令交出财产
  - 对资产负债表或者财产清单作虚假记载 —— 责令按实际情况更正记载
  - 未清偿债务前分配公司财产 —— 责令公司对债务进行清偿

第二百五十七条　承担资产评估、验资或者验证的机构的法律责任

沿革 本条第1款为旧法第207条第1款、第2款的合并，本条规定的处罚统一为“由有关机关按照《中华人民共和国资产评估法》、《中华人民共和国注册会计师法》等法律、行政法规的规定处罚”；对“提供有重大遗漏的报告”的情况删除了“因过失”的规定。本条第2款为旧法第207条第3款。

解读 本法规定设立公司可以用非货币财产出资；对作为出资的非货币出资，应当评估作价、核实财产，不得高估或者低估作价。募集设立股份有限公司，发行股份的股款募足后，必须经法定的验资机构验资并出具验资证明。新法对“提供有重大遗漏的报告”的情况，删除了“因过失”的规定，即无论此行为是故意还是过失的主观状态，行为人都应受到处罚。

第二百五十七条 承担资产评估、验资或者验证的机构提供虚假材料或者提供有重大遗漏的报告的，由有关部门依照《中华人民共和国资产评估法》、《中华人民共和国注册会计师法》等法律、行政法规的规定处罚。

承担资产评估、验资或者验证的机构因其出具的评估结果、验资或者验证证明不实，给公司债权人造成损失的，除能够证明自己没有过错的外，在其评估或者证明不实的金额范围内承担赔偿责任。

资产评估机构、会计师事务所等

评估专业人员违法签署虚假评估报告的，由有关评估行政管理部门责令停止从业2年以上5年以下；有违法所得的，没收违法所得；情节严重的，责令停止从业5年以上10年以下；构成犯罪的，依法追究刑事责任，终身不得从事评估业务。评估机构违法出具虚假评估报告的，由有关评估行政管理部门责令停业6个月以上1年以下；有违法所得的，没收违法所得，并处违法所得1倍以上5倍以下罚款；情节严重的，由市场监督管理部门吊销营业执照；构成犯罪的，依法追究刑事责任

评估专业人员签署有重大遗漏的评估报告的，由有关评估行政管理部门予以警告，可以责令停止从业6个月以上1年以下；有违法所得的，没收违法所得；情节严重的，责令停止从业1年以上5年以下；构成犯罪的，依法追究刑事责任

评估、验资或验证机构证明自身没有过错的，无须承担赔偿任何责任

延伸

《资产评估法》第44、45、48条

《注册会计师法》第21、39条

最高人民法院《关于审理涉及会计师事务所在审计业务活动中民事侵权赔偿案件的若干规定》

图表

承担资产评估、验资或者验证的机构承担相应民事责任的要件：
- 出具的结果不实
- 给公司债权人造成损失
- 其过错行为与损失间有因果关系
- 其不能证明自身没有过错
- 在其评估或者证明不实的金额范围内承担赔偿责任

第二百五十八条　公司登记机关违法登记行为的法律责任

> **第二百五十八条**　公司登记机关违反法律、行政法规规定未履行职责或者履行职责不当的，对负有责任的领导人员和直接责任人员依法给予政务处分。

对该登记负有直接责任的人员

沿革　本条为旧法第208条，将旧法规定的违法登记行为改为“违反法律、行政法规规定未履行职责或者履行职责不当的”。

延伸　《市场主体登记管理条例》第50条

解读　公司登记机关是依法履行公司登记（设立、变更、注销登记等）职责的主体。设立公司，应当依法向公司登记机关申请设立登记，符合规定的设立条件的，由公司登记机关分别登记为有限责任公司或者股份有限公司；不符合规定的设立条件的，不得登记为有限责任公司或者股份有限公司。公司登记机关不按前述规定行为的，即未履行职责或者履行职责不当，违反了其法定义务，侵害了当事人甚至其他个人、组织和国家的利益。有本条规定相关情况的，处分的是负有责任的领导人员和直接责任人员，而非处罚公司登记机关。

图表

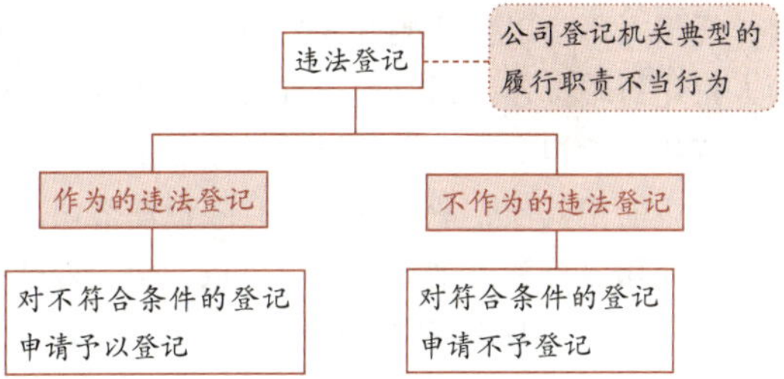

第二百五十九条　冒用有限责任公司或者股份有限公司及其分公司名义的法律责任

沿革 本条为旧法第210条，文字无变化。

延伸 《公司法》第13、31、38条
《市场主体登记管理条例》第43条
《市场主体登记管理条例实施细则》第68条

申请设立公司，符合本法规定的设立条件的，由公司登记机关分别登记为有限责任公司或者股份有限公司

第二百五十九条 未依法登记为有限责任公司或者股份有限公司，而冒用有限责任公司或者股份有限公司名义的，或者未依法登记为有限责任公司或者股份有限公司的分公司，而冒用有限责任公司或者股份有限公司的分公司名义的，由公司登记机关责令改正或者予以取缔，可以并处十万元以下的罚款。

公司可以设立分公司，分公司不具有法人资格，其民事责任由公司承担

公司设立分公司，应当向公司登记机关申请登记，领取营业执照

解读 《公司法》对有限责任公司、股份有限公司以及公司的分公司设立规定了申请设立登记的法定条件和程序。依法登记是公司取得民事主体资格的形式条件。在领取营业执照前，任何人不得以公司或者分公司的名义从事经营活动。行为人冒用有限责任公司、股份有限公司或者其分公司的名义的，依法应承担责任。本条规定的违法主体可能是个人、法人，也可能是其他企业；可能是有限责任公司，也可能是股份有限公司。行为人主观上须为故意：明知自己没有登记为有限责任公司、股份有限公司或者公司的分公司，而使用虚假的名义扰乱市场秩序。本条规定的是对公司和其他违法主体的行政处罚。实施处罚的主体是公司登记机关。

图表

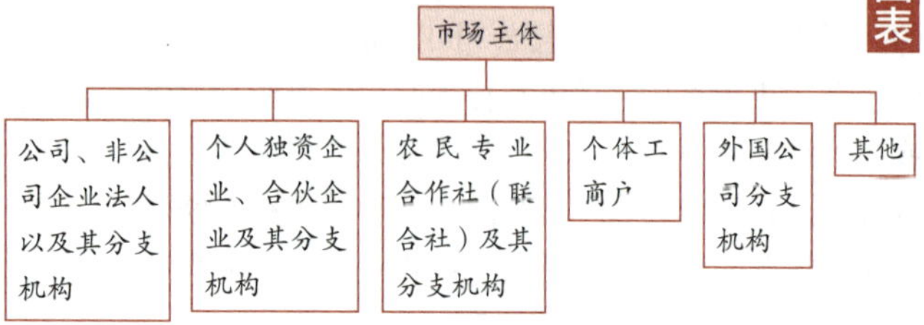

第二百六十条　逾期未开业、停业连续 6 个月以上或者不依法办理变更登记的法律责任

沿革　本条为旧法第211条，部分措辞调整，新增“但公司依法办理歇业的除外”。

第二百六十条　公司成立后无正当理由超过六个月未开业的，或者开业后自行停业连续六个月以上的，公司登记机关可以吊销营业执照，**但公司依法办理歇业的除外。**

公司登记事项发生变更时，未依照本法规定办理有关变更登记的，由公司登记机关责令限期登记；逾期不登记的，处以一万元以上十万元以下的罚款。

没有正式对外营业

因自然灾害、事故灾难、公共卫生事件、社会安全事件等原因造成经营困难的，市场主体可以自主决定在一定时期内歇业

吊销营业执照是最为严厉的行政处罚，所以公司登记机关在执法过程中应非常慎重，细致调查公司未开业或者自行停业的真实原因

罚的是公司

向公司登记机关登记的有关公司的主要事项包括：公司名称和住所、公司经营范围、公司注册资本和实收资本等

延伸　《市场主体登记管理条例》第 30 条

解读　公司成立日期即公司营业执照的签发日期。公司作为促进社会经济发展的产物，成立后，应开展各项生产经营活动。如果公司成立后无正当理由超过6个月未开业或者开业后自行停业连续6个月以上，依法可以给予吊销营业执照的行政处罚，即依法取消其民事主体资格。公司登记事项发生变更时，应依法办理变更登记。公司应进行变更登记而未办理的，先责令限期登记，如果公司在限期内办理了变更登记，也就不再给予行政处罚；如果公司逾期仍不办理有关变更登记，再进行相应罚款。本条规定的是对公司的行政处罚。实施处罚的主体是公司登记机关。

图表

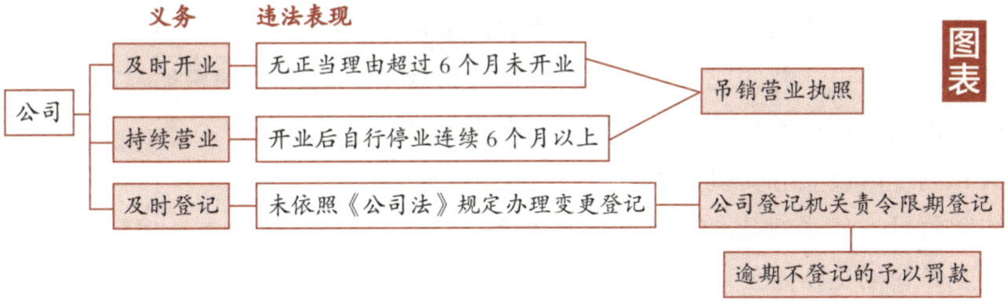

第二百六十一条　外国公司擅自在中国境内设立分支机构的法律责任

沿革 本条为旧法第 212 条，部分措辞调整。

延伸 《公司法》第 244 条

外国公司分支机构应当向公司登记机关依法办理登记，领取营业执照

第二百六十一条 外国公司违反本法规定，擅自在中华人民共和国境内设立分支机构的，由公司登记机关责令改正或者关闭，可以并处五万元以上二十万元以下的罚款。

依照外国法律在中国境外登记成立的公司

责令外国公司依法补办有关设立分支机构的手续或自行停止设立的分支机构

公司登记机关即使已经作出前述处罚决定，还可以再作出罚款决定

罚的是外国公司

解读 外国公司在我国设立分支机构要经过我国有关主管机关批准，并依法办理核准登记手续。外国公司的分支机构在中华人民共和国境内进行经营活动的条件是在公司登记主管机关依法登记，并领取营业执照后方可开始营业。外国公司违反相关规定，擅自在中华人民共和国境内设立分支机构的，应当承担相应的法律责任。本条规定的是对公司的行政处罚。实施处罚的主体是公司登记机关。

图表

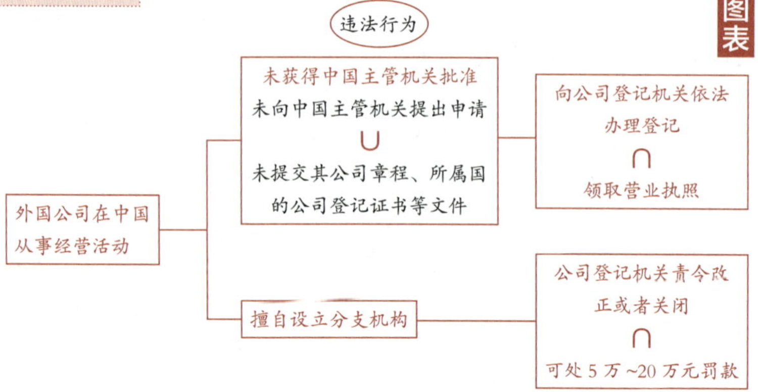

第二百六十二条　利用公司名义从事危害国家安全、社会公共利益的严重违法行为的法律责任

沿革　本条为旧法第 213 条，文字无变化。

延伸　《民法典》第 132 条
《市场主体登记管理条例实施细则》第 17、76 条

> **第二百六十二条**　利用公司名义从事危害国家安全、社会公共利益的严重违法行为的，吊销营业执照。

名为公司经营，实为从事违法活动

图表

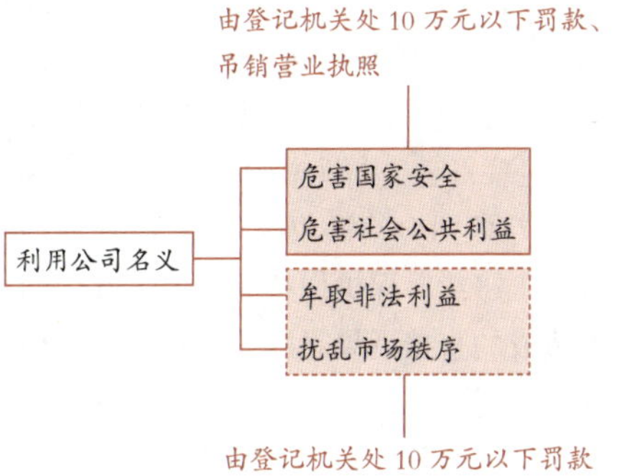

解读　本条内容是 2005 年修订《公司法》新增加的，主要是针对不法分子利用公司的掩护从事非法活动的现象。此类不法分子成立公司并非为了进行正常的市场经济活动，而是想利用公司的外观进行危害国家安全、社会公共利益的活动，是非常严重的违法行为。对这样的公司必须处以吊销营业执照的最严厉的处罚。相关行为涉及犯罪的，应依法追究刑事责任。

第二百六十三条　民事赔偿优先原则

沿革 本条为旧法第 214 条，文字无变化。

延伸 《公司法》第 3 条

第二百六十三条　公司违反本法规定，应当承担民事赔偿责任和缴纳罚款、罚金的，其财产不足以支付时，先承担民事赔偿责任。

财产：公司的合法财产

先承担民事赔偿责任：公司以其全部财产对公司的债务承担责任

解读 公司的违法行为可能同时产生民事责任（侵犯公民、法人或者其他组织的人身权或财产权，须承担赔偿责任），行政责任（本法及其他法律法规规定的行政责任），以及刑事责任（行为构成犯罪的，按照《刑法》有关规定被判处罚金、没收财产等）。在这种情况下，优先进行民事赔偿，保护债权人利益。在公司法领域，违法行为造成的直接后果是股东、投资者、债权人等的损失。这种情况下，只有通过相应的民事赔偿才能实现公司法所保护的价值。在民事赔偿完全结束后，再通过追究行政责任、刑事责任保护公平正义等价值。

图表

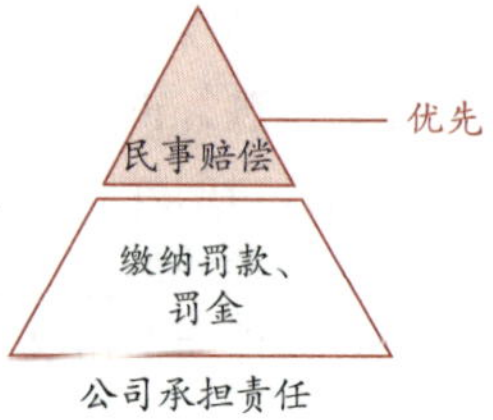

第二百六十四条　依法追究刑事责任的规定

沿革 本条为旧法第 215 条，文字无变化。

延伸
《刑法》第 158~162 条
《市场主体登记管理条例》第 51 条

一切危害国家主权、领土完整和安全，分裂国家、颠覆人民民主专政的政权和推翻社会主义制度，破坏社会秩序和经济秩序，侵犯国有财产或者劳动群众集体所有的财产，侵犯公民私人所有的财产，侵犯公民的人身权利、民主权利和其他权利，以及其他危害社会的，依照法律应当受刑罚处罚的行为

第二百六十四条　违反本法规定，构成犯罪的，依法追究刑事责任。

行为人实施了刑法所禁止的行为即犯罪行为而必须承担的法律后果

图表

《公司法》相关高发犯罪罪名：
- 虚报注册资本罪
- 虚假出资、抽逃出资罪
- 欺诈发行证券罪
- 违法披露、不披露重要信息罪
- 妨害清算罪
- 隐匿、故意销毁会计凭证、会计账簿、财务会计报告罪
- 虚假破产罪
- 非法经营同类营业罪
- 为亲友非法牟利罪

解读《刑法》中规定的涉及《公司法》的相关罪名集中于《刑法》第 3 章“破坏社会主义市场经济秩序罪”，特别是第 3 章第 3 节“妨害对公司、企业的管理秩序罪”。

第十五章　附　则

- 第十五章 附则
  - 本法施行时间以及出资期限的调整 第266条
    - 施行时间：2024年7月1日
    - 出资期限：应逐步调整至5年内
  - 专业用语的含义 第265条
    - 高级管理人员
    - 控股股东
    - 实际控制人
    - 关联关系

第二百六十五条　专业用语的含义

沿革 本条为旧法第216条，部分措辞调整，第3项实际控制人删除"虽不是公司的股东"的限定。

延伸 《公司法》第22、178~192条
《时间效力规定》第5条

解读 本条是关于本法一些用语含义的规定。（1）本法中的高级管理人员，就是指公司管理层中担任重要职务、负责公司经营管理、掌握公司重要信息的人员，高级管理人员应当遵守本法第8章规定的资格和义务。（2）控股股东是公司的股东，而且是能够控制公司重大决策的股东。本条规定了控股股东的两个标准：一是持股比例超过50%；二是依其出资额或者持有的股份所享有的表决权已足以对股东会的决议产生重大影响。（3）本次修法删除了股东不是实际控制人的限制，只要是通过投资关系、协议或者其他安排，能够实际支配公司行为的人，即可为实际控制人。（4）关联关系是指公司控股股东、实际控制人、董事、监事、高级管理人员与其直接或者间接控制的企业之间的关系，以及可能导致公司利益转移的其他关系。但是，考虑到我国国企的实际情况，本条特别增加了但书规定，即"国家控股的企业之间不仅因为同受国家控股而具有关联关系"。

上市公司设董事会秘书，负责公司股东会和董事会会议的筹备、文件保管以及公司股东资料的管理，办理信息披露事务等事宜

在实务中，就是公司的总经理、副总经理

由经理提请董事会决定聘任或者解聘的财务负责人员

第二百六十五条　本法下列用语的含义：

（一）高级管理人员，是指公司的经理、副经理、财务负责人，上市公司董事会秘书和公司章程规定的其他人员。

（二）控股股东，是指其出资额占有限责任公司资本总额*超过百分之五十*或者其持有的股份占股份有限公司股本总额*超过百分之五十*的股东；出资额或者持有股份的比例虽然*低于百分之五十*，但依其出资额或者持有的股份所享有的表决权已足以对*股东会*的决议产生重大影响的股东。

（三）实际控制人，是指通过投资关系、协议或者其他安排，能够实际支配公司行为的人。

（四）关联关系，是指公司控股股东、实际控制人、董事、监事、高级管理人员与其直接或者间接控制的企业之间的关系，以及可能导致公司利益转移的其他关系。但是，国家控股的企业之间不仅因为同受国家控股而具有关联关系。

第二百六十六条　本法施行时间以及出资期限的调整

沿革 本条第1款为旧法第218条，施行时间调整。本条第2款为本法新增内容。

延伸
《公司法》第47条
《公司法解释一》第1、2、3、5条
《时间效力规定》第1~8条
国务院《关于实施〈中华人民共和国公司法〉注册资本登记管理制度的规定》第2、3条

第二百六十六条　本法自2024年7月1日起施行。

本法施行前已登记设立的公司，出资期限超过本法规定的期限的，除法律、行政法规或者国务院另有规定外，应当逐步调整至本法规定的期限以内；对于出资期限、出资额明显异常的，公司登记机关可以依法要求其及时调整。具体实施办法由国务院规定。

本法生效时间

全体股东认缴的出资额由股东按照公司章程的规定自公司成立之日起五年内缴足

解读 本条是本法生效时间的规定。需要注意新修订的《公司法》与修订前的《公司法》的衔接问题。目前修改法律主要有两种形式：一种是对法律进行修订，即对法律做全面修改，成为一部新的法律，一般是重新公布法律的生效日期，如《公司法》2005年修订，规定“本法自2006年1月1日起施行”；另一种是对法律的部分条文通过修改决定的方式予以修改，未修改的部分继续实行，不更改施行日期，如2018年修正。本条新增新法实施前认缴期超过法定期限的公司的过渡安排，收紧了出资期限的要求。赋予公司登记机关要求公司及时调整的权力。

图表

《公司法》沿革

制定与修改	公布时间	施行时间
制定	1993年12月29日	1994年7月1日
修正	1999年12月25日	1999年12月25日
修正	2004年8月28日	2004年8月28日
修订	2005年10月27日	2006年1月1日
修正	2013年12月28日	2014年3月1日
修正	2018年10月26日	2018年10月26日
修订	2023年12月29日	2024年7月1日